建设粮食产业强国政策与举措

国家粮食和物资储备局◎编

中国财富出版社

图书在版编目（CIP）数据

建设粮食产业强国政策与举措 / 国家粮食和物资储备局编．—北京：中国财富出版社，2018. 12

ISBN 978－7－5047－6819－3

Ⅰ．①建…　Ⅱ．①国…　Ⅲ．①粮食行业—产业发展—研究—中国　Ⅳ．①F326. 11

中国版本图书馆 CIP 数据核字（2018）第 274351 号

策划编辑　宋　宇　　**责任编辑**　宋宪玲
责任印制　梁　凡　　**责任校对**　孙会香　张营营　　**责任发行**　张红燕

出版发行　中国财富出版社
社　　址　北京市丰台区南四环西路 188 号 5 区 20 楼　　**邮政编码**　100070
电　　话　010－52227588 转 2048/2028（发行部）　010－52227588 转 321（总编室）
　　　　　010－68589540（读者服务部）　010－52227588 转 305（质检部）
网　　址　http://www. cfpress. com. cn
经　　销　新华书店
印　　刷　北京圣艺佳彩色印刷有限公司
书　　号　ISBN 978－7－5047－6819－3/F·2972
开　　本　787mm×1092mm　1/16　　**版　　次**　2019 年 1 月第 1 版
印　　张　17. 75　　**印　　次**　2019 年 1 月第 1 次印刷
字　　数　255 千字　　**定　　价**　168. 00 元

前　言

为深入贯彻落实习近平总书记关于“粮头食尾”“农头工尾”的重要指示精神和李克强总理关于加快建设粮食产业强国的重要批示要求，加快推动粮食产业高质量发展，国务院办公厅制定下发了《关于加快推进农业供给侧结构性改革大力发展粮食产业经济的意见》（国办发〔2017〕78 号），对粮食产业经济发展做出战略部署，是当前和今后一个时期粮食产业经济发展的重要指导性文件。随后，国家粮食和物资储备局在山东滨州召开全国加快推进粮食产业经济发展现场经验交流会，认真传达贯彻，做出全面部署。

各省（区、市）党委政府对发展粮食产业经济高度重视，统筹谋划，积极推动，北京、天津、河北、山西、内蒙古、辽宁、吉林、黑龙江、上海、江苏、浙江、安徽、福建、江西、山东、河南、湖北、湖南、广东、广西、重庆、四川、贵州、云南、西藏、陕西、甘肃、青海、宁夏、新疆共 30 个省（区、市）以省级政府名义出台实施意见，集中推出了一批含金量较高的政策举措。山西、湖北、黑龙江、吉林、广西、贵州、甘肃聚焦“中国好粮油”品牌建设，黑龙江、浙江、广东、山东、重庆、天津、新疆大力推进产业集聚，四川、江苏、山东、江西、广西、辽宁在“优质粮食工程”建设上集中发力，北京、河北、江西、山东积极发展粮食循环经济，安徽、湖南、浙江、河北、云南加快培育壮大粮食产业化龙头企业，上海、广东持续增强粮食企业发展活力，天津、河北、江西、陕西强力推进主食产业化，湖南、山西、宁夏支持多元主体协同发展，山东、福建、江苏、陕西、内蒙古、西藏强化粮食科技创新和人才支撑，湖北、河南、浙江、福建加大财税扶持力度，辽宁、吉林、内蒙古、青海健全金融支持政策等，可谓亮点纷呈。在这些政策推动下，粮食产业转型升级、提质增效步伐明显加快，它们在繁荣地方经济、促进高质量发展中发挥了积极作用。

为进一步落实国务院文件精神，指导粮食产业经济科学有序发展，我们全面梳理了各地在发展粮食产业经济方面制定的好政策、好措施，将相关文件汇编成册，供各地在工作实践中相互学习，参考借鉴，共同推动粮食产业步入高质量发展轨道，加快建设粮食产业强国。

目录

contents

国务院办公厅关于加快推进农业供给侧结构性改革大力发展粮食产业经济的意见

国办发〔2017〕78号

各省、自治区、直辖市人民政府，国务院各部委、各直属机构：

近年来，我国粮食连年丰收，为保障国家粮食安全、促进经济社会发展奠定了坚实基础。当前，粮食供给由总量不足转为结构性矛盾，库存高企、销售不畅、优质粮食供给不足、深加工转化滞后等问题突出。为加快推进农业供给侧结构性改革，大力发展粮食产业经济，促进农业提质增效、农民就业增收和经济社会发展，经国务院同意，现提出以下意见。

一、总体要求

（一）指导思想。全面贯彻党的十八大和十八届三中、四中、五中、六中全会精神，深入贯彻习近平总书记系列重要讲话精神和治国理政新理念新思想新战略，认真落实党中央、国务院决策部署，统筹推进“五位一体”总体布局和协调推进“四个全面”战略布局，牢固树立创新、协调、绿色、开放、共享的发展理念，全面落实国家粮食安全战略，以加快推进农业供给侧结构性改革为主线，以增加绿色优质粮食产品供给、有效解决市场化形势下农民卖粮问题、促进农民持续增收和保障粮食质量安全为重点，大力实施优质粮食工程，推动粮食产业创新发展、转型升级和提质增效，为构建更高层次、更高质量、更有效率、更可持续的粮食安全保障体系夯实产业基础。

（二）基本原则。坚持市场主导，政府引导。以市场需求为导向，突出市场主体地位，激发市场活力和企业创新动力，发挥市场在资源配置中的决定性作用。针对粮食产业发展的薄弱环节和制约瓶颈，强化政府规划引导、政策扶持、监管服务等作用，着力营造产业发展良好环境。

坚持产业融合，协调发展。树立“大粮食”、“大产业”、“大市场”、“大流通”理念，充分发挥粮食加工转化的引擎作用，推动仓储、物流、加工等粮食流通各环节有机衔接，以相关利益联结机制为纽带，培育全产业链经营模式，促进一二三产业融合发展。

坚持创新驱动，提质增效。围绕市场需求，发挥科技创新的支撑引领作用，深入推进大众创业、万众创新，加快体制机制、经营方式和商业模式创新，积极培育新产业、新业态等新动能，提升粮食产业发展质量和效益。

坚持因地制宜，分类指导。结合不同区域、不同领域、不同主体的实际情况，选择适合自身特点的粮食产业发展模式。加强统筹协调和政策引导，推进产业发展方式转变，及时总结推广典型经验，注重整体效能和可持续性。

（三）主要目标。到 2020 年，初步建成适应我国国情和粮情的现代粮食产业体系，产业发展的质量和效益明显提升，更好地保障国家粮食安全和带动农民增收。绿色优质粮食产品有效供给稳定增加，全国粮食优质品率提高 10 个百分点左右；粮食产业增加值年均增长 7% 左右，粮食加工转化率达到 88%，主食品工业化率提高到 25% 以上；主营业务收入过百亿的粮食企业数量达到 50 个以上，大型粮食产业化龙头企业和粮食产业集群辐射带动能力持续增强；粮食科技创新能力和粮食质量安全保障能力进一步提升。

二、培育壮大粮食产业主体

（四）增强粮食企业发展活力。适应粮食收储制度改革需要，深化国有粮食企业改革，发展混合所有制经济，加快转换经营机制，增强市场化经营能力和产业经济发展活力。以资本为纽带，构建跨区域、跨行业"产购储加销"协作机制，提高国有资本运行效率，延长产业链条，主动适应和引领粮食产业转型升级，做强做优做大一批具有竞争力、影响力、控制力的骨干国有粮食企业，有效发挥稳市场、保供应、促发展、保安全的重要载体作用。鼓励国有粮食企业依托现有收储网点，主动与新型农业经营主体等开展合作。培育、发展和壮大从事粮食收购和经营活动的多元粮食市场主体，建立健全统一、开放、竞争、有序的粮食市场体系。（国家粮食局、国务院国资委等负责）

（五）培育壮大粮食产业化龙头企业。在农业产业化国家重点龙头企业认定工作中，认定和扶持一批具有核心竞争力和行业带动力的粮食产业化重点龙头企业，引导支持龙头企业与新型农业经营主体和农户构建稳固的利益联结机制，引导优质粮食品种种植，带动农民增收致富。支持符合条件的龙头企业参与承担政策性粮食收储业务；在确保区域粮食安全的前提下，探索创新龙头企业参与地方粮食储备机制。（国家发展改革委、国家粮食局、农业部、财政部、商务部、工商总局、质检总局、中储粮总公司等负责）

（六）支持多元主体协同发展。发挥骨干企业的示范带动作用，鼓励多元主体开展多种形式的合作与融合，大力培育和发展粮食产业化联合体。支持符合条件的多元主体积极参与粮食仓储物流设施建设、产后服务体系建设等。鼓励龙头企业与产业链上下游各类市场主体成立粮食产业联盟，共同制订标准、创建品牌、开发市场、攻关技术、扩大融资等，实现优势互补。鼓励通过产权置换、股权转让、品牌整合、兼并重组等方式，实现粮食产业资源优化配置。（国家发展改革委、国家粮食局、工业和信息化部、财政部、农业部、工商总局等负责）

三、创新粮食产业发展方式

（七）促进全产业链发展。粮食企业要积极参与粮食生产功能区建设，发展“产购储加销”一体化模式，构建从田间到餐桌的全产业链。推动粮食企业向上游与新型农业经营主体开展产销对接和协作，通过定向投入、专项服务、良种培育、订单收购、代储加工等方式，建设加工原料基地，探索开展绿色优质特色粮油种植、收购、储存、专用化加工试点；向下游延伸建设物流营销和服务网络，实现粮源基地化、加工规模化、产品优质化、服务多样化，着力打造绿色、有机的优质粮食供应链。开展粮食全产业链信息监测和分析预警，加大供需信息发布力度，引导粮食产销平衡。（国家发展改革委、国家粮食局、农业部、质检总局、国家认监委等负责）

（八）推动产业集聚发展。深入贯彻区域发展总体战略和“一带一路”建设、京津冀协同发展、长江经济带发展三大战略，发挥区域和资源优势，推动粮油产业集聚发展。依托粮食主产区、特色粮油产区和关键粮食物流节点，推进产业向优势产区集中布局，完善进口粮食临港深加工产业链。发展粮油食品产业集聚区，打造一批优势粮食产业集群，以全产业链为纽带，整合现有粮食生产、加工、物流、仓储、销售以及科技等资源，支持建设国家现代粮食产业发展示范园区（基地），支持主销区企业到主产区投资建设粮源基地和仓储物流设施，鼓励主产区企业到主销区建立营销网络，加强产销区产业合作。（国家发展改革委、国家粮食局、工业和信息化部、财政部、商务部、中国铁路总公司等负责）

（九）发展粮食循环经济。鼓励支持粮食企业探索多途径实现粮油副产物循环、全值和梯次利用，提高粮食综合利用率和产品附加值。以绿色粮源、绿色仓储、绿色工厂、绿色园区为重点，构建绿色粮食产业体系。鼓励粮食企业建立绿色、低碳、环保的循环经济系统，降低单位产品能耗和物耗水平。推广“仓顶阳光工程”、稻壳发电等新能源项目，大力开展米糠、碎米、麦麸、麦胚、玉米芯、饼粕等副产物综合利用示范，促进产业节能减排、提质增效。（国家发展改革委、国家粮食局、工业和信息化部、农业部、国家能源局等负责）

（十）积极发展新业态。推进“互联网＋粮食”行动，积极发展粮食电子商务，推广“网上粮店”等新型粮食零售业态，促进线上线下融合。完善国家粮食电子交易平台体系，拓展物流运输、金融服务等功能，发挥其服务种粮农民、购粮企业的重要作用。加大粮食文化资源的保护和开发利用力度，支持爱粮节粮宣传教育基地和粮食文化展示基地建设，鼓励发展粮食产业观光、体验式消费等新业态。（国家粮食局、国家发展改革委、工业和信息化部、财政部、农业部、商务部、国家旅游局等负责）

（十一）发挥品牌引领作用。加强粮食品牌建设顶层设计，通过质量提升、自主创新、品牌创建、特色产品认定等，培育一批具有自主知识产权和较强市场竞争力的全国性粮食名牌产品。鼓励企业推行更高质量标准，建立粮食产业企业标准领跑者激励机制，提高品牌产品质量水平，大力发展“三品一标”粮食产品，培育发展自主品牌。加强绿色优质粮食品牌宣传、发布、人员培训、市场营销、评价标准体系建设、展示展销信息平台建设，开展丰富多彩的品牌创建和产销对接推介活动、品牌产品交易会等，挖掘区域性粮食文化元素，联合打造区域品牌，促进品牌整合，提升品牌美誉度和社会影响力。鼓励企业获得有机、良好农业规范等通行认证，推动出口粮食质量安全示范区建设。加大粮食产品的专利权、商标权等知识产权保护力度，严厉打击制售假冒伪劣产品行为。加强行业信用体系建设，规范市场秩序。（国家粮食局、国家发展改革委、工业和信息化部、农业部、工商总局、质检总局、国家标准委、国家知识产权局等负责）

四、加快粮食产业转型升级

（十二）增加绿色优质粮油产品供给。大力推进优质粮食工程建设，以市场需求为导向，建立优质优价的粮食生产、分类收储和交易机制。增品种、提品质、创品牌，推进绿色优质粮食产业体系建设。实施“中国好粮油”行动计划，开展标准引领、质量测评、品牌培育、健康消费宣传、营销渠道和平台建设及试点示范。推进出口食品农产品生产企业内外销产品“同线同标同质”工程，实现内销转型，带动产业转型升级。

调优产品结构，开发绿色优质、营养健康的粮油新产品，增加多元化、定制化、个性化产品供给，促进优质粮食产品的营养升级扩版。推广大米、小麦粉和食用植物油适度加工，大力发展全谷物等新型营养健康食品。推动地方特色粮油食品产业化，加快发展杂粮、杂豆、木本油料等特色产品。适应养殖业发展新趋势，发展安全环保饲料产品。（财政部、国家粮食局、国家发展改革委、工业和信息化部、农业部、工商总局、质检总局、国家林业局等负责）

（十三）大力促进主食产业化。支持推进米面、玉米、杂粮及薯类主食制品的工业化生产、社会化供应等产业化经营方式，大力发展方便食品、速冻食品。开展主食产业化示范工程建设，认定一批放心主食示范单位，推广“生产基地＋中央厨房＋餐饮门店”、“生产基地＋加工企业＋商超销售”、“作坊置换＋联合发展”等新模式。保护并挖掘传统主食产品，增加花色品种。加强主食产品与其他食品的融合创新，鼓励和支持开发个性化功能性主食产品。（国家粮食局、工业和信息化部、财政部、农业部、商务部、工商总局等负责）

（十四）加快发展粮食精深加工与转化。支持主产区积极发展粮食精深加工，带动主产区经济发展和农民增收。着力开发粮食精深加工产品，增加专用米、专用粉、专用油、功能性淀粉糖、功能性蛋白等食品以及保健、化工、医药等方面的有效供给，加快补齐短板，减少进口依赖。发展纤维素等非粮燃料乙醇；在保障粮食供应和质量安全的前提下，着力处置霉变、重金属超标、超期储存粮食等，适度发展粮食燃料乙醇，推广使用车用乙醇汽油，探索开展淀粉类生物基塑料和生物降解材料试点示范，加快消化政策性粮食库存。支持地方出台有利于粮食精深加工转化的政策，促进玉米深加工业持续健康发展。强化食品质量安全、环保、能耗、安全生产等约束，促进粮食企业加大技术改造力度，倒逼落后加工产能退出。（国家发展改革委、国家粮食局、工业和信息化部、财政部、食品药品监管总局、国家能源局等负责）

（十五）统筹利用粮食仓储设施资源。通过参股、控股、融资等多种形式，放大国有资本功能，扩展粮食仓储业服务范围。多渠道开发现有国有粮食企业仓储设施用途，为新型农业经营主体和农户提供粮食产后服务，为加工企业提供仓储保管服务，为期货市场提供交割服务，为“互联网＋粮食”经营模式提供交割仓服务，为城乡居民提供粮食配送服务。（国家粮食局、国家发展改革委、证监会等负责）

五、强化粮食科技创新和人才支撑

（十六）加快推动粮食科技创新突破。支持创新要素向企业集聚，加快培育一批具有市场竞争力的创新型粮食领军企业，引导企业加大研发投入和开展创新活动。鼓励科研机构、高校与企业通过共同设立研发基金、实验室、成果推广工作站等方式，聚焦企业科技创新需求。加大对营养健康、质量安全、节粮减损、加工转化、现代物流、“智慧粮食”等领域相关基础研究和急需关键技术研发的支持力度，推进信息、生物、新材料等高新技术在粮食产业中的应用，加强国内外粮食质量检验技术标准比对及不合格粮食处理技术等研究，开展进出口粮食检验检疫技术性贸易措施及相关研究。（科技部、质检总局、自然科学基金会、国家粮食局等负责）

（十七）加快科技成果转化推广。深入实施“科技兴粮工程”，建立粮食产业科技成果转化信息服务平台，定期发布粮食科技成果，促进粮食科技成果、科技人才、科研机构等与企业有效对接，推动科技成果产业化。发挥粮食领域国家工程实验室、重点实验室成果推广示范作用，加大粮食科技成果集成示范基地、科技协同创新共同体和技术创新联盟的建设力度，推进科技资源开放共享。（科技部、国家粮食局等负责）

（十八）促进粮油机械制造自主创新。扎实推进“中国制造 2025”，发展高效节粮节能成套粮油加工装备。提高关键粮油机械及仪器设备制造水平和自主创新能力，提升粮食品质及质量安全快速检测设备的技术水平。引入智能机器人和物联网技术，开展粮食智能工厂、智能仓储、智能烘干等应用示范。（工业和信息化部、国家粮食局、国家发展改革委、

科技部、农业部等负责）

（十九）健全人才保障机制。实施"人才兴粮工程"，深化人才发展体制改革，激发人才创新创造活力。支持企业加强与科研机构、高校合作，创新人才引进机制，搭建专业技术人才创新创业平台，遴选和培养一批粮食产业技术体系专家，凝聚高水平领军人才和创新团队为粮食产业服务。发展粮食高等教育和职业教育，支持高等院校和职业学校开设粮食产业相关专业和课程，完善政产学研用相结合的协同育人模式，加快培养行业短缺的实用型人才。加强职业技能培训，举办职业技能竞赛活动，培育"粮工巧匠"，提升粮食行业职工的技能水平。（国家粮食局、人力资源社会保障部、教育部等负责）

六、夯实粮食产业发展基础

（二十）建设粮食产后服务体系。适应粮食收储制度改革和农业适度规模经营的需要，整合仓储设施资源，建设一批专业化、市场化的粮食产后服务中心，为农户提供粮食"五代"（代清理、代干燥、代储存、代加工、代销售）服务，推进农户科学储粮行动，促进粮食提质减损和农民增收。（财政部、国家粮食局、国家发展改革委等负责）

（二十一）完善现代粮食物流体系。加强粮食物流基础设施和应急供应体系建设，优化物流节点布局，完善物流通道。支持铁路班列运输，降低全产业链物流成本。鼓励产销区企业通过合资、重组等方式组成联合体，提高粮食物流组织化水平。加快粮食物流与信息化融合发展，促进粮食物流信息共享，提高物流效率。推动粮食物流标准化建设，推广原粮物流"四散化"（散储、散运、散装、散卸）、集装化、标准化，推动成品粮物流托盘等标准化装载单元器具的循环共用，带动粮食物流上下游设施设备及包装标准化水平提升。支持进口粮食指定口岸及港口防疫能力建设。（国家发展改革委、国家粮食局、交通运输部、商务部、质检总局、国家标准委、中国铁路总公司等负责）

（二十二）健全粮食质量安全保障体系。支持建设粮食质量检验机构，形成以省级为骨干、以市级为支撑、以县级为基础的公益性粮食质量检验监测体系。加快优质、特色粮油产品标准和相关检测方法标准的制修订。开展全国收获粮食质量调查、品质测报和安全风险监测，加强进口粮食质量安全监管，建立进口粮食疫情监测和联防联控机制。建立覆盖从产地到餐桌全程的粮食质量安全追溯体系和平台，进一步健全质量安全监管衔接协作机制，加强粮食种植、收购、储存、销售及食品生产经营监管，严防不符合食品安全标准的粮食流入口粮市场或用于食品加工。加强口岸风险防控和实际监管，深入开展农产品反走私综合治理，实施专项打击行动。（国家粮食局、食品药品监管总局、农业部、海关总署、质检总局、国家标准委等负责）

七、完善保障措施

（二十三）加大财税扶持力度。充分利用好现有资金渠道，支持粮食仓储物流设施、国家现代粮食产业发展示范园区（基地）建设和粮食产业转型升级。统筹利用商品粮大省奖励资金、产粮产油大县奖励资金、粮食风险基金等支持粮食产业发展。充分发挥财政资金引导功能，积极引导金融资本、社会资本加大对粮食产业的投入。新型农业经营主体购置仓储、烘干设备，可按规定享受农机具购置补贴。落实粮食加工企业从事农产品初加工所得按规定免征企业所得税政策和国家简并增值税税率有关政策。（财政部、国家发展改革委、税务总局、国家粮食局等负责）

（二十四）健全金融保险支持政策。拓宽企业融资渠道，为粮食收购、加工、仓储、物流等各环节提供多元化金融服务。政策性、商业性金融机构要结合职能定位和业务范围，在风险可控的前提下，加大对粮食产业发展和农业产业化重点龙头企业的信贷支持。建立健全粮食收购贷款信用保证基金融资担保机制，降低银行信贷风险。支持粮食企业通过发行短期融资券等非金融企业债务融资工具筹集资金，支持符合条件的粮食企业上市融资或在新三板挂牌，以及发行公司债券、企业债券和并购重组等。引导粮食企业合理利用农产品期货市场管理价格风险。在做好风险防范的前提下，积极开展企业厂房抵押和存单、订单、应收账款质押等融资业务，创新“信贷 + 保险”、产业链金融等多种服务模式。鼓励和支持保险机构为粮食企业开展对外贸易和“走出去”提供保险服务。（人民银行、银监会、证监会、保监会、财政部、商务部、国家粮食局、农业发展银行等负责）

（二十五）落实用地用电等优惠政策。在土地利用年度计划中，对粮食产业发展重点项目用地予以统筹安排和重点支持。支持和加快国有粮食企业依法依规将划拨用地转变为出让用地，增强企业融资功能。改制重组后的粮食企业，可依法处置土地资产，用于企业改革发展和解决历史遗留问题。落实粮食初加工用电执行农业生产用电价格政策。（国土资源部、国家发展改革委、国家粮食局等负责）

（二十六）加强组织领导。地方各级人民政府要高度重视粮食产业经济发展，因地制宜制定推进本地区粮食产业经济发展的实施意见、规划或方案，加强统筹协调，明确职责分工。加大粮食产业经济发展实绩在粮食安全省长责任制考核中的权重。要结合精准扶贫、精准脱贫要求，大力开展粮食产业扶贫。粮食部门负责协调推进粮食产业发展有关工作，推动产业园区建设，加强粮食产业经济运行监测。发展改革、财政部门要强化对重大政策、重大工程和重大项目的支持，发挥财政投入的引导作用，撬动更多社会资本投入粮食产业。各相关部门要根据职责分工抓紧完善配套措施和部门协作机制，并发挥好粮食等相关行业协会商会在标准、信息、人才、机制等方面的作用，合力推进粮食产业经济发展。（各省级人民政府、国家发展改革委、国家粮食局、财政部、农业部、国务院扶贫办等负责）

国务院办公厅

2017 年 9 月 1 日

北京市人民政府办公厅印发关于进一步优化粮食产业发展保障首都粮食安全的实施意见

京政办字〔2018〕36号

为进一步优化本市粮食产业发展，保障首都粮食安全，根据《国务院办公厅关于加快推进农业供给侧结构性改革大力发展粮食产业经济的意见》（国办发〔2017〕78号）精神，结合本市实际，提出以下实施意见。

一、总体要求

（一）指导思想。全面深入学习贯彻党的十九大精神，以习近平新时代中国特色社会主义思想为指导，坚定不移贯彻新发展理念，牢牢把握首都城市战略定位，以保障首都粮食安全为目标，以加快粮食产业布局和结构调整、拓展粮食产业链、健全粮食市场体系、提升便民服务水平为重点，进一步转变发展方式、优化产业结构、转换增长动力，推动首都粮食产业发展质量变革、效率变革、动力变革，不断增强创新力和保障力，着力构建与国际一流的和谐宜居之都相匹配的粮食安全保障体系。

（二）基本原则。

1.坚持市场主导与政府引导。发挥市场在资源配置中的决定性作用，突出企业主体地位，进一步激发企业活力和创新动力。强化政府引导、扶持、服务、监管作用，着力营造良好的发展环境。

2.坚持疏解与提升并重。加强统筹规划，推动粮食产业布局和结构调整；加强规划引导，高水平建设北京城市副中心粮食流通服务体系；加强城乡统筹，推动城乡粮食服务协同发展；加强与粮食主产区的产业合作，提高粮源保障能力。

3. 坚持创新发展。创新体制机制，引导首都粮食产业发展重心向成品粮流通环节转移，提升成品粮供给服务能力；创新经营方式和商业模式，推动“互联网 + 粮食”快速发展，深化与商业服务体系对接，拓展粮油产品供给渠道。

（三）总体目标。到 2020 年，本市粮食产业布局和结构更加合理，粮源供给和应急保障能力进一步提高，优质粮油产品更加丰富，行业创新能力显著提升，形成更高层次、更高质量、更有效率、更可持续的粮食安全保障体系。

二、优化粮食产业布局

（四）加快本市粮食产业布局调整。加快退出五环内粮油仓储、加工产业；沿六环周边建设集仓储、物流、加工等功能于一体的综合性粮食服务保障中心，逐步形成环京 1 小时成品粮配送圈。加快北京城市副中心粮食产业布局调整，疏解粮食加工产能，调整部分设施用途，打造符合北京城市副中心建设要求的粮食服务体系。（市粮食局、市商务委、市发展改革委、市财政局等负责）

（五）加强与津冀的战略协作。支持本市粮食企业在河北省建立粮食生产基地，加大在冀原粮收购力度；坚持原粮仓储、加工环节产业重心转移与服务保障功能提升并重的原则，加快本市在津冀两地的粮源收储加工基地和物流园区建设，推动重点粮食企业在津冀建设一批产业对接项目。支持津冀优质粮食产品在京建立和扩大销售渠道。强化三地合作，优化物流节点布局，提高成品粮物流配送能力，加快建设环京 4 小时粮食物流圈。（市粮食局、市发展改革委、市国资委、市商务委等负责）

（六）深化本市与主产区粮食产销合作。提高粮源供应保障能力，增加本市原粮异地储备比例。支持北京企业“走出去”，以收购、租赁、入股等形式建立外埠粮源基地，参与当地粮食基础设施建设、收储、加工和贸易，提高一手粮源组织调动能力。鼓励主产区企业在京开展粮油贸易，支持在京市场占有率高、信誉好的企业参与政策性粮油业务。（市粮食局、市发展改革委、市财政局、农发行北京市分行等负责）

三、转变粮食产业发展方式

（七）加快粮食产业转型升级。推进粮食加工业结构调整，加快淘汰落后产能；适度保留小麦、稻谷、食用油加工产能，增加营养健康产品比例。实施粮食加工副产物综合利用行动，开发高附加值产品。深入推进主食产业化，加大粮油产品开发力度，支持主食制品规模化生产、社会化供应，鼓励开发个性化、功能性主食产品。鼓励企业延伸产业链，加快技术改造升级，打造粗精有序、层次分明的粮食品种体系。（市粮食局等负责）

（八）积极发展新业态。推动“互联网＋粮食”发展，鼓励建设粮食电商平台，推广“网订店取”“网订店送”等方式，促进线上线下融合。探索粮食自助销售方式，提高便利化服务水平，满足市民不断升级的消费需求。鼓励现有粮食文化展示平台对公众开放，支持发展粮食观光、体验式消费等新业态。（市粮食局、市发展改革委、市文化局、市旅游委等负责）

四、培育壮大粮食产业主体

（九）增强国有粮食企业发展活力。深化国有粮食企业改革，发展混合所有制经济，推动构建从田间到餐桌的全产业链。主动适应和引领粮食产业转型升级，有效发挥稳市场、保供应、促发展、保安全的重要载体作用。鼓励国有粮食企业依托现有收储网点，主动与新型农业经营主体等开展合作。（市粮食局、市国资委等负责）

（十）推动多元主体协同发展。鼓励社会资本进入本市粮食流通领域，支持符合条件的多元主体参与成品粮储存和分销网络建设等。鼓励各类市场主体开展多种形式的合作，大力发展粮食产业化联合体。实施产业化龙头企业引领工程，鼓励龙头企业与产业链上下游各类市场主体成立粮食产业联盟，实现优势互补。（市粮食局、市发展改革委、市国资委等负责）

五、完善粮油市场体系

（十一）健全符合首都特点的粮食供应体系。加快建设完善以北京国家粮食交易中心为龙头的粮食市场体系，拓展电子交易平台服务功能。支持骨干粮食批发市场升级改造，淘汰落后经营方式；创新粮油营销模式，打造“商品展示＋成品粮储存＋互联网销售”的集约化电商平台。结合“一刻钟社区服务圈”建设，将粮食流通服务纳入基本便民商业服务体系范围。鼓励在农村地区发展粮食连锁经营和电子商务。（市粮食局、市商务委、市发展改革委等负责）

（十二）增加优质粮油产品供给。落实“中国好粮油”行动计划，开展标准引领、质量测评、健康消费宣传、营销渠道和平台建设，不断提升优质粮油产品供给水平。实施粮油品牌培育行动，培育一批消费者认可度高、市场占有率高、竞争力强的名牌产品。积极引进外省区市好粮油产品，丰富本市粮油市场。适度进口国外绿色、高品质粮食产品，持续增强中高端供给。（市粮食局、市发展改革委、市质监局等负责）

（十三）建设现代粮食物流体系。加快现有粮食仓储设施升级改造，大力推广散粮、成品粮集装化运输新技术、新设备。发展绿色物流，鼓励采用低能耗、低排放载运工具，推进城市绿色货运配送体系和物流标准化建设。强化公路、铁路、水路等无缝衔接，大力发展多式联运等运输组织方式，支持铁路班列优先运输粮食。完善末端配送体系，提高“最后一公里”配送能力，打造“粮食加工基地＋物流配送中心＋末端配送网点”的粮食物流节点网络。鼓励企业建立粮食物流配送、交易和管理信息平台，提高粮食流通效率。（市粮食局、市发展改革委、市商务委、中国铁路北京局集团公司等负责）

六、强化粮食科技创新和人才支撑

（十四）发挥技术创新主导作用。落实国家鼓励和支持企业自主创新政策，加大对粮食流通领域基础研究和急需关键技术研发的支持力度。深入实施“科技兴粮工程”，加快仓库智能化改造，推动科技成果转化应用。促进粮食产品的专利申请与管理，培育自主知识产权。加强粮食行业信息化建设，推动信息技术与粮食产业深度融合，运用云计算、大数据、人工智能等技术手段，实现全行业信息资源共享、数据互联互通。（市粮食局、市科委、市知识产权局、市经济信息化委等负责）

（十五）实施人才兴粮战略。发挥首都人才集聚优势，实施“人才兴粮工程”。完善人才评价机制，坚持德才兼备，注重从能力、实绩和贡献等多角度评价人才。健全人才激励保障机制，激发人才创新创造活力。鼓励企业与科研机构、高等学校深化合作，创新人才引进机制，搭建专业技术人才创新创业平台。加强职业技能培训，提升粮食行业职工的技能水平。（市粮食局、市教委、市人力社保局等负责）

七、保障措施

（十六）加强组织领导。各区政府和市有关单位要充分认识优化粮食产业发展、保障首都粮食安全的重要意义，认真抓好本实施意见的落实工作。市粮食局要协调推进相关工作，加大粮食产业经济运行监测力度。市发展改革委、市财政局要强化对重大政策、重大工程和重大项目的支持，发挥好政府资金的引导作用。市相关单位要根据职责分工抓紧完善配套措施，加强沟通协作，合力推进粮食产业经济优化发展。（各区人民政府、市粮食局、市发展改革委、市财政局等负责）

（十七）优化发展环境。加快健全“权责明确、行为规范、监督有效、覆盖全面”的粮食流通监督检查体系，完善多部门联合执法工作机制，强化粮食质量安全保障体系、追溯体系和行业信用体系建设。支持本市粮食产业发展重点项目用地需求，做好粮食企业改制重组中土地资产相

关工作。（市粮食局、市发展改革委、市规划国土委、市食品药品监管局、市工商局、市质监局等负责）

（十八）强化金融支持。鼓励金融机构为粮食产业提供多元化金融服务。引导政策性银行、商业性金融机构结合职能定位和业务范围，加大对粮食产业发展和农业产业化重点龙头企业的信贷支持。支持银行业金融机构研究开展企业厂房抵押和存单、订单、应收账款质押等融资业务，探索创新“信贷＋保险”等多种服务模式。鼓励和支持保险机构为粮食企业开展对外贸易和“走出去”提供保险服务。（市粮食局、市财政局、市金融局、北京银保监局等负责）

（十九）加强宣传引导。主动发布市场价格、供求趋势等信息，及时回应社会关切，引导市场预期。办好世界粮食日和全国爱粮节粮宣传周、粮食科技周等活动，倡导健康文明的粮油消费方式。积极培养树立典型，及时总结推广经验，全面推进首都粮食行业深化改革、转型发展。（市粮食局等负责）

北京市人民政府办公厅

2018年11月2日

天津市人民政府办公厅印发天津市加快推进农业供给侧结构性改革大力发展粮食产业经济实施方案

津政办函〔2017〕138号

为加快推进农业供给侧结构性改革，统筹粮食生产、储备、流通三个能力建设，大力发展粮食产业经济，健全粮食产业体系，根据《国务院办公厅关于加快推进农业供给侧结构性改革大力发展粮食产业经济的意见》（国办发〔2017〕78号）精神，结合我市实际，制定本实施方案。

一、总体要求

（一）指导思想。全面贯彻落实党的十九大精神，深入贯彻习近平新时代中国特色社会主义思想，以习近平总书记对天津工作提出的“三个着力”重要要求为元为纲，认真落实党中央、国务院决策部署，按照市第十一次党代会要求，围绕扎实推进“五位一体”总体布局和“四个全面”战略布局在天津的实施，牢固树立和贯彻落实新发展理念，全面落实国家粮食安全战略，以加快推进农业供给侧结构性改革为主线，以增加绿色优质粮食产品供给、促进农民持续增收和保障粮食质量安全为重点，大力实施优质粮食工程，全力推动粮食产业创新发展、转型升级和提质增效，为构建更高层次、更高质量、更有效率、更可持续的粮食安全保障体系夯实产业基础。

（二）基本原则。

——坚持市场主导，政府引导。充分发挥市场在资源配置中的决定性作用，以市场需求为导向，突出市场主体地位，激发市场活力和企业创新动力。更好发挥政府规划引导、政策扶持和监管服务等作用，着力营造粮食产业发展的良好环境。

——坚持产业融合，协调发展。树立“大粮食”“大产业”“大市场”“大流通”理念，充分发挥粮食加工转化的引擎作用，推动粮食生产、仓储、物流、加工、销售等各环节有机衔接，以相关利益联结机制为纽带，培育全产业链经营模式，促进一二三产业融合发展。

——坚持创新驱动，提质增效。围绕市场需求，发挥科技创新的支撑引领作用，深入推进大众创业、万众创新，加快体制机制、经营方式和商业模式创新，积极培育新产业、新业态等新动能，提升粮食产业发展质量和效益。

——坚持因地制宜，分类指导。结合不同区域、不同领域、不同主体的实际情况，选择适合自身特点的粮食产业发展模式。加强统筹协调和政策引导，推进粮食产业发展方式转变，及时总结推广典型经验，注重整体效能和可持续性。

（三）主要目标。深入贯彻“以我为主、立足国内、确保产能、适度进口、科技支撑”国家粮食安全战略，全面落实粮食安全省长责任制，促进农民增收、企业增效，满足城乡居民“吃得安全”“吃得营养”“吃得健康”的需求。到2020年，初步建成适应我市粮情、重点突出的绿色优质粮食产品供给和现代粮食产业体系，粮食产业经济发展的规模、质量和效益明显提升，大型粮食产业化龙头企业和粮食产业集群辐射带动能力持续增强，粮食科技创新能力和粮食质量安全保障能力进一步提升。

二、重点任务

（四）培育壮大粮食产业主体。

1. 着力补齐粮食产业发展短板。深化国有粮食企业改革，发展混合所有制经济，加快转换经营机制，增强市场化经营能力和产业经济发展活力。统筹利用粮食仓储设施资源，多渠道开发现有国有粮食企业仓储设施用途，通过参股、控股、融资等多种形式，放大国有资本功能，拓展粮食仓储业服务范围。引导国有粮食企业主动对接家庭农场、农业合作社等新型农业经营主体，延长产业链条。以资本为纽带，构建跨区域、跨行业的“产购储加销”协作机制，做强做优做大具有竞争力、影响力的骨干国有粮食企业，主动适应和引领粮食产业经济发展。推动智能化粮库建设，加快粮食仓储物流和信息化融合发展，促进粮食流通信息共享，推进粮食行业信息化建设。（市国资委、市发展改革委、市工业和信息化委、市网信办、市粮食局、市财政局等负责）

2. 增强粮食企业发展活力。培育、发展和壮大从事粮食收购和经营活动的多元市场主体，建立健全统一、开放、竞争、有序的粮食市场体系。鼓励通过产权置换、股权转让、品牌整合、兼并重组等方式，实现粮食产业资源优化配置。鼓励社会资本进入粮食市场，利用粮食产销合作、京津冀协同发展等平台，引导外省市大型粮食企业来我市开展粮食储存、加工、销售等业务。支持符合条件的多元主体积极参与粮食仓储物流设施建设、产后服务体系建设和粮食销售网络建设等。激发粮食企业活力，引导企业解决发展方式粗放、产品结构单一、自有品牌缺乏、技术改造滞后等问题，助推产业经济健康发展。（市粮食局、市发展改革委、市财政局、市农委等负责）

3. 大力培育粮食龙头企业。支持多元主体协同发展，鼓励多元主体开展多种形式的合作与融合，大力培育和发展粮食产业化联合体；鼓励农业产业化重点龙头企业与产业链上下游各类市场主体结成粮食产业联盟，共同制订标准、创建品牌、开发市场、攻关技术、扩大融资等，实现优势互补。鼓励粮食企业积极参与粮食生产功能区建设，发展“产购储加销”一体化模式，实现粮源基地化、加工规模化、产品优质化、服务多样化，着力打造绿色、有机的优质粮食供应链，构建从田间到餐桌的全产业链。打造一批具有核心竞争力和行业带动力的粮食产业化龙头企业，鼓励参与农业产业化重点龙头企业认定工作，发挥骨干企业的示范带动作用。在确保区域粮食安全的前提下，探索创新龙头企业参与地

方粮食储备机制。（市农委、市粮食局、市发展改革委、市市场监管委等负责）

（五）创新粮食产业发展方式。

1. 积极发展新业态。大力发展“互联网 + 粮食”，完善粮食电子交易平台体系，鼓励企业开发电子商务销售渠道，推广“网订店取”“网订店送”等新型粮食产品销售业态，促进名优、老字号、放心食品线上线下销售，进一步拓宽销售网络。以绿色粮源、绿色仓储、绿色工厂、绿色园区为重点，构建绿色粮食产业体系。在大力推广现有产品的基础上，重点发展保健（功能）食品、休闲食品、速冻食品、糕点、调料等传统食品。加大粮食文化资源的保护和开发利用力度，支持爱粮节粮教育基地和粮食文化展示基地建设，积极发展以“利达主食厨房”为代表的粮食产业观光、体验式消费等新业态。（市商务委、市粮食局、市财政局、市农委、市旅游局等负责）

2. 推动粮食产业集聚发展。着眼于京津冀协同发展，主动对接东北粮食主产省，加强粮食仓储物流基础设施建设，按照国家级粮食物流园区的标准，加强粮食产业基地和产业园区建设，推动粮食产业集群发展。充分利用我市的区位优势和港口优势，加快推进临港物流园区建设，发展集安全储粮、“四散化”（散储、散运、散装、散卸）流转、加工供给、营销流通、应急保障于一体的全链条的国家级粮食物流园区，充分发挥粮食物流体系对粮食产业发展的支撑作用。支持我市大型粮食企业到粮食主产区投资建设粮源基地和仓储物流设施。（市粮食局、市发展改革委、市工业和信息化委、市财政局、市商务委、市交通运输委等负责）

3. 发挥品牌引领作用。加强粮食品牌建设顶层设计，通过质量提升、自主创新、品牌创建等，培育一批具有自主知识产权和较强市场竞争力的全国性粮食名牌产品。鼓励企业推行更高质量标准，提高品牌产品质量水平，大力发展“三品一标”粮食产品，培育发展自主品牌。挖掘区域性粮食文化元素，开展丰富多彩的品牌创建和产销对接推介会、交易会等，联合打造区域品牌，促进品牌整合，提升品牌美誉度和社会影响力。鼓励企业获得有机、良好农业规范等通行认证，推动出口粮食质量安全示范区建设。加大粮食产品的专利权、商标权等知识产权保护力度，严厉打击制售假冒伪劣产品行为。加强行业信用体系建设，规范市场秩序。（市市场监管委、市粮食局、市发展改革委、市工业和信息化委、市农委、市知识产权局、天津检验检疫局等负责）

（六）加快粮食产业转型升级。

1. 增加绿色优质粮油产品供给。准确把握消费需求，大力推进优质粮食工程建设，增品种、提品质、创品牌，积极增加“无添加”绿色优质粮食及粮食产品供应。实施“中国好粮油”行动计划，制定我市“好粮油”产品质量标准、入围条件和认定程序，并统一标识。推广大米、小麦粉和食用植物油适度加工，大力发展全谷物等新型营养健康食品。推动地方特色粮油食品产业化，加大发展特色产品力度，引导企业合理布局销售网点，拓宽辐射带动面，为居民提供便捷的服务和安全的产品。加大对绿色优质粮油产品的宣传力度，助推优质米、面、油产品进超市、进家庭。推进粮食产后服务体系建设和农户科学储粮行动，促进粮食提质减损和农民增收。（市粮食局、市发展改革委、市市场监管委、市工业和信息化委、市农委等负责）

2. 推进主食产业化发展。培育主食产业化知名品牌和大型龙头企业，建设主食产业化示范区。开展主食产业化示范工程建设，认定一批放心主食示范单位。推广“生产基地 + 中央厨房 + 餐饮门店”“生产基地 + 加工企业 + 商超销售”“作坊置换 + 联合发展”等新模式。加大主食新品种研发力度，满足不同群体安全、多样、健康、营养、方便的消费需求。（市商务委、市粮食局、市工业和信息化委、市财政局、市农委、市市场监管委等负责）

3. 支持粮食精深加工业发展。鼓励企业研究消费新需求、拓展消费新领域，积极发展粮食精深加工，提高粮食加工转化率和产业经济效益。引导企业加大对粮油加工副产品的深入研发力度，加强对米糠、稻壳、碎米、麦麸、饼粕等副产物的综合利用，促进粮食加工产业绿色、持续、健康发展。鼓励支持粮食企业探索多途径实现粮油副产物循环、全值和梯次利用，提高粮食综合利用率和产品附加值。鼓励粮食企业建立绿色、低碳、环保的循环经济系统，降低单位产品能耗和物耗水平。（市粮食局、市工业和信息化委、市发展改革委、市财政局、市市场监管委等负责）

（七）强化粮食产业发展基础。

1. 健全粮食质量安全保障体系。加强粮食质量安全检验监测能力建设，逐步形成以市粮油质量检测中心为龙头，以储备粮油承储库为骨干，重点覆盖政策性粮油的粮油质量监测网络，实现机构成网络、监测全覆盖、监管无盲区。加大对市粮油质量检测中心建设支持力度，按照“中国好粮油”系列标准，配齐检测设备，提升对卫生类参数、添加剂类参数和微生物类参数的检测能力；鼓励具备条件的地方储备粮承储企业配置食品卫生指标的检测仪器。开展收获粮食质量调查、品质测报和安全风险监测，加强进口粮食质量安全监管，建立进口粮食疫情监测和联防联控机制。建立粮食质量安全追溯体系和平台，加强粮食质量监管，严防不符合食品安全标准的粮食流入口粮市场或用于食品加工。加强口岸风险防控和实际监管，深入开展农产品反走私综合治理，实施专项打击行动。（市粮食局、市市场监管委、市农委、天津海关等负责）

2. 加强科技和人才支撑。积极引导企业加大研发投入和开展技术创新活动。鼓励科研机构、高校与粮食企业合作，聚焦企业科技创新需求。加大对营养健康、质量安全、节粮减损、加工转化、现代物流、“智慧粮食”等领域相关科技创新成果的推广应用。深入实施“科技兴粮工程”，建立粮食产业科技成果转化信息服务平台，推进信息、生物、新材料等高技术在粮食产业中的推广应用。实施“人才兴粮工程”，深化人才发展体制改革，激发人才创新创造活力。发展粮食高等教育和职业教育，支持高等院校和职业学校开设粮食产业相关专业。加大人才引进力度，加快培养行业短缺的实用型人才。加强职业技能培训，举办职业技能竞赛活动，培育“粮工巧匠”，提升粮食行业职工的技能水平。（市科委、市教委、市人力社保局、市粮食局等负责）

三、保障措施

（八）加强组织领导。各区人民政府要高度重视发展粮食产业经济，因地制宜制定推进本地区粮食产业经济发展的实施意见、规划或方案，加强统筹协调，明确职责分工。粮食行政管理部门协调推进粮食产业发展有关工作，推动产业园区建设，加强粮食产业经济运行监测，并将粮食产业发展的相关内容纳入粮食安全区长责任制考核指标。发展改革、财政部门要强化对重大政策、重大工程和重大项目的支持，发挥财政投入的引导作用，撬动更多社会资本投入粮食产业。各相关部门要根据职责分工抓紧完善配套措施和部门协作机制，合力推进粮食产业经济发展。（各区人民政府、市粮食局、市发展改革委、市财政局、市农委等负责）

（九）加大财税扶持力度。充分利用好现有资金渠道支持粮食仓储物流设施、现代粮食产业发展示范园区（基地）建设和粮食产业转型升级。充分发挥财政资金引导功能，积极引导金融资本、社会资本加大对粮食产业的投入。新型农业经营主体购置仓储、烘干设备，可按规定享受农机具购置补贴。落实粮食加工企业从事农产品初加工所得按规定免征企业所得税政策和国家简并增值税税率有关政策。（市财政局、市发展改革委、市国税局、市粮食局等负责）

（十）健全金融保险支持政策。拓宽企业融资渠道，为粮食收购、加工、仓储、物流等各环节提供多元化金融服务。政策性、商业性金融机构要结合职能定位和业务范围，在风险可控的前提下，加大对粮食产业发展和农业产业化重点龙头企业的信贷支持。建立健全粮食收购贷款信用保证基金融资担保机制，降低银行信贷风险。在借助银行间市场助推京津冀协同发展战略合作协议框架下，积极协调相关单位，搭建银行、政府、企业合作桥梁。支持符合条件的粮食企业在银行间市场发行超短期融资券、短期融资券、中期票据及非公开定向债务融资工具等进行直接融资，积极探索、研究创新债券品种，满足粮食企业融资需求。支持符合条件的粮食企业上市融资或在新三板挂牌，以及发行公司债券、企业债券和并购重组等。引导粮食企业合理利用农产品期货市场管理价格风险。在做好风险防范的前提下，积极开展企业厂房抵押和存单、订单、应收账款质押等融资业务，创新“信贷＋保险”、产业链金融等多种服务模式。鼓励和支持保险机构为粮食企业开展对外贸易和“走出去”提供保险服务。（人民银行天津分行、天津银监局、天津证监局、天津保监局、市财政局、市商务委、市粮食局、农发行天津市分行等负责）

（十一）落实用地用电等优惠政策。在土地利用总体规划和国家政策的范围内，积极支持粮食产业发展重点项目。在下达年度土地利用计划时，单列计划指标安排农村一二三产业融合发展用地，指导各区因地制宜安排计划指标，保障涉及新增建设用地的粮食产业发展项目建设用地需求。支持国有粮食企业依法将划拨用地转变为出让用地，加快办理相关手续，增强企业融资功能。改制重组后的粮食企业，可依法处置土地资产，用于企业改革发展和解决历史遗留问题。落实粮食初加工用电执行农业生产用电价格政策。（市国土房管局、市发展改革委、市粮食局等负责）

天津市人民政府办公厅

2017 年 11 月 16 日

河北省人民政府
关于加快推进农业供给侧结构性改革
大力发展粮食产业经济的实施意见

冀政发〔2018〕2号

各市（含定州、辛集市）人民政府，各县（市、区）人民政府，雄安新区管委会，省政府各部门：

为认真贯彻落实《国务院办公厅关于加快推进农业供给侧结构性改革大力发展粮食产业经济的意见》（国办发〔2017〕78号）精神，加快推进农业供给侧结构性改革，大力发展粮食产业，提出如下实施意见。

一、总体要求

（一）指导思想。深入贯彻落实党的十九大精神，认真学习贯彻习近平新时代中国特色社会主义思想，坚持市场主导、政府引导，产业融合、协调发展，创新驱动、提质增效，因地制宜、分类指导的原则，以加快推进农业供给侧结构性改革为主线，全面落实国家粮食安全战略，推动粮食产业创新发展、转型升级和提质增效，为振兴河北粮食经济夯实产业基础。

（二）主要目标。到2020年，全省现代粮食产业体系初具规模，质量和效益明显提升，粮食产业增加值年均增长7%左右，粮食加工转化率达到88%以上，主食品工业化率提高到25%以上；主营业务收入过50亿的粮食企业达到6家以上，大型粮食产业化龙头企业和粮食产业集群辐射带动能力持续增强；粮食科技创新能力和粮食安全保障能力进一步提升。

二、培育壮大粮食产业主体

（一）增强粮食企业发展活力。进一步深化国有粮食企业改革，增强市场化经营能力和发展活力，做大做强具有竞争力、影响力、控制力的骨干粮食企业集团，提高全省粮食基础设施使用效率和国有资本运行效率。构建跨区域、跨行业的“产购储加销”协作机制，延长产业链条。鼓励国有粮食企业与新型农业经营主体等开展合作，培育和壮大从事粮食购销活动的多元粮食市场主体，建立健全统一、开放、竞争、有序的粮食市场体系。（省粮食局、省国资委等负责）

（二）培育壮大粮食产业化龙头企业。在省农业产业化重点龙头企业认定工作中，认定和扶持一批具有核心竞争力和行业带动力的粮食产业化重点龙头企业，在确保全省粮食安全的前提下，支持符合条件的龙头企业参与承担地方粮食储备任务。支持龙头企业与新型农业经营主体和农户构建稳固的利益联结机制，引导优质粮食品种种植，带动农民增收。落实“先照后证”改革，严格执行工商登记前置审批事项目录。支持龙头企业建立疫情防控体系，参与进口粮存储。鼓励龙头企业拓展境外种植业务并给予相关检疫检验政策支持和技术指导。（省发展改革委、省粮食局、省农业厅、省财政厅、省商务厅、省工商局、河北出入境检验检疫局等负责）

（三）支持多元主体协同发展。鼓励多元主体开展多种形式的合作与融合。加大粮食类家庭农场、农民合作社培育力度，鼓励通过土地流转、股份合作、联耕联种等方式开展适度规模经营，指导新技术新品种的引进和推广。支持多元市场主体开展粮食储藏、运输、整理等设施建设，构建粮食市场营销网络，运用互联网发展智能生产存贮、建立线上营销平台等。鼓励龙头企业与产业链上下游各类市场主体成立粮食产业联盟，共同制定标准、开发市场、技术攻关、扩大融资等，实现优势互补。（省发展改革委、省粮食局、省财政厅、省农业厅、省商务厅、省工商局等负责）

三、创新粮食产业发展方式

（一）引导粮食全产业链融合发展。促进粮食生产、经营、存储、加工等各环节有机融合。引导大型粮食企业积极参与粮食生产功能区建设，逐步构建从田间到餐桌的全产业链。推动粮食企业向上游与新型农业经营主体开展产销合作，通过定向投入、专项服务、良种培育、订单收购、代储加工等方式，建设加工原料基地；向下游延伸建设粮食物流营销和服务网络，着力打造绿色、有机的优质粮食供应链。（省发展改革委、省粮食局、省农业厅、河北出入境检验检疫局等负责）

（二）推动产业集聚发展。深入贯彻京津冀协同发展战略，全方位开展与京津粮食产业合作。依托我省粮食主产区、特色粮食产区和关键粮食物流节点，推进产业向优势产区集聚，重点打造 8 个优势粮食产业集群和特色集群。整合现有粮食生产、加工、物流、仓储、销售及科技等资源，支持建设现代粮食产业发展示范园区（基地），提高区域经济发展水平。（省发展改革委、省粮食局、省工业和信息化厅、省财政厅、省商务厅等负责）

（三）发展粮食循环经济。鼓励支持粮食企业探索多途径实现粮油副产品循环、全值和梯次利用，提高粮食产品综合利用率和附加值。以绿色粮源、绿色仓储、绿色工厂、绿色园区为重点，构建绿色粮食产业体系。推广节粮减损新设备、新技术和新工艺，推进节粮节能节水示范应用。推广“仓顶阳光工程”，支持粮油加工园区的循环化改造，推进绿色工厂和绿色园区建设。强化食品质量安全、环保、能耗、安全生产等约束，促进粮食企业加大技术改造力度，倒逼落后加工产能退出。（省粮食局、省发展改革委、省工业和信息化厅、省农业厅等负责）

（四）积极发展新业态。推进“互联网 + 粮食”行动，积极发展粮食电子商务。推广“网上粮店”等新型粮食零售业态，促进线上线下融合。完善我省粮食电子交易平台体系，拓展物流运输、金融服务等功能。搞好粮食文化资源的保护和开发利用，支持粮食文化展示基地和爱粮节粮宣传教育基地建设。鼓励发展粮食产业观光、体验式消费等新业态，打造以粮食元素为主要内容的特色旅游项目。（省粮食局、省发展改革委、省商务厅、省农业厅、省旅游发展委、省工商局、省质监局等负责）

（五）大力培育粮食品牌。支持食品加工企业建设资源优势和地域特色明显的绿色食品及有机食品生产基地。积极推广安全优质粮食生产、绿色防控技术，鼓励创办粮油有机产品示范企业。以农产品商标和地理标志商标为重点，加大对粮食产业商标专用权保护力度，培育一批具有自主知识产权和较强市场竞争力的全国性粮食名牌产品，营造良好品牌发展环境。加强全省粮食行业信用体系建设，对违规企业列入不良记录名单，依法在国家企业信用信息公示系统（河北）和“信用中国（河北）”平台上公告。（省粮食局、省发展改革委、省工业和信息化厅、省农业厅、省工商局、省质监局、省知识产权局等负责）

四、加快粮食产业转型升级

（一）增加绿色优质粮油产品供给。大力推进优质粮食工程建设，以市场需求为导向，建立优质优价的粮食生产、分类收储和交易机制。实施“中国好粮油”行动计划。加快高产高效绿色优质粮食作物新品种展示示范体系建设，引导龙头企业、新型农业经营主体和农户种植绿色优质粮食品种。调优产品结构，大力开发绿色优质、营养健康的粮油新产品。积极推广特色粮油，加快发展木本粮油，建设一批高标准木本粮油基地。（省财政厅、省粮食局、省发展改革委、省工业和信息化厅、省农业厅、省林业厅、省工商局、省质监局等负责）

（二）大力推进主食产业化。支持推进米面、玉米、杂粮及薯类主食制品的工业化生产，大力发展方便食品、速冻食品。推广“生产基地＋中央厨房＋餐饮门店”“生产基地＋加工企业＋商超销售”“作坊置换＋联合发展”等新模式。保护并挖掘传统主食产品，增加花色品种。加强主食产品与其他食品的融合创新，鼓励和支持开发个性化功能性主食产品。支持主食生产企业经营范围个性化登记。（省粮食局、省工业和信息

化厅、省财政厅、省农业厅、省商务厅、省工商局等负责）

（三）加快发展粮食精深加工与转化。积极推动粮食深加工企业建立和实施 HACCP 等先进管理体系。着力开发粮食精深加工产品，大力发展专用粉、全麦粉、营养强化粉、预配粉、小麦谷朊粉等精深加工产品和麦胚油、维生素 E、低聚异构糖、糖醇等高附加值产品。支持大型玉米深加工企业采取生物工程先进适用技术，延伸产业链条。积极发展马铃薯和红薯淀粉精深加工，增加和提升淀粉制品的品种和质量。加快食品工业发展。（省发展改革委、省粮食局、省工业和信息化厅、省财政厅、省食品药品监管局等负责）

五、强化粮食科技创新和人才支撑

（一）加快推动粮食科技创新突破。支持创新要素向企业集聚，加快培育一批具有市场竞争力的创新型粮食领军企业，引导企业加大研发投入和开展创新活动。鼓励科研机构、高校与企业通过共同设立研发基金、实验室、成果推广工作站等方式，提高粮食产业科技研发能力。继续实施河北省重点研发计划农业关键共性技术攻关专项和现代农业科技奖励性后补助专项。加大对营养健康、质量安全、节粮减损、加工转化、现代物流、“智慧粮食”等领域相关基础研究和关键共性技术研发的支持力度，推进信息、生物、新材料等高新技术在粮食产业中的应用。密切跟踪研究国外技术性贸易措施动态变化，做好研判、预警、评议和应对工作。利用技术性贸易措施，倒逼企业按照更高技术标准提升产品质量，提高国际竞争力。（省科技厅、省质监局、河北出入境检验检疫局、省粮食局等负责）

（二）加快科技成果转化推广。深入实施渤海粮仓、粮食丰产等科技兴粮工程。建立粮食产业科技成果转化信息服务平台，促进粮食科技成果、科技人才、科研机构等与企业有效对接，推动科技成果产业化。继续实施河北省创新能力提升计划环首都现代农业科技示范带及农业科技园区建设专项，加快环首都现代农业科技示范带、农业科技园区、星创天地等平台建设，加大粮食科技成果集成示范基地、科技协同创新共同体和技术创新联盟的建设力度，推进科技资源开放共享。推广绿色生态安全储粮，加快建立一批科技兴粮示范单位。建立科技成果转化推广工作保障衔接机制。（省科技厅、省粮食局等负责）

（三）健全人才保障机制。鼓励粮食产业领域依托国家“千人计划”、河北省“百人计划”等，面向海内外招聘高层次人才和具有博士学位的中青年优秀人才。在享受国务院和省政府特殊津贴专家、省“三三三人才”选拔和优秀专家出国培训交流方面给予支持。实施科技特派员创新创业专项，为全省粮食产业经济发展提供科技服务。将粮食产业技能人才培养纳入“河北省百万燕赵工匠培养支持计划”，支持有条件的高等学校和职业院校开设粮食产业相关专业和课程。鼓励相关高等学校创新人才培养模式，推动高等学校与粮食企业、科研院所开展合作，加强职业技能培训。开展粮食行业职业技能竞赛，加快培养行业短缺实用型人才。（省粮食局、省人力资源社会保障厅、省教育厅等负责）

六、夯实粮食产业发展基础

（一）建设粮食产后服务体系。积极适应粮食收储制度改革，以产粮大县为重点，依托粮油仓储、加工企业和农民合作社、家庭农场，建设一批粮食产后服务中心，为种粮农民提供“五代”（代清理、代干燥、代存储、代加工、代销售）服务，促进粮食提质减损和农民增收。鼓励支持我省符合条件的粮食仓储企业为期货市场、“互联网＋粮食”经营模式提供交割服务。（省财政厅、省粮食局、省发展改革委、河北证监局等负责）

（二）完善现代粮食物流体系。加强粮食现代物流体系建设，重点抓好与我省相关的京津粮食流入、黄淮海地区小麦流出、东北粮食流出等粮食物流通道、重要节点物流设施建设。支持符合条件的物流园区增加粮食物流功能，推广粮食集装箱运输。支持曹妃甸港进口粮食指定口岸建设，完善口岸进口粮食检验检疫监管基础设施，提升防疫能力建设水平。加快粮食物流与信息化融合发展，促进粮食物流信息共享。（省发展改革委、省粮食局、省交通运输厅、省商务厅、河北出入境检验检疫局等负责）

（三）健全粮食质量监测体系。继续提升省、市两级粮食质检机构的检验监测水平，加大对粮食主产县和其他有条件的县质检能力建设支持力度，逐步健全粮食质量检验监测体系。加强市场销售粮食质量安全监管，严防不符合食品安全标准的粮食流入口粮市场或用于食品加工。加强质量安全监管执法衔接协作，逐步建立从田间到餐桌的全过程粮食质量安全追溯体系。实施进口粮食安全风险监控计划，保障进口粮食质量安全。深入开展农产品反走私专项行动，保障食品安全。（省粮食局、省食品药品监管局、省农业厅、石家庄海关、省质监局、河北出入境检验检疫局等负责）

七、完善保障措施

（一）加大财税扶持力度。统筹利用商品粮大省奖励资金、产粮产油大县奖励资金、粮食风险基金等支持粮食产业发展和粮食仓储物流设施建设。充分发挥财政资金引导功能，积极引导金融资本、社会资本加大对粮食产业的投入。落实直接从事农业生产的个人和农业生产经营组织购置烘干设备可按规定享受农机具购置补贴、粮食加工企业从事农产品初加工所得按规定享受税收优惠相关政策。严格落实企业所得税优惠事项备案的相关规定。进一步落实国有粮食企业税收减免等优惠政策。（省财政厅、省发展改革委、省农业厅、省国税局、省地税局、省粮食局等负责）

（二）健全金融支持政策。拓宽企业融资渠道，支持符合条件的粮食企业上市挂牌融资，并按照有关规定给予一次性奖补。支持符合条件的粮食企业以多种方式发行多品种多期限结构的公司债券。引导粮食企业与服务实体经济能力较强的期货公司进行对接，积极利用期货市场规避价格波动风险。在风险可控的前提下，加大对粮食产业发展和农业产业化龙头企业的信贷支持。建立健全粮食收购贷款信用保证基金融资担保机制，降低银行信贷风险，支持市场化粮食收购。在做好风险防范的前提下，积极开展企业厂房抵押和存单、订单、应收账款质押等融资业务，创新“信贷 + 保险”、产业链金融等多种服务模式。（人行石家庄中心支行、河北银监局、河北证监局、河北保监局、省财政厅、省商务厅、省粮食局、省金融办、中国农业发展银行河北省分行等负责）

（三）落实用地用电优惠政策。鼓励开展土地适度规模经营，采用股份合作、托管、代耕代种等多种经营方式，引导土地经营权流向种粮能手和新型农业经营主体。在土地利用年度计划中，对粮食产业项目用地予以统筹安排和重点支持。支持和加快国有粮食企业依法依规将划拨用地转变为出让用地，增强企业融资功能。改制重组后的粮食企业，可依法处置土地资产，用于企业改革发展和解决历史遗留问题。积极支持粮油企业退城进郊，优先安排粮油产业园区建设用地需求。落实粮食初加工用电执行农业生产用电价格政策。（省国土资源厅、省农业厅、省发展改革委、省粮食局等负责）

（四）加强组织领导。各市、县政府要高度重视粮食产业经济发展，建立健全相关部门密切配合、协同推进的工作机制。要结合精准扶贫、精准脱贫要求，大力开展粮食产业扶贫。各级粮食部门负责协调推进粮食产业发展有关工作，推动产业园区建设，加强粮食产业经济运行监测。各级发展改革、财政部门要强化对重大政策、重大工程和重大项目的支持。各有关部门要根据职责分工抓紧完善各项配套措施，发挥好粮食等相关行业协会商会在标准、信息、人才、机制等方面的作用，合力推进粮食产业经济发展。（省发展改革委、省粮食局、省财政厅、省农业厅、省扶贫办，各市、县政府等负责）

河北省人民政府

2018 年 1 月 13 日

山西省人民政府办公厅关于加快推进农业供给侧结构性改革大力发展粮食产业经济的实施意见

晋政办发〔2018〕23号

各市、县人民政府，省人民政府各委、办、厅、局：

为加快推进我省农业供给侧结构性改革，大力发展现代特色农业和粮食产业经济，促进农业提质增效、农民就业增收和经济社会发展，根据国务院办公厅《关于加快推进农业供给侧结构性改革大力发展粮食产业经济的意见》（国办发〔2017〕78号），结合我省实际，经省人民政府同意，现提出以下实施意见：

一、总体要求

（一）指导思想。全面贯彻党的十九大精神，以习近平新时代中国特色社会主义思想为指导，认真落实党中央、国务院及省委、省政府的决策部署，统筹推进“五位一体”总体布局和协调推进“四个全面”战略布局，牢固树立新发展理念，全面实施国家粮食安全战略、乡村振兴战略和健康中国战略，以加快推进农业供给侧结构性改革为主线，以满足人民日益增长的美好生活需要和多元化消费需求为目标，以增加绿色优质粮食产品供给、培育壮大粮食产业主体、促进农民持续增收和脱贫致富、保障粮食质量安全为重点，立足我省粮食行业发展实际和杂粮特色资源优势，大力实施“优质粮食工程”，推动粮食产业创新发展、转型升级和提质增效，为构建更高层次、更高质量、更有效率、更可持续的粮食安全保障体系夯实粮食产业基础。

（二）基本原则。

坚持市场主导，政府引导。以市场需求为导向，尊重企业主体地位，激发市场活力和企业创新动力，发挥市场在资源配置中的决定性作用。针对粮食产业发展的薄弱环节、瓶颈制约和重点领域，强化政府规划引导、机制创新、政策扶持、监管服务等作用，着力营造产业发展良好环境。

坚持产业融合，协调发展。树立“大粮食”、“大产业”、“大市场”、“大流通”理念，发挥粮食加工转化的引擎作用，推动仓储、物流、加工等粮食流通各环节有机衔接，以全产业链为基本经营模式，依靠创新链，提升价值链，创新和完善利益联结机制，协同联动，促进一二三产业融合发展。把绿色发展摆在更加突出的位置，按照尊重自然、生态优先的要求，转变发展方式。

坚持创新驱动，提质增效。围绕市场需求，激发粮食产业技术创新活力，促进科技成果转化，提升粮油科技在粮食产业发展中的贡献率。加快体制机制、经营方式和商业模式创新，全面激活市场，激活要素，激活主体，积极培育新产业、新业态等新动能，提升粮食产业发展质量和效益。

坚持因地制宜，分类指导。结合不同区域、不同领域、不同主体的实际情况，积极探索适合自身特点的粮食产业发展路径和模式。加强统筹谋划、协调指导，研究新情况、总结新经验、解决新问题，推进产业发展方式转变，注重整体效能发挥和可持续性发展。

（三）主要目标。到2020年，初步建成适应我省省情和粮情的现代粮食产业体系，产业发展的质量和效益明显提升，更好地保障粮食安全和带动农民增收。绿色优质粮食产品有效供给稳定增加，全省粮食优质品率提高10个百分点左右；粮食产业增加值年均增长9%左右，粮食加工转化率达到45%左右，主食品工业化率提高到20%以上；主营业务收入10亿元以上的粮食企业达到3个，亿元以上的粮食企业达到27个，大型粮食产业化龙头企业和粮食产业集群辐射带动能力持续增强；粮食科技创新能力和粮食质量安全保障能力进一步提升。

二、培育壮大粮食产业主体

（四）增强国有粮食企业发展活力。深化国有粮食企业改革，引导企业适应粮食收储制度改革需要，发展混合所有制经济，加快转换经营机制，增强市场化经营能力和产业经济发展活力。以资本为纽带，构建跨区域、跨行业产购储加销协作机制，提高国有资本运行效率，延长产业链条，主动适应和引领粮食产业转型升级，做强做优做大一批具有竞争力、影响力、控制力的骨干国有粮食企业，有效发挥稳市场、保供应、促发展、保安全的重要载体作用。鼓励国有粮食企业依托现有收储网点，主动与新型农业经营主体等开展合作。（省粮食局牵头，省国资委、各市人民政府配合）

（五）壮大粮食产业化龙头企业。认定和扶持一批具有核心竞争力和行业带动力的粮食产业化龙头企业，重点支持产值过亿元的粮食龙头企业和贫困地区的杂粮龙头企业，将龙头企业作为带动区域粮食产业发展和脱贫攻坚的重要依托，打造粮食产业经济发展的"排头兵"。支持符合条件的龙头企业参与承担政策性粮食收储业务；在确保区域粮食安全的前提下，探索创新龙头企业参与地方粮食储备机制。（省粮食局牵头，省财政厅、省农业厅、省商务厅、省工商局、省质监局、省扶贫开发办配合）

（六）支持多元主体协同发展。培育、发展和壮大多元粮食市场主体，建立健全统一、开放、竞争、有序的粮食市场体系。注重培育家庭农场、农民合作社、民营粮食企业等新型经营主体，发展多种形式的适度规模经营，创新新型经营主体与农户的利益联结分享机制。发挥骨干企业的示范带动作用，以资本为纽带，鼓励和支持多元主体强强融合，以强带弱，大力培育和发展集生产、收购、仓储、物流、加工、销售、科研于一体的粮食产业化联合体。鼓励符合条件的多元主体积极参与粮食仓储物流设施建设、产后服务体系建设等。鼓励龙头企业与产业链上下游各类市场主体成立粮食产业联盟，共同制订标准、创建品牌、开发市场、攻关技术、扩大融资等，实现优势互补，增强产业经济发展活力。鼓励通过产权置换、股权转让、品牌整合、兼并重组等方式，实现粮食产业资源优化配置。（省粮食局牵头，省经信委、省财政厅、省农业厅、省工商局配合）

三、创新粮食产业发展方式

（七）促进全产业链发展。粮食企业要积极参与特色农产品优势区建设，发展产购储加销一体化模式，构建从田间到餐桌的全产业链。推动粮食企业发挥粮油加工引擎作用，向上游延伸，与新型农业经营主体开展产销对接和协作，通过定向投入、专项服务、良种培育、订单收购、代储加工等方式，发展优质基地，引导农民调整种植结构，为粮食加工提供满足市场需求的优质粮源；向下游延伸，建设物流营销和服务网络，实现加工规模化、产品优质化、服务多样化，着力打造绿色、有机的优质粮食供应链。开展粮食全产业链信息监测和分析预警，加大供需信息发布力度，降低市场交易成本，引导粮食产销平衡。（省粮食局牵头，省农业厅、省质监局配合）

（八）推动产业集聚发展。深入实施“一带一路”建设、京津冀协同发展等国家发展战略和中原城市群发展总体规划，加强与主产区和主销区省份合作，以全产业链为纽带，整合现有粮食生产、加工、物流、仓储、销售以及科技等资源，加快创建粮食产业园区，打造一批优势粮食产业集群，推进特色产业区域化布局和规模化经营。争取国家支持，建设好现代粮食产业发展示范园区（基地）、全国优质杂粮示范区，依托园区实现产业集聚、要素集中、资源集约、功能集成。（省粮食局牵头，省发展改革委、省经信委、省商务厅、太原铁路局配合）

（九）发展粮食循环经济。鼓励支持粮食企业探索多途径实现粮油副产物循环、全值和梯次利用，提高粮食综合利用率和产品附加值。以绿色粮源、绿色仓储、绿色工厂、绿色园区为重点，构建绿色粮食产业体系。鼓励粮食企业建立绿色、低碳、环保的循环经济系统，降低单位产品能耗和物耗水平。大力开展秸秆、麦麸、麦胚、玉米芯、玉米皮、玉米蛋白、玉米胚、米糠、油料饼粕等副产物综合利用示范，开发新能源、新材料、新产品等，不断挖掘产品加工潜力，提升增值空间。（省粮食局牵头，省发展改革委、省经信委、省农业厅配合）

（十）积极发展新业态。推进“互联网＋粮食”行动，积极发展粮食电子商务，支持建设网上粮食交易平台，积极推广“网上粮店”等新型粮食零售业态，促进线上线下融合。完善粮食电子交易平台体系和信息化建设，拓展物流运输、信息共享、金融服务等功能，发挥其服务种粮农民、购粮企业的重要作用。鼓励发展粮食产业观光、体验式消费等新业态，推动粮食产业链、供应链、价值链重构和演化升级，促进一二三产业融合发展。（省粮食局牵头，省发展改革委、省经信委、省农业厅、省商务厅配合）

（十一）发挥品牌引领作用。加强顶层设计，通过质量提升、自主创新、品牌创建、特色产品认定等，促进我省优质粮食生产优势转变为品牌优势，培育“山西小米”、“山西陈醋”等全国著名区域公共品牌。各地要立足区域资源特色，准确定位品牌发展战略，积极创建与区域布局相结合的区域公共品牌，与绿色有机相结合的产品品牌，与原料基地相结合的企业品牌。鼓励企业推行更高质量标准，发展“三品一标”粮食产品，培育发展自主品牌，打造山西著名商标和全国驰名商标。加大粮食产品的专利权、商标权等知识产权保护力度，严厉打击制售假冒伪劣产品行为。加强行业信用体系建设，规范市场秩序。（省粮食局牵头，省经信委、省农业厅、省工商局、省质监局配合）

（十二）加大营销宣传力度。强化营销宣传推介，加大粮食文化资源的保护和开发利用，建设爱粮节粮宣传教育基地和粮食文化展示基地，挖掘特色粮食产业生态价值、休闲价值、文化价值，开发和培育粮食文化旅游消费市场。加强“山西小米”、“山西好粮油”、特色杂粮等品牌专卖店、直营柜等专柜专销、直供直销营销体系建设。利用农博会、展销会、互联网等平台，利用央视等国家级媒体，把车站、机场、高铁、航线、旅游景点等人员密集流动场所作为宣传窗口，加大品牌的展示和推介力度。开展山西品牌“中华行”“网上行”等丰富多彩的产销对接推介活动，提升品牌美誉度和社会影响力。（省粮食局牵头，省农业厅、省商务厅配合）

四、加快粮食产业转型升级

（十三）增加绿色优质粮油产品供给。以市场需求为导向，建立粮食生产、分类收储和交易机制，增品种、提品质、创品牌，构建绿色优质粮食产业体系。实施“好粮油”行动计划，开展标准引领、质量测评、品牌培育、健康消费宣传、营销渠道和平台建设及试点示范，积极向全国市场宣传推介“山西好粮油”产品和品牌。推进内外销产品“同线同标同质”工程，实现内销转型、扩大出口，带动产业转型升级。调优产品结构，开发绿色优质、营养健康的粮油新产品，促进优质粮食产品的营养升级扩版。大力推广粮油适度加工，发展全谷物等新型营养健康食品。（省粮食局牵头，省经信委、省财政厅、省农业厅、省工商局、省质监局配合）

（十四）大力促进主食产业化。深入开展主食加工业提升行动，支持推进米面、玉米、杂粮及薯类主食制品的工业化生产、社会化供应等产业化经营方式，大力发展方便食品、速冻食品等现代食品产业。认定一批放心主食示范单位，开展主食产业化示范工程建设，推广“生产基地＋中央厨房＋餐饮门店”、“生产基地＋加工企业＋商超销售”、“作坊置换＋联合发展”等新模式。保护并挖掘传统主食产品，增加花色品种。加强主食产品与其他食品的融合创新，鼓励和支持开发具有山西特色的、符合大众口味的米面、杂粮等个性化、多元化、定制化功能性主食产品。（省粮食局牵头，省经信委、省财政厅、省农业厅、省商务厅、省工商局配合）

（十五）加快发展粮食精深加工与转化。支持发展粮食精深加工，促进粮食加工转化、增质增效，带动经济发展和农民增收。着力开发粮食精深加工产品，开发全麦粉、营养强化粉等多品系列专用粉，满足市场消费需求；依托我省胡麻油特色优势发展食用和保健等专用油产品；鼓励玉米深加工企业增加淀粉、淀粉糖、蛋白（氨基酸）等多样化食品以及保健、化工、医药等方面的有效供给，适度发展粮食燃料乙醇，探索开展淀粉类生物基塑料和生物降解材料试点示范，促进玉米深加工业持续健康发展。立足我省杂粮特色资源优势，大力开发功能性食品和药食同源产品。强化食品质量安全、环保、能耗、安全生产等约束，促进粮食企业技术改造升级，倒逼落后加工产能退出。（省粮食局牵头，省发改委、省经信委、省食品药品监管局配合）

（十六）发展杂粮特色产业。推进长治绿色有机旱作农业示范区建设，发展有机杂粮产业；支持忻州建设优质杂粮示范区、“好粮油”示范市和国家级杂粮产地交易市场。加快推进“山西小米”品牌建设，建立标准体系和生产基地，申请注册商标，发展壮大产业联盟，完善质量监管、质量追溯体系，加强品牌建设与管理，提升“山西小米”知名度和影响力。（省粮食局牵头，省农业厅、省工商局、省质监局、省食品药品监管局配合）

五、强化粮食科技创新和人才支撑

（十七）加快推动粮食科技创新突破。支持创新要素向企业集聚，加快培育一批具有市场竞争力的创新型粮食领军企业，支持龙头企业申报国家级、省级科技计划和科技创新专项资金，发挥企业在粮食产业技术体系中的主体作用。鼓励山西大学、山西农业大学、省农科院等高校、科研机构与企业通过共同设立研发基金、实验室、成果推广工作站等方式，搭建校企、科企技术对接平台，聚焦企业科技创新需求。推动国家粮食科学研究院和山西农业大学功能农业研究院战略合作，发展功能食品。围绕我省粮食行业重点领域开展基础、前沿和共性关键技术研究，重点支持营养健康、质量安全、节粮减损、加工转化、现代物流、“智慧粮食”等领域的技术研发。加大酒、醋等酿造业原料用粮品质改良技术研究，提高本地粮利用率，注重推进高新技术在粮食产业中的应用。（省科技厅牵头，省质监局、省粮食局配合）

（十八）加快科技成果转化推广。深入实施“科技兴粮工程”，组建全省粮食产业科技协同创新共同体和技术创新联盟，聚合创新资源，构筑先发优势。建立粮食产业科技成果转化信息服务平台，定期发布粮食科技成果，促进粮食科技成果、科技人才、科研机构等与企业有效对接，推进科技资源开放共享，促进粮食行业新品种新技术新工艺新成果的转化应用，推动科技成果产业化。（省科技厅牵头，省粮食局配合）

（十九）健全人才保障机制。实施“人才兴粮工程”，深化人才发展体制改革，将粮食产业人才开发纳入我省整体人才开发计划，落实人才激励政策，激发人才创新创造活力。创新人才引进机制，搭建专业技术人才创新创业平台。遴选和培养一批粮食产业技术专家，凝聚高水平领军人才和创新团队为粮食产业服务。支持高等院校和职业学校开设粮食产业相关专业和课程，完善政产学研用相结合的协同育人模式，提升粮食产业学科建设水平，加快培养行业短缺的实用型人才。加强职业技能培训，举办职业技能竞赛活动，培育“粮工巧匠”，提升粮食行业职工的技能水平。（省粮食局牵头，省教育厅、省人力资源社会保障厅配合）

六、夯实粮食产业发展基础

（二十）提升仓储设施资源服务功能。通过参股、控股、融资等多种形式盘活粮食仓储设施资源，扩展仓储业服务范围。适应粮食收储制度改革和农业适度规模经营的需要，建设一批专业化、市场化的粮食产后服务中心，为农户提供粮食“五代”（代清理、代干燥、代储存、代加工、代销售）服务，为加工企业提供仓储管理服务，为城乡居民提供粮食配送服务。继续推进农户科学储粮行动，研发和推广适合当地使用、与土地流转规模相适应的农户储粮新仓型、新装具，满足农户分散式短暂储粮需求，促进粮食产后减损和农民增收。（省粮食局牵头，省发展改革委、省财政厅配合）

（二十一）完善现代粮食物流体系。加强粮食物流基础设施和应急供应体系建设。对接国家“两横六纵”粮食物流通道，推动粮食跨境物流的衔接与合作，推进粮食运输网络建设。加快布局建设太原—华北粮食通道、大同—京津西北粮食通道、运城—西南粮食通道、长治—东南粮食通道、晋陕豫黄河金三角粮食物流核心示范区，提升粮食接卸及分拨能力。完善粮食收储企业、加工企业、物流企业的散粮接发设施建设，支持标准化散粮运输工具示范，引导和形成散粮运输社会化服务。大力推广公铁联运、甩挂运输等运输组织方式，降低全产业链物流成本。加快粮食物流与信息化融合发展，依托互联网、大数据、物联网、云计算等信息技术，促进粮食物流信息共享，提高物流效率。（省发展改革委牵头，省经信委、省交通厅、省商务厅、省质监局、省粮食局、太原铁路局配合）

（二十二）加快构建粮食标准化体系。建立山西省小杂粮标准体系，出台一批国家标准空缺或高于国家标准的杂粮及特色产品地方标准。加快制定生产、收购、储存、加工、物流、营销、检验检测方法等全产业链各环节标准体系，引领特色农产品标准化、产业化、规模化发展。推动标准由生产型向消费型、服务型转变，建立企业标准“领跑者”激励机制，加快标准提档升级。（省粮食局牵头，省农业厅、省质监局配合）

（二十三）健全粮食质量安全保障体系。支持建设粮食质量检验机构，形成以省级为核心、市级为支撑、县级及骨干粮食质检机构为基础的粮食质量检验监测体系，形成上下联动、横向互通的功能配置和运行机制。开展全省新收获粮食质量调查、品质测报和安全风险监测。建立覆盖从产地到餐桌全程的粮食质量安全追溯体系和平台，进一步健全质量安全监管衔接协作机制，加强粮食种植、收购、储存、销售及食品生产经营监管，严防不符合食品安全标准的粮食流入口粮市场或用于食品加工。依托粮食行业专业优势，按照积极服务于社会和公正检验原则，认定一批第三方粮食质检机构，为社会开展第三方检验监测服务。（省粮食局牵头，省农业厅、省质监局、省食品药品监管局配合）

七、完善保障措施

（二十四）加大财税扶持力度。充分发挥财政资金引导功能，积极撬动金融资本、社会资本加大对粮食产业的投入。统筹利用产粮产油大县奖励资金、粮食风险基金等支持粮食产业发展。扶贫专项资金要有计划地支持贫困地区杂粮产业发展。粮食扶持资金要分期分批支持“好粮油”示范市、县建设。新型农业经营主体购置仓储、烘干等设备，可按规定享受农机具购置补贴。落实粮食加工企业从事农产品初加工所得按规定免征企业所得税政策和国家简并增值税税率有关政策，确保粮食企业各类税收优惠应享尽享。（省财政厅牵头，省发改委、省地税局、省粮食局、省扶贫开发办配合）

（二十五）健全金融保险支持政策。拓宽企业融资渠道，鼓励金融机构调整优化信贷结构，为粮食收购、加工、仓储、物流等各环节提供多元化金融服务。政策性、商业性金融机构要结合职能定位和业务范围，在风险可控的前提下，将质量水平、标准水平、品牌价值等纳入企业信用评价指标和贷款发放参考因素，完善银担合作和风险分担机制，合理简化审批手续，合理安排授信，加大对粮食产业发展和农业产业化重点龙头企业的信贷支持。建立健全粮食收购贷款信用保证基金融资担保机制，降低银行信贷风险。支持粮食企业通过发行短期融资券等非金融企业债务融资工具筹集资金，支持符合条件的粮食企业上市融资或在“新三板”“山西农业板”挂牌，以及发行公司债券、企业债券和并购重组等。引导粮食企业合理利用农产品期货市场管理价格风险，在做好风险防范的前提下，积极开展企业厂房抵押和存单、订单、应收账款质押等融资业务，进一步扩大商标权、专利权等抵质押方式的适用范围。扩大农业保险支持范围，创新保险支持方式、产业链金融等多种服务模式，鼓励和支持保险机构为粮食企业开展对外贸易和“走出去”提供保险服务。（省金融办牵头，省财政厅、省商务厅、省粮食局、山西证监局、山西银监局、山西保监局、人行太原中心支行、农发行山西省分行配合）

（二十六）落实用地用电等优惠政策。各地在土地利用年度计划中，对粮食产业发展重点项目用地予以统筹安排和重点支持。支持和加快国有粮食企业依法依规将划拨用地转变为出让用地，增强企业融资功能。

改制重组后的粮食企业，可依法处置土地资产，用于企业改革发展和解决历史遗留问题。通过节地挖潜、盘活存量、城乡建设用地增减挂钩、批而未用土地专用指标回收利用等多种途径，切实保障粮食产业化项目的合理用地需求。支持集体经济组织以集体建设用地使用权入股、联营等形式与龙头企业共同兴办粮油加工企业等。落实粮食加工用电执行农业生产用电价格政策，明确加工用电适用范围，原则上不参与限电，切实保障粮食初加工用电。（省经信委、省国土资源厅牵头，省发展改革委、省粮食局配合）

（二十七）强化组织领导。各地要立足当地资源条件、区域优势和产业特色，因地制宜制定推进本地区粮食产业经济发展的实施意见、规划或方案。要结合精准扶贫、精准脱贫要求，大力开展粮食产业扶贫。各级粮食部门要发挥牵头作用，履行规划、指导、管理、服务等职能，协调推进粮食产业发展有关工作。发展改革、财政部门要强化对重大政策、重大工程和重大项目的支持，把粮食产业化列入当地经济发展总体规划。各相关部门要根据职责分工，切实履行职责，密切沟通配合，抓紧完善配套措施和部门协作机制，同时发挥好粮食等相关行业协会商会在标准、信息、人才、机制等方面的作用，合力推进粮食产业经济发展。（省粮食局牵头，各市人民政府、省发展改革委、省财政厅、省农业厅、省扶贫开发办配合）

（二十八）严格目标考核。加大粮食产业经济发展在粮食安全省长责任制考核中的权重。强化考核结果运用，树立鲜明导向，以考促建。加强培育和宣传产业经济发展过程中的先进典型，发挥典型示范引领作用。（省粮食局牵头，各市人民政府、粮食安全省长责任制考核领导小组相关成员单位配合）

山西省人民政府办公厅

2018 年 2 月 26 日

内蒙古自治区人民政府办公厅关于加快推进农业供给侧结构性改革大力发展粮食产业经济的实施意见

内政办发〔2018〕34号

各盟行政公署、市人民政府，各旗县人民政府，自治区各委、办、厅、局，各大企业、事业单位：

为深入贯彻落实《国务院办公厅关于加快推进农业供给侧结构性改革大力发展粮食产业经济的意见》（国办发〔2017〕78号）精神，推进全区农业供给侧结构性改革，大力发展粮食产业经济，不断满足城乡居民消费需求，促进农业提质增效、农民就业增收和经济社会发展，经自治区人民政府同意，结合我区实际，现提出以下实施意见。

一、总体要求

（一）指导思想。全面贯彻党的十九大精神，以习近平新时代中国特色社会主义思想为指导，紧紧围绕统筹推进“五位一体”总体布局和协调推进“四个全面”战略布局，牢固树立新发展理念，全面落实国家粮食安全战略，以加快推进农业供给侧结构性改革为主线，以提高粮食产业经济发展质量和效益为中心，以提升全区口粮自给能力、增加绿色优质粮食产品供给、有效解决市场化形势下农民卖粮问题、促进农民持续增收和保障粮食质量安全为重点，以实施“优质粮食工程”，建设粮食产业经济示范旗县、粮食产业示范园区（基地）、粮食骨干龙头企业为载体，推动粮食产业创新发展、转型升级和提质增效，促进由产粮大区向现代粮食产业强区转变，为构建更高层次、更高质量、更有效率、更可持续的粮食安全保障体系夯实产业基础。

（二）主要目标。到2020年，大型粮食产业化龙头企业和粮食产业集群辐射带动能力持续增强，主营业务收入过10亿的粮食企业数达到10户以上；粮食产业布局更加合理，发展的质量和效益明显提升，粮食加工转化率达到60%，粮食产业增加值年均增长7%；粮食产业创新能力、科技成果应用能力和粮食质量安全保障能力进一步提升，建设粮食产业示范园区10个，发展粮食产业经济示范旗县15个；绿色优质粮食产品有效供给稳定增加，制定“内蒙古好粮油”标准10个以上，打造“中国好粮油”产品100种以上；探索符合地区粮食产业经济发展的新路径，促进粮食产业结构调整迈出新步伐，更好地保障国家粮食安全和带动农民增收。

二、培育壮大粮食产业主体

（三）增强粮食企业发展活力。深入推进国有粮食企业改革，发展混合所有制经济，加快转换经营机制，增强市场化经营能力和产业经济发展活力。适应粮食收储制度改革需要，鼓励引导粮食收储企业转变经营理念，改进营销方式，依托现有仓储设施，主动与农民、新型农业经营主体开展合作，延长产业链条，加快转型升级，积极稳妥推进“粮食银行”健康发展，做强做优做大一批具有竞争力、影响力、控制力的骨干国有粮食企业。培育、发展和壮大从事粮食收购和经营活动的多元粮食市场主体，建立健全统一、开放、竞争、有序的粮食市场体系。（自治区粮食局、国资委、金融办等部门负责）

（四）培育壮大粮食产业化龙头企业。在从事粮食仓储、物流、加工、转化的粮食企业中，认定和扶持一批具有核心竞争力和行业带动力的粮食产业化重点龙头企业。支持龙头企业积极参与优质粮食基地建设，引导优质粮食品种种植，带动农民增收致富。提升粮食企业生产、加工、转化能力，健全完善粮油产业链利益联结机制，促进一二三产业融合发展和农民持续增收。支持符合条件的龙头企业参与承担政策性粮食收储业务，探索龙头企业参与地方粮食储备机制。（自治区粮食局、发展改革委、财政厅、农牧业厅、商务厅、工商局、呼和浩特海关等部门负责）

（五）支持多元主体协同发展。鼓励多元主体开展多种形式的合作与融合，培育和发展粮食产业化联合体。支持符合条件的多元主体积极参与粮食仓储物流设施、产后服务体系建设等。鼓励龙头企业与产业链上游市场主体成立粮食产业联盟，共同制订标准、创建品牌、开发市场、技术攻关、扩大融资等，实现优势互补。鼓励通过产权置换、股权转让、品牌整合、兼并重组等方式，实现粮食产业资源优化配置。（自治区发展改革委、粮食局、经济和信息化委、财政厅、农牧业厅、工商局等部门负责）

三、加快粮食产业发展方式创新和转型升级

（六）促进全产业链发展。建立粮食企业与农户和新型农业经营主体的利益联结机制，通过定向投入、专项服务等方式，建设优质粮源基地。推进“农户 + 新型农业经营主体 + 基地 + 粮食企业”产业化发展方式，发展“产购储加销”一体化模式，逐步实现粮源基地化、加工规模化、产品优质化、服务多样化，打造绿色、有机的优质粮食供应链，构建从田间到餐桌的全产业链。（自治区发展改革委、粮食局、农牧业厅等部门负责）

（七）推动产业集聚发展。依托粮食主产区、特色粮油产区和关键粮食物流节点，推进产业向优势产区集中布局，完善满洲里、二连浩特进口粮食临港深加工产业链。以全产业链为纽带，整合现有粮食生产、加工、物流、仓储、销售及科技等资源，打造一批优势粮食产业集群，建设一批现代粮食产业发展示范园区（基地），发展粮油食品产业集聚区。加大支持杂粮杂豆产业力度，发挥地方粮食资源优势。（自治区发展改革委、粮食局、经济和信息化委、财政厅、商务厅，呼和浩特海关、中国铁路呼和浩特局集团有限公司等部门负责）

（八）加快发展粮食精深加工。支持地方出台有利于粮食精深加工转化的政策，带动主产区经济发展和农民增收，实现粮食资源优势向经济优势转化。以玉米深加工转化为引擎，支持鼓励玉米加工转化企业研发优质、高效、多样化产品，适度发展粮食燃料乙醇，提高就地加工转化能力和资源利用率。开发粮食精深加工产品，增加专用米、专用粉、专用油、功能性淀粉糖、功能性蛋白等食品及保健、化工、医药等方面的有效供给。强化食品质量安全、环保、能耗、安全生产等约束，引导粮食企业加大技术改造力度，倒逼落后加工产能退出。推广“仓顶阳光工程”等新能源项目，大力开展米糠、碎米、麦鼓、麦胚、玉米芯等副产物综合利用示范，发展粮食循环经济。（自治区粮食局、发展改革委、经济和信息化委、财政厅、能源局，呼和浩特海关等部门负责）

（九）积极促进主食产业化。推进米面、食用玉米、杂粮及薯类主食制品的工业化生产、社会化供应等产业化经营方式。开展主食产业化示范工程建设，推广“生产基地十中央厨房＋餐饮门店”“生产基地＋加工企业＋商超销售”“作坊置换十联合发展”等新模式。保护挖掘传统主食产品，增加花色品种。加强主食产品与其他食品的融合创新，鼓励开发个性化功能性主食产品。（自治区粮食局、经济和信息化委、财政厅、商务厅、农牧业厅、工商局等部门负责）

（十）大力实施品牌战略。制定“内蒙古好粮油”标准，鼓励企业推行更高质量标准，建立粮食产业企业标准领跑者激励机制，提高品牌产品带动能力。促进品牌整合，联合打造区域品牌，挖掘内蒙古粮食文化元素，提升我区粮食美誉度和社会影响力。大力支持和发展“三品一标”粮食产品，积极参与“中国好粮油”产品遴选，发挥品牌引领作用。加强绿色优质粮食品牌宣传、发布、人员培训、市场营销、评价标准体系建设、展示展销信息和交易平台建设，开展品牌创建和产销对接推介活动、品牌产品交易会等。加大粮食产品的专利权、商标权等知识产权保护力度，严厉打击制售假冒伪劣产品行为。加强行业信用体系建设，规范市场秩序。（自治区粮食局、发展改革委、经济和信息化委、农牧业厅、

工商局、知识产权局，呼和浩特海关等部门负责）

（十一）积极发展新业态。推进“互联网+粮食”行动，积极发展粮食电子商务，推广“网上粮店”“智慧粮食”等新型粮食零售业态，促进线上线下融合。建立具有物流运输、金融服务等功能的自治区粮食电子交易平台体系，发挥其服务粮食生产者和经营者的重要作用。加大粮食文化资源保护和开发利用力度，支持爱粮节粮宣传教育基地和粮食文化展示基地建设，鼓励发展粮食产业观光、体验式消费等新业态。（自治区粮食局、发展改革委、经济和信息化委、财政厅、农牧业厅、商务厅、旅游发展委等部门负责）

四、强化粮食科技创新和人才支撑

（十二）实施“人才兴粮工程”。推动培养数量充实、结构优化、富有竞争优势的粮食行业人才队伍。创新人才引进机制，搭建专业技术人才创新创业平台。积极推动与区内外高校、科研院所共建农产品科研开发基地等工作。支持企业加强与科研机构、高校合作，创新人才引进机制。加强职业技能培训，开展岗位创建、职业技能竞赛等活动，培育“粮工巧匠”。（自治区粮食局、人力资源社会保障厅、教育厅等部门负责）

（十三）加快科技成果转化推广。坚持以企业为主体推进产学研联合，增强行业科技创新能力，加快科技成果转化。支持创新要素向企业集聚，加快培育一批具有市场竞争力的创新型粮食领军企业，引导企业加大研发投入和开展创新活动。深入实施“科技兴粮工程”，建立粮食产业科技成果转化信息服务平台，定期发布粮食科技成果，促进粮食科技成果、科技人才、科研机构等与企业有效对接，推动科技成果产业化。（自治区科技厅、粮食局等部门负责）

五、夯实产业发展基础

（十四）建设粮食产后服务体系。整合粮食流通领域现有资源，建设专业化、市场化粮食产后服务中心，为种粮农民提供“代清理、代干燥、代储存、代加工、代销售”等服务。支持种粮大户、家庭农场、农民合作社、加工企业等新型经营主体完善“五代”服务配套设施，参与产后服务中心建设。通过政府引导，市场化运作，逐步建成布局合理、能力充分、设施先进、功能完善、满足粮食产后处理需要的新型社会化、专业化粮食产后服务体系。（自治区财政厅、粮食局、发展改革委等部门负责）

（十五）健全粮食质量安全保障体系。按照“机构成网络、监测全覆盖、监管无盲区”的原则，形成以自治区级为骨干、以盟市级为支撑、以旗县级为基础的公益性粮食质量检验监测体系。加快优质、特色粮油产品标准和相关检测方法标准的制修订。开展全区收获粮食质量调查、品质测报和安全风险监测，加强进口粮食质量安全监管，建立进口粮食疫情监测和联防联控机制。建立覆盖从产地到餐桌全程的粮食质量安全追溯体系和平台，进一步健全质量安全监管衔接协作机制，加强粮食种植、收购、储存、加工、销售及食品生产经营监管，严防不符合食品安全标准的粮食流入口粮市场或用于食品加工。加强口岸风险防控和实际监管。（自治区粮食局、食品药品监督局、农牧业厅，呼和浩特海关、满洲里海关等部门负责）

（十六）完善现代粮食物流体系。多渠道开发现有粮食企业仓储设施用途，为新型农业经营主体和农户提供粮食产后服务，为加工企业提供仓储保管服务，为期货市场提供交割服务，为“互联网+粮食”经营模式提供交割仓服务，为城乡居民提供粮食配送服务。加强粮食物流基础设施和应急供应体系建设，优化物流节点布局，完善物流通道。支持铁路班列运输，降低全产业链物流成本。加快粮食物流与信息化融合发展，促进粮食物流信息共享，提高物流效率。推动粮食物流标准化建设，推广原粮物流“四散化”（散储、散运、散装、散卸）、集装化、标准化，推动成品粮物流托盘等标准化装载单元器具的循环共用，带动粮食物流上下游设施设备及包装标准化水平提升。支持进口粮食指定口岸防疫能力建设。（自治区发展改革委、粮食局、交通运输厅、商务厅，呼和浩特海关、中国铁路呼和浩特局集团有限公司等部门负责）

六、完善保障措施

（十七）加大财税扶持力度。充分利用现有资金渠道，支持粮食产业经济发展，按照国家要求统筹利用商品粮大省奖励资金、产粮产油大县奖励资金、粮食风险基金等支持粮食产业发展。充分发挥财政资金引导作用，积极引导金融资本、社会资本加大对粮食产业的投入。粮食产业化龙头企业享受农牧业产业化龙头企业在财政、税收等方面的优惠政策，特别是对粮食主产贫困旗县的粮食精深加工企业要给予重点支持。新型农业经营主体购置仓储、烘干设备，可按规定享受农机具购置补贴。落实粮食加工企业从事农产品初加工所得按规定免征企业所得税政策和国家简并增值税税率有关政策。（自治区财政厅、发展改革委、地税局、粮食局，内蒙古国税局等部门负责）

（十八）健全金融保险支持政策。加强金融资本与粮食企业有效对接，拓宽企业融资渠道，鼓励商业金融机构为市场化收购提供资金，为粮食流通各环节提供多元化金融服务。政策性、商业性金融机构要结合职能定位和业务范围，在风险可控的前提下，加大对粮食产业发展和粮食产业化重点龙头企业的信贷支持。完善粮食收购贷款信用保证基金融资担保机制，降低银行信贷风险。引导粮食企业合理利用农产品期货市场管理价格风险。在做好风险防范的前提下，积极开展企业厂房抵押、存单、订单、应收账款质押等融资业务，创新“信贷＋保险”“期货＋保险”产业链金融等多种服务模式。鼓励和支持保险机构为粮食企业开展对外贸易和“走出去”提供保险服务。（人民银行呼和浩特中心支行，内蒙古银监局、证监局、保监局，自治区财政厅、商务厅、粮食局，农业发展银行内蒙古分行等部门负责）

（十九）落实用地用电等优惠政策。在土地利用年度计划中，对粮食产业发展重点项目用地予以统筹安排和重点支持。支持和加快国有粮食企业依法依规将划拨用地转变为出让用地，增强企业融资功能。改制重组后的粮食企业，可依法处置土地资产，用于企业改革发展和解决历史

遗留问题。落实粮食初加工用电执行农业生产用电价格政策。（自治区国土资源厅、发展改革委、粮食局等部门负责）

（二十）加强组织领导。各级人民政府要高度重视粮食产业经济发展，因地制宜制定推进本地区大力发展粮食产业经济具体实施方案，加强统筹协调，明确职责分工。加大粮食产业经济发展实绩在粮食安全盟市长责任制考核中的权重。要结合精准扶贫、精准脱贫要求，大力开展粮食产业扶贫。粮食部门负责协调推进粮食产业发展有关工作，推动产业平台和载体建设，加强粮食产业经济运行监测。发展改革、财政部门要强化对重大政策、重大工程和重大项目的支持，发挥财政投入的引导作用，撬动更多社会资本投入粮食产业。各相关部门要根据职责分工抓紧完善配套措施和部门协作机制，并发挥好粮食等相关行业协会商会在标准、信息、人才、机制等方面的作用，合力推进粮食产业经济发展。各级人民政府应当根据粮食产业经济发展的需求，按照有机构管事，有人办事的要求，合理配置工作人员，确保粮食产业经济有效推进。（盟行政公署、市人民政府，自治区发展改革委、粮食局、财政厅、农牧业厅、扶贫办等地区、部门负责）

内蒙古自治区人民政府办公厅

2018 年 5 月 26 日

辽宁省人民政府办公厅
关于加快推进农业供给侧结构性改革
大力发展粮食产业经济的实施意见

辽政办发〔2017〕137号

各市人民政府，省政府各厅委、各直属机构：

为贯彻落实《国务院办公厅关于加快推进农业供给侧结构性改革大力发展粮食产业经济的意见》（国办发〔2017〕78号）精神，加快推进农业供给侧结构性改革，大力发展粮食产业经济，促进农业提质增效、农民就业增收和经济社会发展，经省政府同意，现提出以下实施意见。

一、总体要求

（一）指导思想。全面贯彻党的十九大精神，以习近平新时代中国特色社会主义思想为指导，深入贯彻新发展理念和“四个着力”“三个推进”，按照党中央、国务院的决策部署和省委、省政府的工作要求，全面落实国家粮食安全战略，以加快推进农业供给侧结构性改革为主线，以增加绿色优质粮食产品供给、有效解决市场化形势下农民卖粮问题、促进农民持续增收和保障粮食质量安全为重点，加快实施优质粮食工程，推动粮食产业创新发展、转型升级和提质增效，为构建更高层次、更高质量、更有效率、更可持续的粮食安全保障体系夯实产业基础。

（二）基本原则。

坚持市场主导，政府引导。以市场需求为导向，突出市场主体地位，激发市场活力和企业创新动力，发挥市场在资源配置中的决定性作用。

针对粮食产业发展的薄弱环节和制约瓶颈，强化政府规划引导、政策扶持、监管服务等作用，着力营造产业发展良好环境。

坚持产业融合，协调发展。树立“大粮食”“大产业”“大市场”“大流通”理念，充分发挥粮食加工转化的引擎作用，推动仓储、物流、加工等粮食流通各环节有机衔接，以相关利益联结机制为纽带，培育全产业链经营模式，促进一二三产业融合发展。

坚持创新驱动，提质增效。围绕市场需求，发挥科技创新的支撑引领作用，深入推进大众创业、万众创新，加快体制机制、经营方式和商业模式创新，积极培育新产业、新业态等新动能，提升粮食产业发展质量和效益。

坚持因地制宜，分类指导。结合不同区域、不同主体的实际情况，选择适合自身特点的粮食产业发展模式。加强统筹协调和政策引导，推进产业发展方式转变，及时总结推广典型经验，注重整体效能和可持续性。

（三）主要目标。到 2020 年，初步建成适应我省粮情的现代粮食产业体系，产业发展的质量和效益明显提升，更好地保障国家粮食安全和带动农民增收。绿色优质粮食产品有效供给稳定增加，全省粮食优质品率提高 10 个百分点左右；粮食产业增加值年均增长 7% 左右，粮食加工转化率达到 88%，主食品工业化率提高到 25% 以上；粮食产业规模以上企业实力不断增强；粮食产业化龙头企业和粮食产业集群辐射带动能力持续增强；粮食科技创新能力和粮食质量安全保障能力进一步提升。

二、培育壮大粮食产业主体

（一）增强粮食企业发展活力。适应粮食收储制度改革需要，深化国有粮食企业改革，推进企业资源整合和战略重组，加快转换经营机制，大力发展混合所有制经济，增强市场化经营能力和产业经济发展活力。推动国有粮食企业制度创新，建立现代公司法人治理结构，构建“产购储加销”协作机制，提高国有资本运行效率，延长产业链条，主动适应和引领粮食产业转型升级，做强做优做大一批具有竞争力、影响力、控制力的骨干国有粮食企业，有效发挥稳市场、保供应、促发展、保安全的重要载体作用。鼓励国有粮食企业依托现有收储网点，主动与新型农业经营主体等开展合作。培育、发展和壮大从事粮食收购和经营活动的多元粮食市场主体，建立健全统一、开放、竞争、有序的粮食市场体系。（省农委、省国资委，各市政府等负责）

（二）培育壮大粮食产业化龙头企业。充分发挥市场配置资源的决定性作用，培育一批规模大、实力强、品牌优、技术装备先进、有核心竞争力、行业带动力强的粮食产业化重点龙头企业。坚持粮食企业与其他市场主体依法平等准入，支持多元主体开展多种形式的合作与融合，协同发展。支持符合条件的龙头企业参与承担政策性粮食收储业务，在确保区域粮食安全的前提下，探索创新龙头企业参与地方粮食储备机制。支持龙头企业与新型农业经营主体和农户构建稳固的利益联结机制，引导优质粮食品种种植，带动农民增收致富。（省农委、省发展改革委、省财政厅、省工商局、农发行辽宁省分行、中储粮辽宁分公司，各市政府等负责）

（三）支持多元主体协同发展。大力培育和发展粮食产业化联合体，鼓励龙头企业与产业链上下游各类市场主体成立粮食产业联盟，共同制订标准、创建品牌、开发市场、攻关技术、扩大融资等，实现优势互补。鼓励通过产权置换、股权转让、品牌整合、兼并重组等方式，实现粮食产业资源优化配置。（省农委、省发展改革委、省工业和信息化委、省财政厅、省国资委、省工商局、中储粮辽宁分公司，各市政府等负责）

三、创新粮食产业发展方式

（一）促进全产业链发展。粮食企业要积极参与粮食生产功能区建设，发展“产购储加销”一体化模式，构建从田间到餐桌的全产业链。推动粮食企业与农业经营主体开展产销对接和协作，探索开展绿色优质特色粮油种植、收购、储存、加工、销售新模式，实现粮源基地化、加工规模化、产品优质化、服务多样化，着力打造绿色、有机的优质粮食供应链。鼓励企业开展绿色、有机产品认证，加大宣传力度，扩大绿色、有机产品市场认知度。开展粮食全产业链信息监测和分析预警，加大供需信息发布力度，引导粮食产销平衡。（省农委、省发展改革委、省工商局、省质监局，各市政府等负责）

（二）推动产业集聚发展。深入贯彻沿海经济带、沈阳经济区、突破辽西北三大战略，发挥资源优势和区域优势，科学规划、合理布局，以全产业链为纽带，整合现有粮食生产、加工、物流、仓储、销售以及科技等资源，打造一批粮油食品产业集聚区。加强产销区产业合作，支持具备条件的粮食物流节点提供粮食仓储物流服务。鼓励粮食加工企业建立线上、线下营销网络。（省农委、省发展改革委、省工业和信息化委、省财政厅、省交通运输厅、省商务厅、沈阳铁路局，各市政府等负责）

（三）发展粮食循环经济。鼓励粮食企业探索多途径实现粮油副产物循环、全值和梯次利用，提高粮食综合利用率和产品附加值。以绿色粮源、绿色仓储、绿色工厂、绿色园区为重点，构建绿色粮食产业体系。鼓励粮食企业建立绿色、低碳、环保的循环经济系统，降低单位产品能耗和物耗水平。开展"仓顶阳光工程"新能源项目，烘干塔节能改造项目试点，大力开展米糠、碎米、麦麸、麦胚、玉米芯、饼粕等副产物综合利用，促进产业节能减排、提质增效。（省农委、省发展改革委、省工业和信息化委、省环保厅、省粮食发展集团，各市政府等负责）

（四）积极发展新业态。推进"互联网 + 粮食"行动，积极发展粮食电子商务，推广"网上粮店"等新型粮食零售业态，促进线上线下融合。建立省级粮食电子交易平台体系，拓展物流运输、金融服务等功能，发挥其服务种粮农民、购粮企业的重要作用。加大粮食文化资源的保护和开发利用力度，支持爱粮节粮宣传教育基地和粮食文化展示基地建设，鼓励各地发挥资源优势，推动粮食生产与观光旅游、乡村旅游相结合。（省农委、省工业和信息化委、省财政厅、省商务厅、省旅游发展委，各市政府等负责）

（五）发挥品牌引领作用。鼓励粮食加工企业开展"三品一标"粮食产品生产，支持粮食加工企业新产品新技术研发，形成一批具有自主知识产权的技术和产品，提升企业产品质量和市场竞争力。引导社会资源向辽宁自主品牌倾斜，鼓励粮食加工企业争创名牌产品，支持粮食产业集聚区创建“辽宁省知名品牌创建示范区”，并积极创建“全国知名品牌创建示范区”。支持企业挖掘品牌文化内涵、围绕品牌开展宣传，提升品牌美誉度和社会影响力。加大对粮食产品专利的维权援助工作力度，全程提供专利维权咨询服务，及时处理专利侵权纠纷，依法保护粮食产品专利权，严厉打击制售假冒伪劣产品行为。加强行业信用体系建设，规范市场秩序。（省农委、省发展改革委、省工业和信息化委、省工商局、省质监局、省知识产权局，各市政府等负责）

四、加快粮食产业转型升级

（一）增加绿色优质粮油产品供给。统筹安排专项资金，大力推进优质粮食工程建设。实施“中国好粮油”行动计划，以市场需求为导向，增品种、提品质、创品牌，促进城乡居民由“吃得饱”向“吃得好”转变。发挥出口农产品示范区的品牌效应与集聚效应，推进出口食品、农产品生产企业内外销产品“同线同标同质”工程，实现内销转型，带动产业转型升级。推动地方特色粮油食品产业化，发展大米深加工制品、优质食用油产品，加快发展杂粮、杂豆、木本油料等特色农产品，推进非转基因大豆发展。（省农委、省工业和信息化委、省财政厅、省林业厅、省质监局、辽宁出入境检验检疫局，各市政府等负责）

（二）大力促进主食产业化。支持推进米、面、玉米、杂粮及薯类主食制品的工业化生产、社会化供应等产业化经营方式，大力发展方便食品、速冻食品。开展主食产业化示范工程建设，推广“生产基地＋加工企业＋商超销售”“作坊置换＋联合发展”等新模式。保护并挖掘传统主食产品，增加花色品种。加强主食产品与其他食品的融合创新，鼓励开发个性化功能性主食产品。（省农委、省工业和信息化委、省财政厅、省商务厅，各市政府等负责）

（三）加快发展粮食精深加工与转化。按照国家政策要求，实施玉米深加工企业收购和加工新产玉米补贴政策，扩大玉米就地转化能力。在保障粮食供应和质量安全的前提下，着力处置霉变、重金属超标、超期储存粮食等，适度发展以玉米为原料的燃料乙醇。支持粮油加工业企业向环保、能源、医药、化工、饲料等精深加工领域发展。加强食品监管，推动粮食精深加工企业落实质量安全主体责任，鼓励饲料企业加大科技创新投入，开发小麦、高粱等安全、高效、环保的新型饲料和饲料添加剂产品。开发特色畜禽、特种水产养殖业饲料产品，拓展饲料工业发展空间，提升饲料产品品牌影响力。（省农委、省发展改革委、省工业和信息化委、省财政厅、省食品药品监管局、省畜牧局，各市政府等负责）

（四）统筹利用粮食仓储设施资源。通过参股、控股、融资等形式，放大国有资本功能，扩展粮食仓储业服务范围。多渠道开发现有国有粮食企业仓储设施用途，为新型农业经营主体和农户提供粮食产后服务，为加工企业提供仓储保管服务，为期货市场提供交割服务，为“互联网+粮食”经营模式提供交割仓服务。（省农委、省发展改革委、省国资委、辽宁证监局，各市政府等负责）

五、强化粮食科技创新和人才支撑

（一）加快推动粮食科技创新突破。支持创新要素向企业聚焦，引导创新型粮食领军企业加大研发投入，开展创新研究。鼓励高等院校、科研院所与企业建立创新联盟和产业技术创新平台，加强营养健康、质量安全、节粮减损、加工转化等领域关键技术研发，推进新技术在粮食生产中的应用。引导高等院校、科研院所与大型储运和机械装备制造等企业建立长期有效的科技合作关系，联合共建研发中心、实验室、工作站等，吸纳企业资金实施产学研合作项目。重点研究和应用绿色储粮、保质安全、减损降耗等粮食储藏新技术、新工艺和新装备，研发粮情智能分析、异常粮情预警预报、机械通风和空调制冷智能控制等粮食储藏专用智能分析系统和控制装备，解决粮食干燥领域能耗高、热效率低、污染物排放超标等技术难题。开展进出口粮食检验检疫技术性贸易措施及相关研究。（省科技厅、省教育厅、省农委、省农科院、辽宁出入境检验检疫局，各市政府等负责）

（二）加快科技成果转化推广。深入实施“科技兴粮工程”，促进粮食科技成果、科技人才、科研院所等与产业有效对接，推动科技成果产业化。发挥粮食领域国家重点实验室作用，推广国储库绿色储粮、农户科学储粮、粮食干燥节能减排、清洁能源干燥等技术，推进粮食科技资源开放共享。（省科技厅、省农委、省农科院，各市政府等负责）

（三）促进粮油机械制造自主创新。扎实推进“中国制造 2025”，发展高效节粮节能成套粮油加工装备。提高关键粮油机械及仪器设备制造水平和自主创新能力，提升粮食品质及质量安全快速检测设备的技术水平。引导粮食深加工企业应用智能装备、智能软件等，提升粮食深加工过程的数字化、智能化水平。引入智能机器人和物联网技术，开展粮食智能工厂、智能仓储、智能烘干等应用示范。（省农委、省发展改革委、省工业和信息化委、省科技厅、省农科院，各市政府等负责）

（四）健全人才保障机制。实施“人才兴粮工程”，深化人才发展体制改革，激发人才创新创造活力。支持企业加强与高等院校、科研院所合作，创新人才引进机制，搭建专业技术人才创新创业平台。发展粮食高等教育和职业教育，支持高等院校和职业学校开设粮食产业相关专业和课程，将粮食产业相关工种纳入职业培训政府补贴专业省级指导目录，指导各级各类培训机构开展职业技能培训，对培训合格取得职业资格证书的符合条件的从业人员，按规定给予职业培训补贴和职业技能鉴定补贴。开展粮食产业职业技能竞赛，提升粮食行业职工技能水平。（省农委、省教育厅、省人力资源社会保障厅，各市政府等负责）

六、夯实粮食产业发展基础

（一）建设粮食产后服务体系。适应粮食收储制度改革和农业适度规模经营的需要，整合仓储设施资源，重点对产粮大县粮食产后服务中心产后清理设备、仓储物流设施、质量检测仪器等建设与购置予以资金支持。建设一批专业化、市场化的粮食产后服务中心，为农户提供粮食“五代”（代清理、代干燥、代储存、代加工、代销售）服务，推进农户科学储粮行动，促进粮食提质减损和农民增收。（省农委、省财政厅，各市政府等负责）

（二）完善现代粮食物流体系。积极争取中央预算内投资，重点支持京哈铁路周边地区、沿海港口的粮食物流基础设施和大中城市的应急供应体系建设。支持“北粮南运”铁路班列运输，大力发展粮食集装箱铁水联运和铁路集装箱直达运输，实现公铁无缝衔接。支持南方销区省份到我省粮食产区和沿海港口等重要物流节点以合资、重组等方式建设和完善粮食仓储物流设施。支持“东北粮网”等粮食物流信息共享平台建设，加快粮食物流与信息化融合发展。积极推进和引导各级粮食物流节点“四散化”（散储、散运、散装、散卸），提高水、陆散粮联运与水、铁、公路散粮运输“无缝”对接水平。支持一级粮食物流节点堆场、铁路专用线、装卸机械等集装箱运输能力建设，支持二级粮食物流节点散粮物流能力建设，并适当提高集装箱运输能力。（省发展改革委、省农委、省交通运输厅、省商务厅、省质监局、沈阳铁路局、省粮食发展集团，各市政府等负责）

（三）健全粮食质量安全保障体系。支持粮食质量检验机构建设，形成以省级为骨干、以市级为支撑、以县级为基础的公益性粮食质量检验监测体系。加快我省优质、特色粮油产品标准和相关检测方法标准的制修订。强化技术能力培训，全面提升粮食安全检验监测能力，开展收获粮食质量调查、品质测报和安全风险监测，加强进口粮食质量安全监管，建立进口粮食疫情监测和联防联控机制。进一步健全质量安全监管衔接协作机制，加强粮食种植、收购、储存、销售及食品生产经营监管，严防不符合食品安全标准的粮食流入口粮市场或用于食品加工。推动食品生产经营者完善追溯体系建设，认真落实产品追溯主体责任。加强口岸风险防控和实际监管，深入开展农产品反走私综合治理，实施专项打击

行动。（省农委、省食品药品监管局、省质监局、大连海关、沈阳海关、辽宁出入境检验检疫局，各市政府等负责）

七、完善保障措施

（一）加大财税扶持力度。充分利用好现有资金渠道，建立完善粮食主产区利益补偿机制，积极引导社会加大投入力度，支持粮食产业加快发展。落实产粮（油）大县奖励政策，促进地方粮油生产。统筹利用相关专项资金，支持粮食仓储物流设施、粮食流通产业项目、优质粮食工程等建设，促进粮食产业转型升级。管理使用好粮食风险基金，增强储备粮监管与宏观调控能力，切实保障国家粮食安全。深入推进粮食收储制度改革各项措施，落实粮食生产者补贴政策。实施农机补贴政策，对列入辽宁省农机购置补贴范围内的仓储、粮食烘干设备，可按规定享受农机具购置补贴。落实粮食加工企业从事农产品初加工所得按规定免征企业所得税政策和国家简并增值税税率有关政策。（省财政厅、省发展改革委、省农委、省国税局、省地税局，各市政府等负责）

（二）健全金融保险支持政策。完善玉米收购贷款信用保证金制度，利用政府资金支持引导，探索贷款资金供应和风险防范新机制。积极运用支农再贷款，满足粮食产业发展的合理资金需求。积极搭建银企对接平台，引导金融机构加大对粮食产业发展和农业产业化重点龙头企业的信贷支持。推动银行业金融机构在做好风险防范的前提下，进一步拓宽抵（质）押等融资业务，合理确定抵（质）押率，拓宽企业融资渠道。促进政策性银行发挥金融职能作用，积极开展粮食市场化收购信贷业务。鼓励商业性银行充分发挥各自比较优势，加大对粮食产业经济的信贷支持。在保持粮食生产信贷资金供给稳定的基础上，开发差异化的信贷产品与服务模式。鼓励和支持省内符合条件的粮食企业在银行间市场发行非金融企业债务融资工具筹集资金。支持符合条件的粮食企业发行公司债、上市融资或在“新三板”挂牌。推动建立省农业信贷担保体系，支持“保险＋期货”服务“三农”，发挥财政金融协同支农作用。鼓励保险机构创新产品，优化服务，不断提升对粮食企业开展对外贸易和“走出去”的保险服务水平。（人民银行沈阳分行、省财政厅、省农委、省商务厅、省政府金融办、辽宁银监局、辽宁证监局、辽宁保监局、农发行辽宁省分行，各市政府等负责）

（三）落实用地用电等优惠政策。在土地利用年度计划中，对粮食产业发展重点项目用地予以统筹安排和重点支持。支持和加快国有粮食企业依法依规将划拨用地转变为出让用地，增强企业融资功能。改制重组后的粮食企业，可依法处置土地资产，用于企业改革发展和解决历史遗留问题。落实粮食初加工用电执行农业生产用电价格政策。（省国土资源厅、省农委、省物价局，各市政府等负责）

（四）加强组织领导。各级政府要高度重视粮食产业经济发展，因地制宜制定推进本地区粮食产业经济发展的实施意见、规划或方案，加强统筹协调，明确职责分工。加大粮食产业经济发展实绩在粮食安全省长责任制考核中的权重。要结合精准扶贫、精准脱贫要求，推进贫困地区粮食产业发展，保障贫困人口在粮食产业经济中取得实惠和效益。粮食部门负责协调推进粮食产业发展有关工作，推动产业园区建设，加强粮食产业经济运行监测。发展改革、财政等相关部门要强化对重大政策、重大工程和重大项目的支持，发挥财政投入的引导作用，撬动更多社会资本投入粮食产业。各相关部门要根据职责分工抓紧完善配套措施和部门协作机制，发挥好粮食等相关行业协会商会在标准、信息、人才、机制等方面的作用，合力推进粮食产业经济发展。（省农委、省发展改革委、省财政厅、省扶贫办，各市政府等负责）

辽宁省人民政府办公厅

2017 年 12 月 31 日

吉林省人民政府办公厅关于加快推进农业供给侧结构性改革大力发展粮食产业经济的实施意见

吉政办发〔2018〕2号

各市（州）人民政府，长白山管委会，长春新区管委会，各县（市）人民政府，省政府各厅委办、各直属机构：

为贯彻落实《国务院办公厅关于加快推进农业供给侧结构性改革大力发展粮食产业经济的意见》（国办发〔2017〕78号）精神，加快推进我省农业供给侧结构性改革，大力发展粮食产业经济，促进农业提质增效、农民就业增收和经济社会发展，经省政府同意，现提出如下意见。

一、总体要求

（一）指导思想。坚持以习近平新时代中国特色社会主义思想为指导，认真贯彻落实党中央、国务院和省委、省政府各项决策部署，深入贯彻落实新发展理念，全面落实保障国家粮食安全、率先实现农业现代化和“三个五”发展战略要求，以深化农业供给侧结构性改革为主线，以增加绿色优质粮食产品供给、有效解决市场化形势下农民卖粮问题、促进农民持续增收和保障粮食质量安全为重点，大力实施优质粮食工程，构建由原粮到成品、由产区到销区、由田间到餐桌的全产业链。发挥粮食产业对粮食生产反哺激励和反馈引导作用，统筹粮食收储、库存吞吐、加工转化、物流配送、市场供应等环节，推动粮食产业创新发展、转型升级和提质增效，为构建更高层次、更高质量、更有效率、更可持续的粮食安全保障体系提供强力支撑。

（二）主要目标。到2020年，初步建成适应省情和粮情的现代粮食产业体系，粮食的工业化生产、产业化经营、社会化服务水平不断提高，产业发展的质量和效益明显提升。粮食产业经济稳步增长，水稻加工率达到90%以上，杂粮杂豆精加工率提高10个百分点左右，玉米深加工产业链条进一步延长，向高附加值、高技术含量产品方向发展，粮食产业规模以上企业实力不断增强，龙头企业和产业集群辐射带动能力持续提升；绿色优质专用粮食产品有效供给稳步增加，优质专用玉米和优质大米供给量提高15%左右；通过品牌打造，进一步将粮食的资源优势转化为经济优势和效益优势，实现农民增收、企业增效、消费者受益。

（三）发展战略。加强统筹协调和政策引导，坚持“玉米做深、大米做精、杂粮做细”的发展理念，全力推进玉米、大米和杂粮杂豆三大产业发展。以长春、吉林、四平、辽源、通化、白城、松原、公主岭、梅河口等玉米主产区为核心，大力发展玉米深加工和特色玉米产业，完善产业体系和产业链条，实现玉米资源的高效利用和提质增效；以松花江、嫩江、图们江、鸭绿江、饮马河等流域为依托，根据东部、中部和西部不同区域土壤特点，发挥水稻种植优势，以产业化经营为手段，整合各类新型农业经营主体，发展水稻农业产业化经营联合体，加大科技投入，不断推广新品种，发展优质大米生产，使水稻产业由数量扩张型向质量效益型转变，提高吉林大米全国市场占有率和企业核心竞争力；利用我省西部杂粮杂豆传统产区优势，以四平、松原、白城为中心，突出地域特点和产品特征，发展地理标志产品，打造地域性品牌，做大做强杂粮杂豆产业。

二、扶持粮食产业主体发展

（四）发挥龙头企业示范作用。充分利用现有农业产业化龙头企业资源，激发新动能，支持组建粮食产业化经营联合体。培育一批领军型粮食加工企业，支持企业以“公司＋农户”“公司＋合作社＋基地＋农户”“公司＋联合体”等形式发展产业化经营。发挥龙头企业作用，引导优质粮食品种种植，带动农民增收致富。重点支持纳入“中国好粮油”行动计划的示范企业，在新产品研发、生产工艺改造、产品质量追溯、销售渠道建设、品牌宣传推广等方面给予政策扶持，提升企业示范带动能力。（省粮食局、省财政厅、省农委、省发展改革委等负责）

（五）鼓励多元主体协同发展。依托龙头企业，整合区域资源，发挥玉米深加工产业联盟、吉林大米产业联盟的引领作用，鼓励发展鲜食玉米产业联盟、杂粮杂豆产业联盟等组织。引导企业依托产业联盟和粮食行业协会共同制订标准、创建品牌、开发市场、研发技术、扩大融资等，合力经营，优势互补，增强抗风险能力和市场竞争力。鼓励通过产权置换、股权转让、品牌整合、兼并重组等方式，实现粮食产业资源优化配置。以资本为纽带，利用行业优势逐步组建区域性行业集团，实现省际一体化经营；以相关利益联结机制为纽带，树立“大粮食”“大产业”“大市场”“大流通”理念，充分发挥粮食加工转化的引擎作用，推动产业融合，发展“产购储加销”一体化的全产业链粮食集团；以标准为基础，以品牌建设为支撑，实施“产业联盟＋”和“粮食品牌＋”战略，挖掘粮食文化元素，联合打造粮食品牌；以现有仓储设施为依托，利用东北适宜储粮的气候条件和丰富的粮源优势，为销区开展异地代储服务，发展粮食仓储服务业。（省粮食局、省发展改革委、省农委、省财政厅、省工商局等负责）

三、推动粮食产业转型升级

（六）鼓励发展全产业链。引导粮食企业积极参与我省水稻、玉米生产功能区以及大豆生产保护区建设，发展“产购储加销”一体化模式，构建从田间到餐桌的全产业链。推动粮食加工企业向上游与新型农业经营主体建立稳定的订单和合同关系，通过定向投入、专项服务、良种培育、订单收购、代储加工等方式，建设加工原料基地；向下游延伸建设物流营销和服务网络，鼓励企业到销区建立营销网络，在省外建立直营店和大型商超专柜，稳定粮食销售渠道，保证粮源有基地、加工有规模、产品有销路。开展粮食全产业链信息监测和分析预警，加大供需信息发布力度，引导粮食产销平衡。（省粮食局、省农委、省质监局等负责）

（七）打造产业集群。结合“一带一路”建设和长吉图一体化发展战略，围绕三大产业建设，在优势产区发展若干粮食产业集群。以全产业链为纽带，整合现有粮食生产、加工、物流、仓储、销售以及科技等资源，努力构建 8~10 个粮食产业发展特色示范区，支持示范区项目建设，打造一批产业发展高地。（省发展改革委、省粮食局、省工业和信息化厅、省财政厅、省商务厅等负责）

（八）发展粮食循环经济。鼓励粮食企业探索多途径实现粮油副产物循环、增值和梯次利用，提高粮食综合利用率和产品附加值。积极支持重点粮食加工企业申报国家绿色体系建设，创建绿色工厂，开发绿色产品，打造绿色供应链，创建绿色园区。支持粮食加工企业开展工业“三废”综合利用，鼓励粮食企业建立绿色、低碳、环保的循环经济系统。积极支持县域开展“仓顶阳光工程”等分布式光伏项目建设，鼓励县域因地制宜发展稻壳生物质热电联产项目，开展粮食加工副产物综合利用，促进产业节能减排、提质增效。（省发展改革委、省粮食局、省工业和信息化厅、省农委、省能源局等负责）

（九）创新发展业态。构建线上线下互动、省内省外互联、直营分销互补的吉林粮食销售体系。探索“互联网 + 吉林粮食”营销模式，在完善省级粮食电子交易平台基础上，利用吉林大米网、吉林大米天猫旗舰店等线上资源，开展网上信息查询、线上销售、网络结算业务。全面推广“线上注册发展会员，线下体验配送大米”的“O2O”营销模式。积极推进与电商平台合作，利用其线下资源，布局线上电商平台和线下门店融合的新零售，加快吉林粮油产品在全国落地。加大粮食文化资源的保护和开发利用力度，支持爱粮节粮宣传教育基地和粮食文化展示基地建设，鼓励发展粮食产业观光、体验式消费等新业态。（省粮食局、省财政厅、省农委、省商务厅、省旅游发展委等负责）

（十）打造吉林粮食品牌。加强顶层设计，通过技术创新、质量提升、品牌创建、特色产品认定等，培育一批具有自主知识产权和较强市场竞争力的全国性粮食名牌产品。鼓励和支持各地大力发展“三品一标”粮食产品。开展品牌培育试点，组织品牌培育交流活动，提高企业质量品牌意识。广泛开展展销推介、交流研讨等活动，着力实施吉林大米品牌建设“五个一工程”，打造玉米、杂粮杂豆品牌，形成吉林粮食的整体品牌效应，拓展吉林粮油产品的价值空间。加强粮食产品商标专用权保护，支持粮食企业维护其品牌合法权益。依法加强粮食品牌产品监管，保护消费者利益。利用吉林省信用信息数据交换平台建立粮食企业信用档案，建立粮食企业信用评价制度，开展粮食行业“诚信企业”创建活动。（省粮食局、省农委、省发展改革委、省工业和信息化厅、省工商局、省质监局、省科技厅等负责）

（十一）提高绿色优质粮油产品供给能力。大力推进优质粮食工程建设，以市场需求为导向，建立优质优价的粮食生产、分类收储和交易机制。推动落实“中国好粮油”行动计划，鼓励企业开展绿色优质特色粮油种植、收购、储存、专用化加工。深化种业改革，加大科研力度，优化种植结构，研制推出符合国家要求的“好粮油”花色品种。加强绿色增产增效技术试验示范推广，推进重大病虫害生物防治和统防统治，提高粮食产品品质。推出优质粮油产后降水、除杂、科学保管、信息服务等方面的产后科技服务新模式。搭建“好粮油”产品质量安全可追溯系统平台，着力打造绿色、有机的优质粮食供应链。支持更多符合条件的企业加入食品农产品生产企业内外销产品“同线同标同质”平台和“中国好粮油”交易平台。围绕创建全国首个优质大米订制化示范省的目标，打造“乡甜农场”“稻梦小镇”等好粮油示范区，优化吉林大米产品结构。推动地方特色粮油食品产业化，抓好食用玉米、杂粮杂豆以及花生等特色作物生产。适应养殖业发展新趋势，发展安全环保饲料产品。（省粮食局、省财政厅、省农委、省工业和信息化厅、省工商局、省质监局、省林业厅、省畜牧局、吉林出入境检验检疫局等负责）

（十二）发展主食产业化。支持企业推进米、面、玉米及杂粮主食制品工业化生产、社会化供应等产业化经营方式，开展主食产业化示范工程建设，推广“生产基地＋中央厨房＋餐饮门店”“生产基地＋加工企业＋商超销售”“作坊置换＋联合发展”等新模式。挖掘和弘扬特色主食文化，发展各种面制和玉米主食产品，鼓励开发多种规格和风味的特色杂粮主食。发展方便食品、烘焙食品、保鲜食品等深加工特色产品以及膳食纤维等高附加值产品，丰富花色品种，提高优、新、特产品的比重，满足多元化膳食需求。加强主食产品与其他食品的融合创新，鼓励和支持开发个性化功能性主食产品，培育出一批具有吉林地域独特魅力的粮油名优特品种和蕴涵吉林文化元素的方便化、营养化、专用化食品。（省粮食局、省工业和信息化厅、省财政厅、省农委、省商务厅、省工商局等负责）

（十三）支持玉米深加工产业发展。优化玉米深加工产业链，促进玉米深加工产业转型升级，带动经济发展和农民增收。在保障粮食供应和质量安全的前提下，扩大玉米就地转化能力，适度发展以玉米为原料的燃料乙醇生产。充分利用我省玉米资源、生物化工技术与产业优势，重点推进玉米深加工产业向生物化工材料和医药健康产业方向转型发展，加快推进现有淀粉、果糖、酒精产品升级和改造，逐步补齐产品短板，提升国际市场竞争力。利用扶持政策，充分发挥玉米深加工企业的“蓄水池”“稳压器”作用，合理引导企业收购和储存，实现藏粮于企。（省发展改革委、省粮食局、省工业和信息化厅、省财政厅、省食品药品监管局、省能源局等负责）

四、夯实粮食产业发展基础

（十四）全面提升仓储服务水平。通过参股、控股、融资等多种形式，放大国有资本功能，开发农业金融与服务，扩展粮食仓储业服务范围。整合涉农、涉粮资产，积极寻求与央企及地方合作，在省内主要粮源基地参控优质民营粮食企业，不断提升仓储能力。多渠道开发现有国有粮食企业仓储设施用途，为新型农业经营主体和农户提供粮食产后服务，为加工企业提供仓储保管服务，为期货市场提供交割服务，为“互联网+粮食”经营模式提供交割仓服务，为城乡居民提供粮食配送服务。整合仓储设施资源，支持建设一批专业化、市场化的粮食产后服务中心，为农户提供粮食“五代”（代清理、代干燥、代储存、代加工、代销售）服务，增强市场化收储条件下农民售粮的议价能力，减少粮食损失损耗，促进粮食提质增效、农民增收和农业专业化水平提升。（省粮食局、省国资委、省财政厅等负责）

（十五）完善现代粮食物流体系。鼓励运输企业积极申报多式联运示范项目，开展“公铁水”多式联运业务。鼓励国家级、省级甩挂运输试点企业加入我省甩挂运输联盟，促进跨区域甩挂、企业联盟甩挂等组织模式的发展，扩大甩挂运输应用范围和规模，全面提升干线运输组织效率。鼓励省内粮食企业与省外企业组建跨省合资合作企业，形成快捷高效的粮食物流体系。完善物流基地建设，做好产运衔接。围绕我省境内粮油产业集群建设，铁路部门补强和完善舒兰市、白城市、辽源市、蛟河市、长春市等综合货场建设。鼓励大型粮食企业建立区域性粮食物流公共信息服务平台，提升粮食物流信息共享水平，为企业、消费者与政府部门提供第三方服务。推动粮食物流标准化建设，推广原粮物流“四散化”（散储、散运、散装、散卸）、集装化、标准化，推动成品粮物流托盘等标准化装载单元器具的循环共用，带动和提升粮食物流上下游设施设备及包装标准化水平。（省发展改革委、省粮食局、省交通运输厅、省质监局、沈阳铁路局等负责）

（十六）提升粮食质量安全保障能力。依托优质粮食工程，做好粮食质量安全检验监测体系建设。强化基层粮食质量安全检验监测能力，从源头上充分发挥粮食质量安全保障作用，形成以省级为骨干、以市级为支撑、以县级为基础，省、市、县三级上下联动、横向互通的公益性粮食质量安全检验监测体系，实现机构成网络、监测全覆盖、监管无盲区。加快我省优质、特色粮油产品标准和相关检测方法标准的制修订。开展收获粮食质量调查、安全风险监测、品质测报、库存粮油质量安全、销售出库等检验，加强进口粮食质量安全监管，建立进口粮食疫情监测和联防联控机制。推行标准化管理，建立覆盖生产、加工、流通全过程的粮食质量安全可追溯体系，加强粮食种植、收购、储存、销售及食品生产经营监管，严防不符合食品安全标准的粮食流入口粮市场或用于食品加工。（省粮食局、省卫生计生委、省食品药品监管局、省农委、长春海关、吉林出入境检验检疫局等负责）

（十七）促进科技成果研发转化。加大对营养健康、质量安全、节粮减损、加工转化、现代物流、“智慧粮食”等领域相关基础研究和急需关键技术研发的支持力度。建立粮食科技成果转化信息服务平台，定期发布科技成果，促进科技成果、科技人才、科研机构等与企业有效对接，推动科技成果产业化。发挥科技创新中心、重点实验室成果推广示范作用，推进科技资源开放共享。（省科技厅、省粮食局等负责）

（十八）着力培养行业人才。依托省科技创新人才培养计划，实施“人才兴粮工程”，以人才的创新带动核心竞争力的提升。鼓励和支持高校科研机构与企业开展粮食领域合作研究，共同搭建科研平台，组建创新人才团队。支持有条件的院校开设粮食相关专业，加快培养行业短缺的实用型人才。加强职业技能培训，举办职业技能竞赛活动，培育“粮工巧匠”，提升粮食行业职工的技能水平。（省粮食局、省人力资源社会保障厅、省教育厅等负责）

五、完善保障措施

（十九）加大财税扶持力度。充分利用国家优质粮食工程资金等现有资金渠道，加强粮食仓储物流设施建设，支持位于粮食铁路枢纽节点的大型粮食企业建设集仓储、物流、加工、贸易、质检、信息服务等功能于一体的粮食物流产业园。统筹利用商品粮大省奖励资金、产粮产油大县奖励资金等支持粮食产业发展。充分发挥财政资金引导功能，积极引导金融资本、社会资本加大对粮食产业的投入。新型农业经营主体购置仓储、烘干设备，可按规定享受农机具购置补贴。落实粮食加工企业从事农产品初加工所得按规定免征企业所得税政策和国家简并增值税税率有关政策。（省财政厅、省发展改革委、省国税局、省地税局、省粮食局、省农委等负责）

（二十）健全金融保险支持政策。引导省内各金融机构为我省粮食收购、加工、仓储、物流等各环节提供多元化金融服务，在风险可控的前提下，加大对我省粮食产业发展和农业产业化重点龙头企业的信贷投放力度，将龙头加工企业纳入粮食收购贷款信用保证基金支持范围。鼓励商业银行积极支持企业使用收购贷款信用保证基金的融资模式。鼓励省内各金融机构在做好风险防范的前提下，不断加大金融产品及服务模式创新力度，积极开展企业厂房抵押和存单、订单、应收账款、内部监管、第三方监管存货质押等融资业务，创新“信贷＋保险”、产业链金融等多种服务模式。拓宽企业融资渠道，支持我省粮食企业通过发行短期融资券等非金融企业债务融资工具筹集资金。指导相关保险机构充分运用出口信用保险等产品，为粮食企业开展对外贸易和“走出去”提供服务，鼓励进一步开发相关保险产品。（省金融办、人民银行长春中心支行、吉林银监局、吉林证监局、吉林保监局、省财政厅、省粮食局、省农发行等负责）

（二十一）落实用地用电等优惠政策。在土地利用年度计划中，对粮食产业发展重点项目用地予以统筹安排和重点支持。在符合土地利用总体规划和年度计划前提下，认真落实粮食初加工用地政策，用地优先安排在园区，运用城乡建设用地增减挂钩政策支持粮食初加工发展。以粮食初加工为主的工业集约用地项目，土地出让底价可按不低于所在地土地等别相对应全国工业用地出让最低价标准的70%执行。落实粮食初加工用电执行农业生产用电价格政策。支持农村集体经济组织以集体建设用地使用权入股、联营等形式，与其他单位、个人共同兴办粮食加工企业。支持和加快国有粮食企业依法依规将划拨用地转变为出让土地。改制重组后的粮食企业，可依法处置土地资产，用于企业改革发展和解决历史遗留问题。（省国土资源厅、省物价局、省粮食局等负责）

（二十二）落实科研人员离岗创业和科技成果转化政策。鼓励高校和科研院所等单位的科研人员按有关规定到粮食加工科技创新型企业兼职；符合离岗创业条件的，可按有关规定离岗创业。积极落实国家关于科研人员通过科技成果转化取得股权奖励收入时，可在 5 年内分期缴纳个人所得税的税收优惠政策，完善股权奖励递延缴纳个人所得税办法。高校、科研机构科研人员职务发明成果在本省转化所获净收益（或成果形成股权、股权收益），以不低于 70% 的比例奖励给成果完成人（团队）及为科技成果转化做出重要贡献的人员，奖励比例上不封顶。（省人力资源社会保障厅、省科技厅等负责）

（二十三）加强组织领导。各级政府要高度重视粮食产业经济发展，因地制宜制定推进本地区粮食产业经济发展的实施意见、规划或方案，加强统筹协调，明确职责分工。加大粮食产业经济发展实绩在粮食安全省长责任制考核中的权重。要结合精准扶贫、精准脱贫要求，大力开展粮食产业扶贫。粮食部门负责协调推进粮食产业发展有关工作，推动产业园区建设，加强粮食产业经济运行监测。发展改革、财政部门要强化对重大政策、重大工程和重大项目的支持，发挥财政投入的引导作用，撬动更多社会资本投入粮食产业。各相关部门要根据职责分工抓紧完善配套措施和部门协作机制，并发挥好粮食等相关行业协会商会在标准、信息、人才、机制等方面的作用，合力推进粮食产业经济发展。（各市、县级政府，省发展改革委、省粮食局、省财政厅、省农委、省扶贫办等负责）

吉林省人民政府办公厅

2018 年 1 月 12 日

黑龙江省人民政府办公厅关于加快推进农业供给侧结构性改革大力发展粮食产业经济的实施意见

黑政办规〔2018〕16号

各市（地）、县（市）人民政府（行署），省政府各直属单位：

为贯彻落实党中央国务院关于加快推进农业供给侧结构性改革、大力发展粮食产业经济的重要部署，做强做大做优粮食产业经济，促进农业提质增效、农民种粮就业增收，加快培育经济发展新动能，更好保障国家粮食安全和助推现代化新龙江建设，经省政府同意，现提出如下实施意见。

一、总体要求

（一）指导思想。全面贯彻党的十九大精神，以习近平新时代中国特色社会主义思想为指引，深入落实习近平总书记对我省重要讲话精神，坚持新发展理念，落实高质量发展要求，把实施乡村振兴战略、国家粮食安全战略、健康中国战略落到实处，做好“三篇大文章”、推进“粮头食尾”“农头工尾”，争当新时代农业现代化建设排头兵，当好国家粮食安全“压舱石”。深入贯彻落实省第十二次党代会、省委十二届二次全会关于推动食品和农副产品精深加工业成长为第一支柱产业等工作要求，以推进农业供给侧结构性改革为主线，以增加绿色优质粮食产品供给、促进农民顺畅卖粮增收和提升粮食资源综合效益为重点，大力实施优质粮食工程，加快发展粮食加工业，推动质量变革、效率变革、动力变革。

（二）主要目标。到2020年，初步建成现代化新型粮食产业体系，全省粮食优质品率提高10个百分点左右，粮食加工业主营业务收入年均增长10%左右，粮食加工转化率达到70%以上，主食产业化率提高到10%以上，主营业务收入过100亿元的骨干粮食企业达到5个以上，主营业务收入超过20亿元的骨干粮食加工企业达到15个左右，为保障国家粮食安全和建设现代化新龙江夯实粮食产业基础。

二、重点任务

（一）培育壮大粮食产业主体。

1.增强粮食企业发展活力。适应高质量发展和粮食收储制度改革需要，深化地方国有粮食企业改革，加强国有资产监管和资源整合重组，加快建立健全现代企业制度和转换经营机制。积极稳妥发展混合所有制经济，坚持政府掌控保障收购农民粮食需要的基本收储能力。以资本为纽带，构建跨区域、跨行业“产购储加销”协作机制，提高国有资本运行效率，主动适应和引领粮食产业转型升级。每个粮食主产县（市、区）至少培育1个骨干粮食企业，每个粮食主产市至少培育1个一二三产业融合发展的粮食企业集团，有效发挥市场营销、产业发展、保障安全的重要载体作用。（省粮食局、国资委、省农业发展银行等负责）

2.培育壮大粮食产业化龙头企业。积极推荐粮食产业化龙头企业申报国家农业产业化重点龙头企业，引导支持龙头企业与新型农业经营主体、农户构建稳固的利益联结机制，带动农民按市场需求发展优质粮食生产、增收致富。鼓励农垦九三集团、商贸集团、北大荒粮食集团和黑龙江粮食产业集团等全产业链综合经营大型龙头企业（集团）与粮食企业等市场主体实现强强联合，培育在全国粮食行业具有较强竞争力和影响力的大型粮食领军企业（集团），努力成为粮食领域“航母”。支持符合条件的龙头企业参与承担政策性粮食收储业务。（省粮食局、农委、农垦总局、财政厅、工信委、商务厅、工商局、质监局、贸促会、中储粮黑龙江分公司等负责）

3. 支持多元主体协同发展。发挥骨干企业示范带动作用，鼓励多元主体开展多种形式合作与融合，培育和发展粮食产业化联合体。支持符合条件的多元主体积极参与粮食仓储物流设施建设、产后服务体系建设等。鼓励龙头企业与产业链上下游各类市场主体成立粮食产业联盟，共同制订标准、创建品牌、开发市场、攻关技术、扩大融资等，实现优势互补。继续推动农民合作社由生产型向生产经营型全面转变。（省粮食局、发改委、工信委、财政厅、农委、工商局等负责）

（二）创新粮食产业发展方式。

1. 促进全产业链发展。服务粮食生产功能区建设和农村一二三产业融合发展，发展“产购储加销”一体化模式，构建从田间到餐桌的全产业链，推动粮食由“种得好”向“卖得好”转变，进而靠“卖得好”倒逼带动“种得更好”。推动粮食企业向上游与新型农业经营主体开展产销对接和协作，向下游延伸物流营销和服务网络，通过定向投入、专项服务、订单收购等方式，探索开展绿色有机等优质特色粮食种植、收储、专用化加工试点，加快实现粮源基地化、加工规模化、产品品牌化、服务多样化。着力强化营销，不断提升水稻、大豆、杂粮杂豆、强筋小麦等绿色有机高品质粮食产品供应链、价值链，把大宗原粮更多转化为加工后的小包装粮食产品，带动粮食产品加工、电商、物流、快递、涉农服务业等产业加快发展。加强粮食市场和产业安全监测预警与信息服务能力建设，强化粮食全产业链信息监测和分析预警、供需信息发布。（省粮食局、工信委、农委、质监局等负责）

2. 推动产业集聚发展。结合粮食生产功能区和重要农产品生产保护区建设，依托粮食主产区和关键粮食物流节点，科学合理布局加工大项目，推进产业向优势产区集中布局，发展粮油食品产业和粮食深加工产业集聚区，打造一批优势粮食产业集群。以全产业链为纽带，整合现有粮食生产、加工、物流、仓储、销售以及科技等资源，支持建设国家现代粮食产业发展示范园区（基地）。支持主销区企业来我省投资建设粮源基地和仓储物流设施，鼓励我省企业到主销区建立营销网络。（省粮食局、

发改委、工信委、财政厅、商务厅、贸促会、中国铁路哈尔滨局集团有限公司等负责）

3. 发展粮食循环经济。鼓励和支持粮食企业探索多途径实现粮油副产物循环、全值和梯次利用，提高粮食综合利用率和产品附加值。以绿色粮源、仓储、工厂、园区为重点，构建绿色粮食产业体系。鼓励粮食企业建立绿色、低碳、环保的循环经济系统，降低单位产品能耗和物耗水平。积极开展在具备条件的地区推广“仓顶阳光工程”、稻壳发电等新能源项目和米糠、碎米、麦麸、麦胚、玉米芯、饼粕等副产物综合利用试点示范。（省粮食局、工信委、发改委、财政厅、农委等负责）

4. 加快应用和推广新业态。推进“互联网 + 粮食”行动，积极发展粮食电子商务，推广“网上粮店”等新型粮食零售业态，促进线上线下融合。推动国家粮食电子交易平台在我省服务体系建设，依托黑龙江粮食交易市场、黑龙江大米网等建成我省代表性粮食电商平台，并向粮食主产市县延伸服务网点，拓展物流运输、金融服务等功能。建设海伦大豆交易中心等专业市场，支持每个市（地）、县（市）运营好至少一个有影响力的自建电商平台，继续建设“互联网 + 粮食”高标准示范基地，方便农民和农业新型经营主体网上卖粮。建设“黑龙江好粮油”网上销售平台和销区营销通道。推广应用点对点、全生产过程展示、集团或个人定制营销以及众筹、拍卖等商业模式。依托五常大米以及富硒米、鸭稻米、蟹稻米、鹅玉米等提升高品质粮食产品价值。支持爱粮节粮宣传教育基地和粮食文化展示基地建设，鼓励发展粮食产业观光和体验式消费等新业态。（省粮食局、商务厅、工信委、财政厅、农委、旅游发展委等负责）

5. 发挥品牌引领作用。落实高质量发展的要求，加强品牌建设统筹设计，认真落实《黑龙江省绿色食品商标（品牌）使用许可规范指引（试行）》，采取质量提升、自主创新、品牌创建、特色产品认定等措施，通过产权重组、合约、特许经营、结合特殊地理标识等方式，培育一批具有自主知识产权和较强市场竞争力的全省、全国性粮食名牌产品，支持每个市（地）、县（市）培育至少一个有影响力的品牌。建立“黑龙江好粮油”团体标准，大力发展“三品一标”粮食产品。加强绿色优质粮食品牌产品市场营销和旗舰店、连锁店建设，在主销区开展产销对接推介、品牌产品交易会等活动，全面塑造、营销我省“好粮油”产品非转基因、寒地黑土、绿色有机的高品质形象。支持企业参加中国质量奖和省政府质量奖评选，参与权威品牌价值评价活动，推动知名品牌示范区创建。鼓励企业获得有机、良好农业规范等通行认证，推动出口粮食质量安全示范区建设。加强粮食产品的专利权、商标权等知识产权保护，严厉打击制售假冒伪劣产品行为。加强行业信用体系建设，规范市场秩序。（省粮食局、工信委、农委、工商局、质监局、知识产权局等负责）

（三）加快粮食产业转型升级。

1. 增加绿色优质粮油产品供给。依托绿色生态农业基础，实施绿色兴粮、质量兴粮战略，深入推进粮食产业绿色化、优质化、特色化、品牌化，加快推动由增产导向转变为提质导向。大力推进优质粮食工程建设，实施“黑龙江好粮油”行动计划。按照市场需求，调结构、增品种、提品质、创品牌，建设绿色优质粮食产业体系。建立优质优价的粮食生产、分类收储加工和交易机制，引导农民面向市场调结构、对接市场搞营销，大力发展专用型玉米、适口型水稻、食用型大豆生产，鼓励和支持企业建设绿色有机粮食生产基地。引导企业调优产品结构，开发绿色优质、营养健康的粮油新产品，增加多元化、定制化、个性化产品供给。推广大米、小麦粉和食用植物油适度加工，发展全谷物等新型营养健康食品、配方食品。推动地方特色粮油食品产业化，加快发展木本油料等特色产品。适应养殖业发展新趋势，发展安全环保饲料产品。提高关键粮油机械及仪器设备制造水平和自主创新能力，提升粮食品质及质量安全快速检测设备的技术水平。（省粮食局、财政厅、发改委、工信委、农委、工商局、质监局、林业厅、农垦总局、森工总局、畜牧兽医局、黑龙江检验检疫局等负责）

2. 加快发展粮食精深加工与转化。认真落实《全省加快推进“粮头食尾”“农头工尾”实施方案》（黑办发〔2017〕65号）及水稻、玉米、大豆产业发展等专项实施方案，推动食品和农副产品加工业成长为第一支柱产业。以精深加工延长产业链推动“原字号”深度开发，支持主产市县建设粮食精深加工大项目，培育加工大企业和产业园区。推动玉米精深加工，争取玉米燃料乙醇项目建设。坚持延伸产业链和提升价值链并重，着力开发粮食精深加工产品，增加专用米、专用粉、专用油、功能性淀粉糖、功能性蛋白等食品以及保健、化工、医药等方面的有效供给。以“两牛一猪一禽”为重点推进畜牧业标准化规模养殖，鼓励饲料生产企业升级改造和新产品研发，将大豆、玉米等粮食资源转化为优质高效饲料。利用好省现代农业投资基金和省科技创业投资政府引导基金等政策，鼓励市县出台有利于粮食精深加工转化的政策，促进粮食精深加工业持续健康发展。强化食品质量安全、环保、能耗、安全生产等约束，促进粮食企业加大技术改造力度，倒逼落后加工产能退出。（省粮食局、发改委、工信委、农委、财政厅、科技厅、食品药品监管局、畜牧兽医局等负责）

3. 大力促进主食产业化。支持推进米面、玉米、杂粮及薯类主食制品的工业化生产、社会化供应等产业化经营方式，大力发展营养早餐、方便食品、速冻食品。开展主食产业化示范工程建设，创建一批主食生产经营示范单位，推广“生产基地 + 中央厨房 + 餐饮门店”“生产基地 + 加工企业 + 商超销售”“作坊置换 + 联合发展”等新模式。保护并挖掘传统主食产品，增加花色品种。加强主食产品与其他食品的融合创新，鼓励和支持开发个性化功能性主食产品。（省粮食局、工信委、财政厅、农委、商务厅、食品药品监管局、工商局等负责）

（四）强化粮食科技创新和人才支撑。

1. 加快推动粮食科技创新突破。加快构建粮食科技创新体系，建立产学研用深度融合的粮食科技创新平台和粮食产业科技专家库。加快培育具有市场竞争力的创新型粮食领军企业，引导企业加大研发投入和开展创新活动。鼓励和支持科研机构、高校与企业通过共同设立研发基金、实验室、成果推广工作站等方式，聚焦企业科技创新需求，开展精准对接。加大对营养健康、质量安全、节粮减损、加工转化、现代物流、“智慧粮食”等领域相关基础研究和急需关键技术研发的支持力度，推进信息、生物、新材料等高新技术在粮食产业中的应用，加强国内外粮食质量检验技术标准比对等研究。（省科技厅、粮食局、质监局等负责）

2. 加快粮食科技成果转化推广。深入实施“科技兴粮工程”，建立粮食产业科技成果转化信息服务平台，定期发布粮食科技成果，促进粮食科技成果、科技人才、科研机构等与企业有效对接，推动科技成果产业化。发挥粮食领域工程实验室、重点实验室成果推广示范作用，加大粮食科技成果集成示范基地、科技协同创新共同体和技术创新联盟的建设力度，推进科技资源开放共享。推广绿色生态安全储粮等先进适用技术，加快培育科技兴粮示范单位。引入智能机器人和物联网技术，开展粮食智能工厂、智能仓储、智能烘干等应用示范。建立各级政府粮食科技成果转化推广工作衔接保障机制。（省科技厅、粮食局等负责）

3. 健全人才保障机制。实施“人才兴粮”工程。推动国家和省委、省政府相关人才支持政策以及龙江企业家发展计划在粮食行业落地生效。支持粮食企业加强与科研机构、高校合作，创新人才引进机制，搭建专业技术人才创新创业平台，遴选和培养一批粮食产业技术体系专家。支持高等院校和职业学校开设粮食产业相关专业和课程，加快培养行业短缺的实用型人才。加强粮食行业职业技能培训，定期举办职业技能竞赛活动。（省粮食局、人社厅、教育厅等负责）

（五）夯实粮食产业发展基础。

1. 建设粮食产后服务体系。适应深化粮食收储制度改革和农业适度规模化经营的需要，打好精准脱贫攻坚战，以产粮大县（市）为重点，整合仓储设施资源和完善相应设施设备，建设一批专业化、市场化的粮食产后服务中心，为农户提供粮食“五代”（代清理、代干燥、代储存、代加工、代销售）服务。推进农户科学储粮行动，促进粮食提质减损和农民增收。（省粮食局、财政厅等负责）

2. 完善现代粮食仓储物流体系。加强粮食仓储物流基础设施和应急供应体系建设，保持合理收储能力，优化收储网点和物流节点布局，完善物流通道。支持铁路班列、集装箱运输，鼓励产销区企业组成联合体，加快粮食物流与信息化融合发展。推动粮食物流标准化建设，推广原粮物流“四散化”（散储、散运、散装、散卸）、集装化、标准化，推动成品粮物流托盘等标准化装载单元器具的循环共用，提升粮食物流上下游设施设备及包装标准化水平。支持进口粮食指定口岸及港口防疫能力建设。统筹利用粮食仓储设施资源。（省发改委、粮食局、交通运输厅、商务厅、质监局、中国铁路哈尔滨局集团有限公司、黑龙江证监局、黑龙江检验检疫局等负责）

3. 健全粮食质量安全保障体系。支持粮食质量安全检验监测机构建设，健全公益性粮食质量检验监测体系。加强优质特色粮油产品标准和相关检测方法标准的制修订。加强库存粮食质量安全监测和收获粮食质量调查、品质测报及安全风险监测。加强进口粮食质量安全监管，建立进口粮食疫情监测和联防联控机制。建立覆盖从产地到餐桌全程的粮食质量安全追溯体系和平台，充分利用“大数据”“物联网”等现代信息技术，推进监管信息化建设和产品可追溯管理。健全质量安全监管衔接协作机制，加强粮食种植、收购、储存、销售及食品生产经营监管，严防不符合食品安全标准的粮食流入口粮市场或用于食品加工。加强口岸风险防控和实际监管，深入开展农产品反走私综合治理，实施专项打击行动。（省粮食局、食品药品监管局、农委、质监局、商务厅、黑龙江检验检疫局等负责）

三、保障措施

（一）加大财税扶持力度。充分利用好现有资金渠道，支持粮食仓储物流设施、国家现代粮食产业发展示范园区（基地）建设和粮食产业转型升级。统筹利用商品粮大省奖励资金、产粮产油大县奖励资金、粮食风险基金等支持粮食产业发展，实施优质粮食工程建设。推动《中共黑龙江省委、黑龙江省人民政府印发〈关于改造升级“老字号”企业的若干意见〉等3个文件的通知》(黑发〔2017〕28号)和黑办发〔2017〕65号等文件确定的相关政策在粮食产业领域有效落实。充分发挥财政资金引导功能，积极引导金融资本、社会资本加大对粮食产业的投入。新型农业经营主体购置仓储、烘干设备，可按规定享受农机具购置补贴。落实粮食加工企业从事农产品初加工所得按规定免征企业所得税政策和国家简并增值税税率有关政策。(省财政厅、农委、发改委、国税局、地税局、粮食局等负责)

(二)健全金融保险支持政策。拓宽企业融资渠道，为粮食收购、加工、仓储、物流等各环节提供多元化金融服务。政策性、商业性金融机构要结合职能定位和业务范围，在风险可控的前提下，加大对粮食产业发展和农业产业化重点龙头企业的信贷支持，对符合条件的，可按规定给予现有涉农贷款优惠政策。建立健全粮食收购贷款信用保证基金运行管理机制，降低银行信贷风险，为符合条件的粮食贸易企业和加工企业提供玉米、稻谷、大豆收购资金保障，充分调动政府、银行和企业三方积极性。支持粮食企业通过发行短期融资券等非金融企业债务融资工具筹集资金，支持符合条件的粮食企业上市融资或在新三板挂牌，以及发行公司债券、企业债券和并购重组等。引导粮食企业合理利用农产品期货市场管理价格风险。在做好风险防范的前提下，积极开展企业厂房抵押和存单、订单、应收账款质押等融资业务，创新“信贷+保险”、产业链金融等多种服务模式。鼓励和支持保险机构为粮食企业开展对外贸易和“走出去”提供保险服务。(人民银行哈尔滨中心支行、黑龙江银监局、黑龙江证监局、黑龙江保监局、省金融办、财政厅、粮食局、省农业发展银行等负责)

(三)落实用地用电等优惠政策。在土地利用年度计划中，对粮食产业发展重点项目用地予以统筹安排和重点支持。支持和加快国有粮食企业依法依规将划拨用地转变为出让用地，增强企业融资功能。改制重组后的粮食企业，可依法处置土地资产，用于企业改革发展和解决历史遗留问题。落实国务院办公厅《加快推进东北地区国有企业改革专项工作方案》（国办发〔2017〕85号）和省确定的相关政策。落实粮食初加工用电执行农业生产用电价格政策。（省国土资源厅、物价监管局、粮食局、省电力公司等负责）

（四）加强组织领导。省政府建立主要领导负总责，分管领导直接牵头负责，粮食、发改、财政、农业等相关单位参加的联席会议制度，研究解决重要实际问题。各市（地）、县（市、区）政府（行署）和省农垦总局要切实承担起主体责任，实行行政主要领导责任制，建立健全相关部门密切配合、协同推进工作机制，制定实施本地粮食产业经济发展落实意见、规划或方案，加强统筹协调，明确职责分工。增加粮食产业经济发展实绩在粮食安全责任制考核中的权重。要结合精准扶贫、精准脱贫要求，大力开展粮食产业扶贫。粮食部门负责协调推进粮食产业经济发展有关工作，推动产业园区建设，加强粮食产业经济监测。发改、财政部门要强化对重大政策、重大工程和重大项目的支持，发挥财政投入引导作用，撬动更多社会资本投入粮食产业。各相关部门要根据职责分工抓紧完善政策措施和部门协作机制，并发挥好粮食等相关行业协会、商会在标准、信息、人才、机制等方面的作用，合力推进粮食产业经济发展。（市〔地〕、县〔市〕政府〔行署〕和省农垦总局、粮食局、发改委、财政厅、农委等负责）

黑龙江省人民政府办公厅

2018年3月16日

上海市人民政府办公厅贯彻《国务院办公厅关于加快推进农业供给侧结构性改革大力发展粮食产业经济的意见》的实施意见

沪府办发〔2018〕22号

各区人民政府，市政府各委、办、局：

经市政府同意，现就贯彻《国务院办公厅关于加快推进农业供给侧结构性改革大力发展粮食产业经济的意见》（国办发〔2017〕78号），提出如下实施意见。

一、明确总体要求

（一）指导思想。全面贯彻党的十九大精神，以习近平新时代中国特色社会主义思想为指导，认真落实党中央、国务院和市委、市政府关于粮食工作的决策部署，以落实国家粮食安全战略和粮食安全省长责任制为抓手，以加快推进粮食供给侧结构性改革、大力发展粮食产业经济为主线，以实施“优质粮食工程”为重点，切实加强本市粮食“大市场、大流通、大基地、大合作、大数据”建设，推动本市粮食产业创新发展、转型升级和提质增效，为从根本上保障本市粮食安全奠定坚实产业基础。

（二）基本原则。

——市场主导，政府引导。切实理顺政府和市场之间的关系，坚持市场化方向，突出企业主体地位，发挥市场配置粮食资源的决定性作用。加快政府职能转变，强化政府规划引导、政策扶持、监管服务等职能，积极鼓励、支持、引导粮食产业经济健康发展。

——问题导向，精准施策。针对供需结构匹配失衡、资源综合利用效率较低、优质粮食供给不足、精深加工转化滞后等制约粮食产业经济发展的突出矛盾和问题短板，找准切入点和突破口，提出务实管用、精准高效的政策措施。

——改革创新，激发动能。抢抓上海建设全球科技创新中心和全球卓越城市的历史机遇，推进粮食行业大众创业、万众创新，加快培育粮食产业发展新技术、新模式、新业态、新动能，促进粮食产业提质增效、转型升级。

——统筹谋划，协调发展。树立“大粮食”“大产业”“大市场”“大流通”理念，以粮食加工转化为引擎，以利益联结机制为纽带，推动生产、收储、物流、加工、销售等各环节有机衔接，构建全产业链一体化经营体系，促进粮食上下游产业融合发展、互赢共生。

（三）主要目标。到 2020 年，初步建成适应上海市情和粮情的现代粮食产业体系。粮食产业发展的质量和效益显著提升，粮食安全和农民增收得到有效保障。绿色优质粮食产品有效供给稳定增加，粮食优质品率力争提高 10 个百分点左右；传统加工业改造升级基本完成，粮食加工转化率逐年提高，产值稳定保持合理规模。通过重点扶持具有核心竞争力和行业影响力的市级粮油产业化重点龙头企业，持续增强产业集群辐射带动作用。粮食科技创新能力和粮食质量安全保障能力进一步提升。

二、提高粮食生产质量和效益

（四）优化粮食生产结构。加强本市粮食生产功能区建设，重点建设 80 万亩粮食生产功能区，功能区内高标准农田占比达到 90% 以上，不断提升粮食综合生产能力。在确保本市粮食综合生产能力不降低的前提下，推进优化粮食生产结构和茬口布局，继续推广绿肥、深耕晒垡等“藏粮于地”模式，适当降低复种指数。提高优质水稻面积，扩大优质早熟品种种植，重点培育开发具有上海地方特色的名特优新品种，依托市场优势创建一批国内外知名新品牌，加强粮食产销衔接，推动水稻生产从“卖稻谷”向“卖大米”转变，实现粮食生产提质增效，让更多上

海市民吃上本地生产新大米。（牵头部门：市农委。配合部门：市商务委、市粮食局）

（五）积极发展适度规模经营。通过引导种粮农民委托村集体统一流转承包地等方式，大力培育家庭农场、农民合作社、农业产业化龙头企业等新型粮食类农业生产经营主体和服务主体，鼓励支持农民在自愿平等、互惠互利基础上，发展农民合作联社或粮食产业联盟，加快发展多种形式适度规模经营。以农资配送、农机服务、产后服务、粮食收储运、质量检验检测等为重点，进一步完善粮食生产经营服务体系，加强为农综合服务平台建设，提高为农服务能力水平。发展产加销一体化经营，支持粮食类农业产业化龙头企业做强做大和资本上市，通过订单收购、保底收购、股份分红、利润返还等方式，强化企业对农民增收的辐射带动作用，让种粮农民分享市场经营红利。（牵头部门：市农委。配合部门和单位：市粮食局、市发展改革委、市财政局、相关区政府）

三、培育壮大粮食产业主体

（六）增强粮食企业发展活力。适应粮食收储制度改革需要，推进国有粮食企业混合所有制改革，以资本为纽带，建立跨区域、跨行业“产购储加销”协作机制，延长产业链条，引领转型升级，提升企业竞争力、影响力、控制力。鼓励基层粮食企业依托现有收储网点，主动与新型农业经营主体等开展合作。培育、发展和壮大从事粮食收购和经营活动的多元粮食市场主体，构建统一、开放、竞争、有序的粮食市场体系。（牵头部门：市国资委。配合部门：市粮食局）

（七）培育壮大产业化龙头企业。开展粮油产业化龙头企业评定工作，在全市范围内评定 20 家市级粮油产业化重点龙头企业，并研究出台相应政策给予扶持。鼓励支持龙头企业与新型农业经营主体和农户构建稳固的利益联结机制，引导优质粮食品种种植，带动农民增收致富。进一步放开符合条件的龙头企业参与承担粮食收储、保供稳价、应急保障等政策性业务。（牵头部门：市粮食局。配合部门：市农委、市发展改革委、

市财政局、市商务委、农业发展银行上海市分行）

（八）促进市场主体联合发展。发挥产业化龙头企业的桥梁纽带及示范带动作用，鼓励龙头企业与产业链上下游各类市场主体成立粮食产业联盟，共同制订标准、攻关技术、开发市场等，通过产权置换、股权转让、兼并重组等方式，实现粮食产业资源优化配置。支持符合条件的多元主体积极参与粮食仓储物流设施建设、产后服务体系建设等重点项目。（牵头部门：市粮食局。配合部门：市农委、市经济信息化委、市财政局、市工商局）

四、优化粮食产业发展方式

（九）促进全产业链发展。切实抓好粮食收购，健全完善本市粮食收购保障体系，积极引导粮食企业发挥应有作用，确保郊区农民售粮顺畅便利。鼓励支持粮食企业积极参与粮食生产功能区建设，发展“产购储加销”一体化模式，构建从田间到餐桌的全产业链，促进一二三产业融合发展。推动粮食企业向上游与新型农业经营主体开展产销对接和协作，向下游延伸建设物流营销和服务网络，实现粮源基地化、加工规模化、产品优质化、服务多样化。探索开展绿色优质特色粮油种植、收购、储存、专用化加工试点，着力打造绿色、有机的优质粮食供应链。（牵头部门：市粮食局。配合部门：市农委、市发展改革委、市质量技监局）

（十）发展粮食循环经济。大力开展米糠、碎米、麦麸、麦胚、玉米芯、饼粕等副产物综合利用示范，实现粮油副产物循环、全值和梯次利用，提高粮食综合利用率和产品附加值，促进产业节能减排、提质增效。推广“仓顶阳光工程”、稻壳发电等新能源项目。以绿色粮源、绿色仓储、绿色工厂、绿色园区为重点，构建绿色、低碳、环保的粮食产业体系，推动粮食产业绿色发展。（牵头部门：市粮食局。配合部门：市发展改革委、市经济信息化委、市农委、市商务委、市环保局）

（十一）积极发展新业态。推进“互联网＋粮食”行动，推广“网上粮店”等新型粮食零售业态，促进线上线下融合。完善上海国家粮食电子交易平台功能。加强爱粮节粮宣传教育基地和粮食文化展示基地建设，鼓励发展粮食产业观光旅游、体验式消费等新业态。（牵头部门：市粮食局。配合部门：市商务委、市经济信息化委、市农委、市财政局、市旅游局）

（十二）发挥品牌引领作用。鼓励粮食企业实行更高质量标准，建立粮食产业企业标准领跑者激励机制，大力发展“三品一标”粮食产品，培育一批具有自主知识产权和较强市场竞争力的全国性粮食品牌产品。加强绿色优质粮食品牌创建和市场营销，挖掘本土粮食文化元素，提升上海品牌美誉度和社会影响力。加快建立粮食经营企业信用体系和粮食市场监管协调机制，加大粮食品牌知识产权保护力度，严厉打击制售假冒伪劣产品行为，维护粮食市场秩序。（牵头部门：市粮食局。配合部门：市商务委、市工商局、市经济信息化委、市农委、市质量技监局、市知识产权局）

五、加快粮食产业转型升级

（十三）增加绿色优质粮油产品供给。推进“优质粮食工程”建设和绿色优质粮食产业体系建设，建立优质优价的粮食生产、分类收储和交易机制。深入实施“中国好粮油上海行动计划”，开发绿色优质、营养健康的粮油新产品，增加多元化、定制化、个性化产品供给。推广大米、小麦粉和食用植物油适度加工，大力发展全谷物等新型营养健康食品，促进优质粮食产品的营养升级扩版。（牵头部门：市粮食局。配合部门：市发展改革委、市商务委、市财政局、市农委、市经济信息化委、市食品药品监管局）

（十四）推进发展主食产业化。鼓励和支持米面、玉米、杂粮及薯类主食制品的工业化生产、社会化供应等产业化经营方式。大力推广“中央厨房”供应模式，推进规模化主食生产加工中心建设，推进早餐工程、学生午餐、社区食堂等，保护并挖掘传统主食产品，开发个性化功能性主食产品。（牵头部门：市粮食局。配合部门：市经济信息化委、市商务委、市农委、市财政局、市工商局）

（十五）加快粮油精深加工业发展。推动加工企业加大技术改造力度，倒逼落后加工产能退出。鼓励企业围绕市场需求，研发粮食精深加工产品，增加专用米、专用粉、专用油、功能性淀粉糖、功能性蛋白等食品以及保健、化工、医药等方面的有效供给。强化食品质量安全、环保、能耗、安全生产等约束，促进粮油加工业持续健康发展。（牵头部门：市粮食局。配合部门：市发展改革委、市经济信息化委、市财政局、市环保局、市食品药品监管局）

六、发挥粮食科技、人才支撑作用

（十六）推进科技成果转化应用。围绕上海建设具有全球影响力的科技创新中心，深入实施“科技兴粮工程”，构建粮食科技协同创新平台，加大科技成果转化应用力度。积极推广绿色储粮技术、虫霉绿色防治技术，加强粮油精深加工、副产物高效利用等技术攻关。推进信息技术和粮食行业发展深度融合，运用大数据、云计算、物联网等现代信息技术，改造传统粮食行业，推动信息技术在粮食收购、仓储、物流、加工、供应、质量监测等领域的广泛应用。（牵头部门：市科委。配合部门：市粮食局、市农委、市经济信息化委）

（十七）加快行业人才队伍建设。实施“人才兴粮工程”，加强粮油保管员和粮油质量从业人员职业技能培训，积极评选表彰行业拔尖人才、技术能手。依托国内粮食专业高等院校，面向基层一线开展校企联合招生、委托培养、在职进修，有计划、有步骤地培养粮食专业技能人才，培训企业在职职工，深造粮食管理、科技中坚力量，引导推动人才培养链与产业链、创新链有机衔接，培养更多实用型的“粮工巧匠”。（牵头部门：市粮食局。配合部门：市人力资源社会保障局、市教委）

七、夯实粮食产业发展基础

（十八）建设粮食产后服务体系。适应粮食收储制度改革和农业适度规模经营的需要，整合并统筹利用粮食仓储设施资源，通过参股、控股、融资等多种形式，以国有粮食购销企业为主，联合加工企业、农民合作社等市场主体，在维修改造基层现有粮库的基础上，配置清理、烘干等相应设备，共同建设或单独建设专业化、市场化的粮食产后服务中心，为农户提供粮食“五代”（代清理、代干燥、代储存、代加工、代销售）服务，促进粮食提质减损和农民增收。（牵头部门：市粮食局。配合部门：市农委、市财政局、市发展改革委）

（十九）完善现代粮食物流体系。优化物流节点布局，完善物流通道，加快推进良友新港物流园区外配套建设，主动融入国家“北粮南运”“东进西出”主通道，努力形成以良友新港为枢纽，市内配送网络为支撑，集散辐射长江流域的上海粮食物流网络。积极创造条件推进“北粮南运”铁路直达班列运输，大力推广吨袋、散粮火车、成品粮集装化等粮食物流方式。到2020年底前，基本实现储备原粮储存“全散化”，省际流通散粮占比大幅提升。加快粮食物流与信息化融合发展，促进粮食物流信息共享，提高物流效率。（牵头部门：市粮食局。配合部门：市发展改革委、市经济信息化委、市商务委）

（二十）健全粮食质量安全监管体系。按照“机构成网络、监测全覆盖、监管无盲区”的要求，完善本市粮食质量检验监测体系建设，形成以上海国家粮食质量监测中心为核心、社会检测机构为配套、各区粮食中心化验室为支撑、企业自检为基础的粮食质量安全检验监测体系。全面落实粮食质量安全监管责任，加强市有关部门粮食质量监管职责，强化各区政府属地管理责任，推动建立监管部门衔接协作机制和粮食经营企业信用体系。严格执行粮食质量安全法规、标准，健全不合格粮食处理和有关责任者处罚机制，推动“12325”监管热线落地。推进全产业链粮食质量安全监管，加大安全隐患排查和监督执法力度，依法严厉查处粮食质量安全违法行为。（牵头部门：市粮食局。配合部门和单位：市食品药品监管局、市财政局、市农委、各区政府）

八、完善保障措施

（二十一）加强组织领导。各区政府要高度重视粮食产业经济发展，因地制宜制定本区贯彻意见或方案。市粮食局负责牵头协调推进粮食产业发展有关工作。市发展改革委、市财政局、市农委在各自职责范围内，强化对粮食产业发展重大政策、重大工程和重大项目的支持，发挥财政投入的引导作用，撬动更多社会资本投入粮食产业。市各相关部门根据职责分工，抓紧完善配套措施和部门协作机制。相关行业协会要发挥好在标准、信息、人才、机制等方面的作用，积极服务政府决策和企业发展。每年结合粮食安全区长责任制考核，加大粮食产业经济发展实绩比分权重。（负责部门和单位：各区政府，市粮食局、市发展改革委、市财政局、市农委等）

（二十二）加大财税扶持力度。加大财政投入力度，重点支持本市粮食仓储物流设施、粮食市场体系、“优质粮食工程”等规划建设，对于纳入中央财政资金补助的建设项目，地方财政予以积极支持。新型粮食类农业经营主体购置仓储、烘干设备，纳入本市农业扶持政策补贴范围，享受农机具购置补贴。加强市级财力对本市粮油加工业发展的专项扶持，将本市粮油加工企业技术改造纳入上海市产业转型升级发展专项资金项目（技术改造）范围，重点支持市级产业化龙头企业技术改造、更新设备、增加产能，不断提升技术设施水平，强化城市粮食应急保供能力。落实国家关于简并增值税税率有关政策，加工企业从事农产品初加工所得按规定免征企业所得税。积极探索、具备条件时筹建上海粮食产业发展基金，引导各类资金增加对粮食产业的投入。（牵头部门：市财政局。配合部门：市粮食局、市经济信息化委、市发展改革委、市农委、市地税局）

（二十三）健全金融保险支持政策。鼓励本市政策性、商业性金融机构在风险可控的前提下，加大对资信状况好、抗风险能力强的优质企业的信贷支持，必要时可开辟办贷绿色通道，为粮食收购、加工、仓储、物流等各环节提供多元化金融服务。建立健全粮食收购贷款信用保证基金融资担保机制，降低银行信贷风险。引导粮食企业通过开展企业厂房抵押和存单、订单、应收账款质押等融资业务，创新“信贷＋保险”、产业链金融等多种服务模式，切实解决企业“融资难”“融资贵”等问题。（牵

头部门：市金融办。配合部门：市粮食局、市财政局、农业发展银行上海市分行）

（二十四）落实用地用电等优惠政策。统筹全市土地利用年度安排，重点支持粮食产业发展重点项目用地，支持国有粮食企业依法依规将划拨用地转变为出让用地，允许改制重组后的粮食企业，通过法定程序，盘活并处置土地资产，用于企业融资和解决历史遗留问题。落实粮食初加工用电执行农业生产用电价格政策，将符合条件的粮食初加工企业纳入本市“农产品初加工用电执行农业生产用电价格”政策范围，切实帮助企业降低成本。（牵头部门：市规划国土资源局、市发展改革委。配合部门：市粮食局、市农委）

上海市人民政府办公厅

2018 年 5 月 28 日

江苏省人民政府办公厅关于大力发展粮食产业经济加快建设粮食产业强省的实施意见

苏政办发〔2018〕2号

各市、县（市、区）人民政府，省各委办厅局，省各直属单位：

粮食是重要的战略商品，粮食产业是重要的基础产业。近年来，我省高度重视粮食产业发展，粮食产业结构不断优化，粮食仓储条件逐步改善，粮食流通效能日益提高，为促进经济社会发展奠定了坚实基础。当前，粮食供给由总量不足转为结构性矛盾，库存高企、销售不畅、优质粮食供给不足、深加工转化滞后等问题突出，粮食产业链条不长、创新动力不足、市场竞争力不强等短板明显。为加快发展粮食产业经济，把江苏建设成为粮食产业强省，根据《国务院办公厅关于加快推进农业供给侧结构性改革大力发展粮食产业经济的意见》（国办发〔2017〕78号）要求，紧密结合江苏实际，提出如下实施意见。

一、总体要求和发展目标

（一）总体要求。全面贯彻党的十九大精神和中央农村工作会议精神，以习近平新时代中国特色社会主义思想为指导，以实施乡村振兴战略为新时代做好“三农”工作的总抓手，认真落实国家粮食安全战略，积极践行创新、协调、绿色、开放、共享发展理念，以推进农业供给侧结构性改革为主线，以增加绿色优质粮食产品供给、促进农民持续增收为重点，坚持市场主导、政府引导，产业融合、协调发展，创新驱动、提质增效的基本原则，坚持质量兴农、绿色兴农的发展方向，大力实施优质粮食工程，加快推进农业由增产导向转向提质导向，打造新动能，促进粮食产业创新发展、转型升级、提质增效，推动形成“种粮农民种好粮、收储企业收好粮、加工企业产好粮、人民群众吃好粮”的粮食流通新体系，构建更高层次、更高质量、更有效率的粮食安全保障体系，推动江苏由粮食产业大省向粮食产业强省转变。

（二）发展目标。到2020年，初步建成适应江苏省情和粮情的现代粮食产业体系，产业发展的质量和效益明显提升，更好地保障粮食供给、带动农民增收、促进产业升级。绿色优质粮食产品有效供给稳定增加，全省粮油优质品率提高30%以上，实现粮油加工业总产值3000亿元以上，粮食加工转化率达到88%，打造主营业务收入50亿元以上粮食企业5个，建成省级粮食产业园区30个，省级以上粮食产业化龙头企业和粮食产业集群辐射带动能力持续增强，把江苏建设成为产值千亿级的全国油脂加工中心和世界级粮食机械装备制造基地，粮食科技创新能力和粮食质量安全保障水平位居全国前列。

二、培育壮大粮食产业主体

（三）增强企业活力。深化国有粮食企业改革，加快转换经营机制，提高江苏粮食产业竞争力。构建跨区域、跨行业“产购储加销”协作机制，使粮食产业链成为“以工补农、以城带乡”的有效载体。深化省内外粮食产销衔接合作关系，引导粮食企业兼并重组，拓展上下游产业链，做强做优做大一批流通主体。鼓励国有粮食企业依托现有收储网点，主动与新型农业经营主体和粮食加工企业等开展合作，稳定优质粮源，实施“藏粮于企”。鼓励粮食企业“走出去”，扩大江苏粮食版图，培育具有国际市场竞争力的大型粮食企业集团。支持有条件的粮油企业上市。（省粮食局、省农委、省国资委等负责）

（四）支持协同发展。充分发挥江苏区位、资源优势，培育壮大粮食市场主体，建立健全统一、开放、竞争、有序的粮食市场体系。发挥骨干企业的示范带动作用，鼓励多元主体开展多种形式的合作与融合，大力培育粮食产业化联合体，实现各类主体分工合作、产业联结、一体发展。支持发展民营粮食企业、农村经济合作组织和粮食经纪人等新型经营主体，作为粮食市场体系的有益补充。支持符合条件的多元主体积极参与“优质粮食工程”等项目建设。鼓励龙头企业与产业链上下游各类市场主体联合成立粮食产业联盟，共同制订标准、创建品牌、开发市场、攻关技术、扩大融资等，实现优势互补。鼓励通过产权置换、股权转让、品牌整合、兼并重组等方式，实现粮食产业资源优化配置。（省发展改革委、省粮食局、省经济和信息化委、省农委、省工商局等负责）

（五）培育流通主体。引导优势资源向优势企业转移，形成一批拥有核心竞争力、产业关联度大、带动能力强的重点龙头企业，培育一批大型粮食集团，有效发挥其推动粮食产业经济发展的引领作用。鼓励和支持申报国家级农业龙头企业，认定和扶持一批具有核心竞争力和行业带动力的粮食产业化省级重点龙头企业。引导支持龙头企业与新型农业经营主体和农户构建稳固的利益联结机制，调优种植品种，稳定优质粮源，实行优质优价，带动农民增收致富，促进企业发展增效。支持符合条件的龙头企业参与承担政策性粮食收储业务，逐步建立储备粮市场竞价机制。在确保区域粮食安全的前提下，探索创新龙头企业参与地方粮食储备机制。（省发展改革委、省粮食局、省农委、中储粮南京分公司等负责）

三、创新粮食产业发展方式

（六）推动产业集聚。优化粮食企业发展模式，积极发展混合所有制经济，加速资源、资金、资产集聚，形成一批辐射范围广、带动能力强的粮食产业集群。围绕沿海、沿大运河、沿长江、沿陇海线规划建设粮食仓储物流体系，加强产业基地和产业园区建设，鼓励建设国家现代粮食产业发展示范园区（基地），促进优势企业、先进技术、高端人才和资金进入园区，发挥园区的聚集、辐射和带动效应。科学规划粮食产业布局，注重发挥区域优势和特色，继续推进淮安、盐城、高邮、兴化、东海等大米加工产业群，泰兴、丹阳、南通、徐州等面粉加工产业群，苏州、南通、泰州、连云港等食用植物油加工产业群，扬州、无锡、常州、苏州等粮机制造产业群，提升江苏粮食产业集中度。（省发展改革委、省粮食局、省经济和信息化委、省商务厅等负责）

（七）坚持品牌引领。支持各地通过质量提升、自主创新、品牌创建、特色产品认定等，积极申报“中国好粮油”产品、驰名商标、江苏省名牌、地理标志证明商标和集体商标公用品牌、地理标志产品等，提升江苏粮油产品的美誉度。突出地域优势和特色粮油培育发展，促进品牌整合，打造江苏省域粮食品牌。加大粮食产品的专利权、商标权等知识产权保护力度，严厉打击制售假冒伪劣产品行为。加大粮食文化资源的保护和开发利用力度，支持爱粮节粮宣传教育基地和粮食文化展示基地建设，鼓励发展粮食产业观光、体验式消费等新业态。（省粮食局、省工商局、省质监局、省发展改革委、省经济和信息化委、省农委、省知识产权局、省旅游局等负责）

（八）促进全产业链发展。推动粮食企业向上游与新型农业经营主体开展产销对接和协作，通过定向投入、专项服务、良种培育、订单收购、代储加工等方式，建设原料加工基地，探索开展绿色优质特色粮油种植、收购、储存、专用化加工试点；向下游延伸建设物流营销和服务网络，实现粮源基地化、加工规模化、产品优质化、服务多样化，着力打造绿色、有机的优质粮食供应链。开展粮食全产业链信息监测和分析预警，加大供需信息发布力度，引导粮食产销平衡。至2020年，在每个设区市重点培植1个含粮食种植、购销、仓储、物流、加工、销售全产业链运行的产业化经营示范企业，为调整产业结构、扩大产业规模探索可行路径。（省发展改革委、省粮食局、省农委等负责）

四、加快粮食产业转型升级

（九）发展精深加工。主动适应农业供给侧结构性改革需要，推动粮食加工逐步由粮食初级产品向高端产品、特色产品转变。依托科研院所，联合省内米、面、油、饲料、粮机龙头企业，构建江苏粮食行业精深加工合作平台，开展粮油精深加工技术研究和产品开发，增加专用米、专用粉、专用油、功能性稻米等食品以及保健、化工、医药等方面的有效供给。支持出台粮食精深加工转化扶持政策，促进粮食企业加大技术改造力度，倒逼落后加工产能退出。（省发展改革委、省粮食局、省科技厅、省经济和信息化委、省财政厅等负责）

（十）发展循环经济。鼓励粮食企业探索多途径实现粮油副产物循环、全值和梯次利用，提高粮食综合利用率和产品附加值。推进绿色储粮，鼓励粮食企业建立绿色、低碳、环保的循环经济系统，降低单位产品能耗和物耗水平。推广“仓顶阳光工程”、稻壳发电等新能源项目，大力开展米糠、碎米、麦麸、麦胚、玉米芯、饼粕等副产物综合利用示范，促进产业节能减排、提质增效。（省发展改革委、省粮食局、省经济和信息化委、省农委、省科技厅、江苏能源监管办等负责）

（十一）推进主食产业化。加快推进以传统蒸煮米面制品为代表的主食产业化进程，努力构建现代化主食产业体系。支持推进米、面、杂粮及薯类等主食制品的工业化生产、社会化供应等产业化经营方式，大力发展方便食品、速冻食品。到2020年，实现主食产业化率明显提高，主食品质量明显提高，培育一批市场占有率高的全国知名品牌，形成一批冷冻冷藏、物流配送、连锁专卖为一体的较为完善的主食供应网络，使成品粮应急加工和供应体系更加健全，主食产业化发展水平明显提升。（省粮食局、省经济和信息化委、省农委、省商务厅、省工商局、省质监局等负责）

（十二）实施“优质粮食工程”。加快实施以粮食产后服务体系建设、粮食质检体系建设、“中国好粮油”行动为主要内容的“优质粮食工程”。针对市场化收购条件下农民收粮、储粮、卖粮、清理烘干等诸多难题，建立专业化的粮食产后服务中心，力争在“十三五”末实现全省产粮大县全覆盖，形成完整的服务链。加强粮食质量安全检测监管能力建设，健全粮食质检体系运行机制，提高从田间到餐桌全过程的粮食质量安全保障水平，把好食品质量安全源头关。以消费者“喜欢什么”，促进流通环节“收什么”，引导种植环节“种什么”，推动形成“优粮优价”市场流通机制。引导粮油加工龙头企业向生产领域延伸，建立优质粮油生产基地，发展订单农业，稳定优质粮源。支持企业发展优质稻麦、富硒粮油、绿色有机油脂等优势特色粮油生产，新增一批较有影响的省级以上绿色优质粮油名牌，让城乡居民由“吃得饱”向“吃得好”“吃得健康”转变。（省粮食局、省发展改革委、省农委、省工商局、省质监局、省财政厅等负责）

五、夯实粮食产业发展基础

（十三）建设粮食现代物流。主动策应国家“一带一路”建设和长江经济带发展战略，加快推进全省粮食物流基础设施建设，提升沿江、沿海、沿运河、沿陇海线粮食物流产业园区建设水平，积极承接国内外粮食集散中转，为粮食进出、产业发展提供支持。到2020年，江苏粮食仓储和物流能力达到600亿斤，支持新建仓容60亿斤，收储能力和物流效能显著提升，建成一批功能完备、管理规范、特色鲜明、效益突出的粮食产业园区。加快粮食物流标准化建设，推广原粮物流“四散化”、集装化、标准化，推动成品粮物流托盘等标准化装载单元器具的循环共用，提升粮食物流上下游设施设备及包装标准化水平。（省发展改革委、省粮食局、省交通运输厅、省商务厅、省质监局等负责）

（十四）推进“智慧粮食”建设。积极倡导“互联网+”思维，加强粮食信息化关键技术和专用装备研发，提升收购、储存、调运、加工、供应等各个环节信息化水平，建成具有江苏特色的“智慧粮食”新体系。坚持统一建设规划、统一技术标准、统一管理平台，加强省、设区市、涉粮企业信息化建设，对接国家级平台，链接市县及基层涉粮企业，实现横向互联、纵向互通。积极发展粮食电子商务，打造省级电子商务平台，推广“网上粮店”等新型粮食零售业态，促进线上线下融合。（省粮食局、省发展改革委、省经济和信息化委、省质监局等负责）

（十五）发展装备制造。对接“中国制造2025”，发展高效节粮节能粮油加工、质检装备。充分利用江苏粮机制造发展优势，提高关键粮油机械及仪器设备制造水平和自主创新能力，提升粮食品质及质量安全快速检测设备的技术水平。结合新仓型建设提升配套装备水平，配备高效自动化设备，完善粮库以及粮食加工企业散接散卸设施装备。推动信息化与粮食装备工业化的融合发展，全面实现粮库作业自动化、智能化。引入智能机器人和物联网技术，开展粮食智能工厂、智能仓储、智能烘干等应用示范，加大粮食自主专用信息化装备研发，提升江苏仓储智能化水平。（省粮食局、省发展改革委、省经济和信息化委、省科技厅、省商务厅等负责）

（十六）强化科技创新。支持粮食企业建立研发中心，打造企业技术创新平台。鼓励支持科研机构、高校与企业通过共同设立研发基金、共建实验室与成果转化工作站等方式，聚焦企业科技创新需求。加大对营养健康、质量安全、节粮减损、加工转化、现代物流、“智慧粮食”等领域相关基础研究和关键技术研发的支持力度，推进信息、生物、新材料等高新技术在粮食产业中的应用。支持粮食领域省级以上工程实验室、重点实验室建设，加大粮食科技成果集成示范基地、科技协同创新共同体和科技创新联盟的建设力度，推进科技资源开放共享。（省科技厅、省粮食局等负责）

（十七）强化人才培育。创新人才发展体制，激发人才创新创造活力。采取与粮食行业高等院校联合办学、委托培养、在职进修等方式，完善政产学研用相结合的协同育人模式，加快培养基层一线仓储保管、质量检验、设备研发、市场营销等专业技术人才和实用型人才。支持企业加强与科研机构、高校合作，创新人才引进机制。加强职业技能培训，举办职业技能竞赛活动，培育“粮工巧匠”，提升粮食行业职工技能水平。（省粮食局、省人力资源社会保障厅、省教育厅等负责）

六、落实加快粮食产业经济发展的政策措施

（十八）加大财税扶持力度。统筹利用商品粮大省、产粮产油大县奖

励资金以及粮食风险基金等支持粮食产业发展。各级政府要建立稳定的财政投入机制，统筹安排好各级支持粮食产业发展的资金，其中产粮大县的奖励资金，支持粮食产业经济发展不低于50%。积极引导金融资本、社会资本加大对粮食产业的投入。对符合规定的新获得省级以上农业产业化龙头企业、中国好粮油产品、中国驰名商标、江苏省名牌产品的企业给予适当奖励。新型农业经营主体购置仓储、烘干设备，可按规定享受农机具购置补贴。落实粮食加工企业从事农产品初加工所得按规定免征企业所得税政策和国家简并增值税税率有关政策。地方国有和国有控股粮食购销企业从事地方粮油储备、最低收购价等政策性业务，按国家现行税收政策免征增值税、土地使用税、房产税、印花税等。粮食企业为开发新技术、新产品、新工艺所发生的研发经费以及各级政府补助的财政性资金，符合有关税收政策规定条件的，在计算应纳税所得额时扣除。（各设区市人民政府，省财政厅、省发展改革委、省国税局、省地税局、省粮食局、省农委等负责）

（十九）落实用地用电等优惠政策。在土地利用年度计划中，对粮食产业发展重点项目用地予以统筹安排和重点支持。支持和加快国有粮食企业依法依规将划拨用地转变为出让用地，增强企业融资功能。改制重组后的粮食企业，可依法处置土地资产，用于企业改革发展和解决历史遗留问题。落实粮食初加工用电执行农业生产用电价格政策。（省国土资源厅、省粮食局、省电力公司等负责）

（二十）优化金融政策。拓宽企业融资渠道，为粮食收购、加工、仓储、物流等环节提供多元化金融服务。政策性、商业性金融机构要结合职能定位和业务范围，在风险可控的前提下，加大对粮食产业发展和省级以上农业产业化龙头企业的信贷支持。支持建立以地方政府为主导，财政性资金注入等多渠道筹措的粮食收购共同担保基金，财政性资金比例不低于30%。建立健全粮油产业融资担保机制。支持符合条件的粮食企业上市融资或在新三板挂牌，以及发行公司债券、企业债券和并购重组等。引导粮食企业合理利用农产品期货市场管理价格风险。鼓励和支

持保险机构为粮食企业开展对外贸易和“走出去”提供保险服务。（省农发行、省粮食局、江苏银监局、省财政厅等负责）

（二十一）加强组织领导。各级政府要高度重视粮食产业经济发展，因地制宜制定推进本地区粮食产业经济发展的实施意见、规划或方案，加强统筹协调，明确职责分工。加大粮食产业经济发展实绩在粮食安全省长责任制考核中的权重。要结合精准扶贫、精准脱贫要求，大力开展粮食产业扶贫。粮食部门要协调推进粮食产业发展有关工作。发展改革、财政部门要强化对重大政策、重大工程和重大项目的支持，发挥财政投入的引导作用，撬动更多社会资本投入粮食产业。农业部门要加强优质粮食品种的种植推广，支持粮食产业化龙头企业申报评定。各相关部门要根据职责分工，抓紧完善配套措施和部门协作机制，并发挥好粮食等相关行业协会商会在标准、信息、人才、机制等方面的作用，合力推进粮食产业经济发展。（各设区市人民政府，省粮食局、省财政厅、省发展改革委、省农委、省经济和信息化委、省扶贫办等负责）

江苏省人民政府办公厅

2018 年 1 月 4 日

浙江省人民政府办公厅
关于加快推进农业供给侧结构性改革
大力发展粮食产业经济的实施意见

浙政办发〔2018〕37 号

各市、县（市、区）人民政府，省政府直属各单位：

为促进我省粮食产业经济发展，构建高质量高标准的粮食安全保障体系，根据《国务院办公厅关于加快推进农业供给侧结构性改革大力发展粮食产业经济的意见》（国办发〔2017〕78 号）等精神，经省政府同意，提出如下实施意见。

一、总体要求

围绕我省“两个高水平”建设的总体目标和实施乡村振兴战略的总体部署，牢固树立大粮食安全观，立足粮食产业发展方式转变，按照粮食供给侧结构性改革和全产业链建设的要求，以规模化、品牌化、优质化为路径，以先进科技、人才、经营管理为引领，大力培育现代粮食经营主体，打造千亿粮食产业经济，推动粮食产业迈上中高端水平，促进农民增收，满足居民对粮食产品的多样化需求。

到 2022 年，基本建成布局合理、特色鲜明的现代粮食产业体系，粮食产品结构更加优化，粮食产业效益、科技创新能力、绿色发展、质量安全水平明显提升，粮食产业经济活力明显增强。全省粮食工业总产值达到 1000 亿元以上，实现利税 100 亿元；粮食优质品率和主食品工业化率明显提高，粮食加工转化量达到 1200 万吨以上；主营业务收入 5 亿元以上的粮食企业数量达到40家以上，形成一批具有较强市场竞争力的知名品牌、龙头企业和产业集群。

二、培育壮大粮食产业主体

全面实施“1112”粮食产业化龙头企业培育工程，全省培育或引进1家主营业务收入100亿元以上的特大型龙头企业、10家20亿元以上的大型龙头企业、10家10亿元以上和20家5亿元以上的骨干龙头企业，其中杭州、宁波、嘉兴、绍兴等市各培育或引进5家以上，其他设区市各培育或引进2家以上主营业务收入超5亿元的龙头企业。鼓励龙头企业与产业链上下游各类市场主体结成产业联盟，发展粮食产业化联合体。在推荐和认定各级各类农业龙头企业中，同等条件下对粮食产业化企业予以倾斜。在确保区域粮食安全的前提下，探索创新具备条件的龙头企业参与地方储备粮代储、轮换等相关业务。（责任单位：省粮食局、省经信委、省财政厅、省农业厅，列第一位者为牵头单位，下同）

三、加快粮食产业转型升级

（一）实施优质粮食工程。加快发展绿色农业，支持粮食主体申请无公害、绿色、有机、良好农业规范等通行认证，大力发展旱粮、木本油料等特色产品。发展全谷物等新型营养健康食品，增加有机米、发芽糙米、留胚米、全麦粉等供应。积极培育“中国好粮油”产品。推进出口食品生产企业内外销产品“同线同标同质”。加快推进“放心粮油”供应网络体系建设。（责任单位：省粮食局、省经信委、省财政厅、省农业厅、省林业厅、浙江检验检疫局）

（二）大力发展主食产业。支持米、面、玉米和杂粮及薯类主食制品的工业化生产、社会化供应，发展方便食品、速冻食品。推广“生产基地+中央厨房+餐饮门店”“生产基地+加工企业+商超销售”等新模式。保护并挖掘传统主食产品，支持传统酿造业和传统食品制造业提升发展。加强主食产品与其他食品的融合创新，鼓励开发个性化功能性主食产品。

（责任单位：省粮食局、省经信委、省财政厅、省农业厅、省商务厅）

（三）促进粮食精深加工与转化。鼓励发展高附加值、高科技含量的粮食精深加工项目，增加专用米、专用粉、专用油、功能性食品以及保健、化工、医药等方面产品的有效供给。开展米糠、碎米、麦麸、麦胚、饼粕等副产物综合利用示范，加快发展水产养殖尤其是海产养殖等所需的特种饲料产业。（责任单位：省粮食局、省经信委、省财政厅、省农业厅、省食品药品监管局）

四、创新粮食产业发展方式

（一）促进全产业链发展。支持粮食企业与新型农业经营主体开展产销对接和协作，共同参与粮食生产功能区、粮食仓储物流设施和产后服务中心建设，拓展物流营销和服务网络，发展“产购储加销”一体化模式。（责任单位：省粮食局、省农业厅）

（二）推动产业集聚发展。以粮食产业园和区域特色粮食产业为基础，打造产业承接平台，培育特色产业集群。发挥宁波舟山港在“一带一路”和长江经济带建设中的节点优势，深化港口与园区合作，加快推进粮油产业园区建设。争取在舟山建立进口粮食交易中心。支持省内企业到主产区建设粮源基地和仓储物流设施，鼓励主产区企业在我省建立加工和营销网络，加强产销合作。（责任单位：省粮食局、省发展改革委、省财政厅、省商务厅、省海港委、浙江检验检疫局）

（三）积极发展新业态。大力推广“互联网＋粮店”等新型粮食产品零售业态，重点支持粮食交易中心、农业电子商务产业园、粮食电子商务产业园等发展。支持温州市开展社会化储粮大数据建设试点。加大对粮食文化资源的挖掘、保护和开发利用力度，支持余杭“四无”粮仓陈列馆等爱粮节粮宣传教育基地和粮食文化展示基地建设，支持粮食生产旅游景区的转型升级，鼓励发展粮食产业观光、体验式消费等新业态。（责任单位：省粮食局、省财政厅、省商务厅、省旅游局）

（四）发挥品牌引领作用。培育一批具有自主知识产权和较强市场竞争力的粮食名牌产品，联合打造区域品牌，不断扩大我省粮食品牌影响力和市场占有率。鼓励企业推行更高质量标准，建立企业标准领跑者激励机制。（责任单位：省粮食局、省经信委、省工商局、省质监局）

五、夯实粮食产业发展基础

（一）实施粮食仓储物流现代化工程。推进沿海、沿河、铁路沿线主要粮食物流通道和节点建设与提升，整合、优化网上粮油交易资源，支持重点粮食批发市场提升改造、拓展功能。通过优化布局、整合置换等途径，建设布局合理、仓容匹配、设施先进、功能完备的粮食仓储设施体系。鼓励有条件的国有粮食企业利用现有仓储物流设施为粮食加工企业提供服务。（责任单位：省粮食局、省发展改革委、省财政厅）

（二）健全粮食质量安全保障体系。开展收获粮食质量调查、品质测报和安全风险监测，逐步建立粮食质量安全追溯体系，加强粮食质量安全监管，严防不符合食品安全标准的粮食流入口粮市场或用于食品加工。切实增强进口粮食风险管控意识，制定完善疫情防控制度体系，加强进口粮食指定口岸风险防控能力建设，督促进口粮食企业严格落实风险防控制度和措施。及时查处各类粮食质量安全事故等。（责任单位：省粮食局、省农业厅、省质监局、省食品药品监管局、浙江检验检疫局）

（三）强化科技创新和人才支撑。深入实施“科技兴粮工程”和“人才兴粮工程”。加大对营养健康、质量安全、节粮减损、加工转化、现代物流、智慧粮食、“仓顶阳光”等领域相关基础研究和不合格粮食处理技术等急需关键技术研发的支持力度，推进信息、生物、新材料等高新技术在粮食产业中的应用。发展高效节粮节能成套粮油加工装备，提高关键粮油机械及仪器设备制造水平和自主创新能力，推广“仓顶阳光”工程等新能源项目。支持粮食科技创新中心、人才培育中心、产学研基地、成果转化基地和技能实际操作基地建设。支持高校和职业学校开设粮食产业相关专业，通过校地企合作办学，加快培养粮食行业短缺的实用型人才。加强职业技能培训，举办职业技能竞赛活动，提升粮食行业职工

的技能水平。（责任单位：省科技厅、省教育厅、省人力社保厅、省质监局、省粮食局）

六、完善保障措施

（一）落实财税扶持政策。统筹利用粮食及其他相关专项资金，加大对粮食产业发展的支持力度，重点支持企业开展技术改造、新产品研发、品牌培育和粮源基地建设。新型农业经营主体购置仓储、烘干设备符合条件的，可按规定享受农机具购置补贴。落实粮食加工企业从事农产品初加工所得按规定免征企业所得税政策，以及企业开发新技术、新产品、新工艺发生的研发费用按规定税前加计扣除政策，国家简并增值税税率有关政策；对其取得的符合税法规定条件的财政性资金，可以作为不征税收入，在计算应纳税所得额时从收入总额中减除。对接受中央、省、市、县四级政府有关部门委托，承担粮食储备或应急成品粮储备任务的储备管理公司及其直属库，其承担粮食储备业务自用的房产、土地，按规定免征房产税、城镇土地使用税，其资金账簿和承担粮食储备业务过程中书立的购销合同按规定免征印花税。（责任单位：省财政厅、省地税局、省农业厅、省粮食局、省国税局）

（二）加强金融支持服务。农业发展银行浙江省分行、省农信联社等金融机构要结合职能定位和业务范围，在风险可控的前提下，加大对粮食产业发展和产业化龙头企业的信贷支持。省农业发展基金将粮食产业化项目作为投资重点之一，引导金融资本、社会资本加大对粮食产业的投入。支持粮食企业通过发行短期融资券等非金融企业债务融资工具筹集资金，支持符合条件的粮食企业上市融资，以及发行公司债券、企业债券和并购重组等。在做好风险防范的前提下，积极开展企业厂房抵押和存单、订单、应收账款质押等融资业务，创新“信贷＋保险”、产业链金融等多种服务模式。鼓励和支持保险机构为粮食企业开展对外贸易和“走出去”提供保险服务。（责任单位：省金融办、省财政厅、省商务厅、省粮食局、人行杭州中心支行、浙江银监局、浙江证监局、浙江保监局、

农业发展银行浙江省分行、省农信联社）

（三）强化用地用电保障。在土地利用年度计划中，对粮食产业发展重点项目用地予以统筹安排和重点支持。支持国有粮食企业依法依规将划拨用地转变为出让用地，增强企业融资功能。全面落实粮食初加工用电执行农业生产用电价格政策。（责任单位：省国土资源厅、省粮食局、省物价局）

（四）优化行业监管服务。深化粮食行业“放管服”改革和“最多跑一次”改革，加强行业信用体系建设。进一步优化营商环境，提高粮食产业投资项目报建审批效率和服务质量。对于确需进入限行区域的粮食运输车辆，公安交警部门按相关规定发放通行证，并给予通行便利，粮食行政管理部门配合做好相关工作。（责任单位：省粮食局、省发展改革委、省经信委、省公安厅、省工商局）

（五）加强组织领导。各市、县（市、区）政府要结合当地实际制定实施方案，加强统筹协调，明确职责分工。加大粮食产业经济发展实绩在粮食安全市县长责任制考核中的权重。各级粮食安全办公室要加强对粮食产业发展的统筹协调、指导服务。各级粮食部门负责具体协调推进粮食产业发展有关工作，推动粮食流通基础设施建设，会同统计等部门加强粮食产业经济运行监测。各级发展改革、财政部门要加强对重大政策、重大工程和重大项目的支持。各相关部门要根据职责分工抓紧完善配套措施和协作机制，发挥好粮食等相关行业协会的作用，合力推进粮食产业经济发展。（责任单位：各市、县〔市、区〕政府，省发展改革委、省财政厅、省统计局、省粮食局）

《浙江省人民政府办公厅关于加快粮食产业经济发展的意见》（浙政办发〔2016〕133号）同时废止。

浙江省人民政府办公厅

2018年4月2日

安徽省人民政府办公厅
关于大力发展粮食产业经济的实施意见

皖政办〔2017〕93号

各市、县人民政府，省政府各部门、各直属机构：

为贯彻落实《国务院办公厅关于加快推进农业供给侧结构性改革大力发展粮食产业经济的意见》（国办发〔2017〕78号），经省政府同意，现就我省粮食产业经济发展提出以下实施意见。

一、总体要求

（一）指导思想。深入贯彻落实党的十九大精神，以习近平新时代中国特色社会主义思想为指导，坚持市场主导、政府引导，坚持产业融合、创新驱动、因地制宜，全面落实国家粮食安全战略，深化农业供给侧结构性改革，着力增加绿色优质粮食产品供给，加快粮食产业创新发展、转型升级和提质增效，促进粮食资源转化增值、农民持续增收，为构建更高层次、更高质量、更有效率、更可持续的粮食安全保障体系和打造粮食经济强省夯实产业基础。

（二）主要目标。到2021年，粮食产业结构优化，绿色优质粮食产品有效供给稳定增加，产业发展质量和效益明显提升。全省“放心粮油”和“主食厨房”供应网点分别达2600个、1500个，建立优质粮食基地1500万亩，粮食优质品率提高10%左右；粮食加工转化率达到90%，主食品工业化率提高到27%以上；粮油加工业年产值达5000亿元；主营业务收入过100亿元、50亿元的粮食企业数量分别达到1个、3个以上，一批粮食产业化龙头企业和粮食产业园区辐射带动能力、竞争力优势持续增强，粮食产业发展活力进一步释放；粮食科技创新和粮食质量安全保障能力明显提升。

二、培育壮大粮食产业主体

（三）支持龙头企业做大做强。依托省农业产业化发展基金，设立粮油产业发展基金，支持粮食企业技术创新、品牌创建、转型发展。进一步扶优、扶大、扶强龙头企业，遴选推荐一批具有核心竞争力和行业带动力的粮食企业申报国家级农业产业化重点龙头企业，组织开展省级粮油产业化龙头企业认定。支持和鼓励有条件的企业在资本市场上市。鼓励粮食加工和流通骨干企业发挥自身优势，开展跨境贸易，提高国际竞争力。支持符合条件的龙头企业参与政策性粮食收储；在确保区域粮食安全的前提下，积极推进地方储备粮油动态管理，支持龙头企业发展。（牵头责任单位：省粮食局；配合单位：省发展改革委、省财政厅、省农委、省政府金融办、农发行安徽省分行、中储粮安徽分公司等）

（四）深化国有粮食企业改革。采取合并、划转、兼并等手段，精干主体，优化资源、资本和资产结构，提升综合竞争力和可持续发展水平，形成“一县一企、一企多点”格局，逐步实现国有粮食企业集团化发展，更好地发挥其粮食购销主渠道作用。转换经营机制和发展模式，发展混合所有制经济，鼓励国有粮食企业依托现有收储网点、仓储能力、检测设施，主动与新型农业经营主体等开展合作，增强市场化经营能力和发展活力。（牵头责任单位：省粮食局；配合单位：省国资委、省农委等）

（五）支持多元主体协同发展。积极引进国内外知名企业，通过内引外联、靠大联强，开展多种形式的合作与融合，壮大粮食企业规模和实力，大力培育和发展粮食产业化联合体。支持符合条件的多元主体加强粮食仓储物流设施建设，参与粮食产后服务体系建设。鼓励龙头企业与产业链上下游各类市场主体成立粮食产业联盟，共同制订标准、创建品牌、开发市场、攻关技术、扩大融资等，实现优势互补。鼓励通过产权置换、股权转让、品牌整合、兼并重组等方式，实现粮食产业资源优化配置，建立健全统一、开放、竞争、有序的粮食市场体系。鼓励支持粮食龙头企业等新型经营主体参与脱贫攻坚，积极推广“四带一自”模式，大力开展粮食产业扶贫。（牵头责任单位：省粮食局；配合单位：省财政厅、省农委、省工商局、省扶贫办等）

三、创新产业发展方式

（六）促进全产业链发展。支持粮食企业与新型农业经营主体在育种、种植、收购、烘干、储藏、加工、销售、物流等方面开展全方位合作，实现粮源基地化、加工规模化、产品优质化、服务多样化。粮食企业要积极参与粮食生产功能区建设，发展“产购储加销”一体化模式，构建从“田间”到“舌尖”的全产业链，打造绿色有机优质粮食供应链。（牵头责任单位：省粮食局；配合单位：省发展改革委、省农委、省经济和信息化委、省质监局、省食品药品监管局等）

（七）推动产业集聚发展。支持粮食主产区发展粮食加工产业集聚区，推进粮油产业集聚发展，提高粮食综合利用率和产品附加值。支持产业化龙头企业投资建设粮源基地和仓储物流设施，鼓励省内企业建立省外粮源基地和加工、营销网络，加强产销区产业合作。全力推进粮食产业园区扩版升级，开展“全省粮食产业经济发展示范县”创建工作，积极创建“全国粮食产业经济发展示范市”。（牵头责任单位：省粮食局；配合单位：省发展改革委、省科技厅、省经济和信息化委、省财政厅、省农委、省林业厅、省商务厅等）

（八）促进新型业态发展。推进“互联网+粮食”行动，积极发展粮食电子商务，推广“网上皖粮”等新型粮食零售业态，促进线上线下融合。完善粮食批发交易市场电子交易平台，拓展物流运输、金融服务等功能。加大粮食文化资源的保护和开发利用力度，支持爱粮节粮宣传教育基地和粮食文化展示基地建设，引导粮油加工业与特色小镇、文化、旅游、科普、养生养老等产业深度融合。（牵头责任单位：省粮食局；配合单位：省发展改革委、省经济和信息化委、省财政厅、省商务厅、省旅游发展委等）

（九）发挥品牌引领作用。加强粮油品牌建设，通过质量提升、自主创新、特色产品认定等，培育一批具有自主知识产权和较强市场竞争力的全国性粮油名牌产品。省级重点打造3个左右、每个市重点打造1个粮油产品区域品牌。大力发展“三品一标”粮食产品。鼓励和支持粮食企业主导或参与制修订国际标准、国家标准、行业标准和地方标准，对主导制定国际、国家（行业）标准的省内企业按规定给予奖补。加强行业诚信体系建设，实施守信联合激励和失信联合惩戒，规范市场秩序。（牵头责任单位：省粮食局；配合单位：省发展改革委、省经济和信息化委、省财政厅、省农委、省工商局、省质监局等）

四、推进粮食产业转型发展

（十）增加绿色优质粮油产品供给。推进优质专用粮食基地、优质粮食工程建设，建立优质优价的粮食生产、分类收储和交易机制。落实“中国好粮油”行动计划，大力实施“安徽好粮油”行动。开展标准引领、质量测评、品牌培育、健康消费宣传、营销渠道和平台建设及试点示范。大力发展杂粮、杂豆、木本油料等特色产品，推动地方特色粮油食品产业化。适应养殖业发展新趋势，发展安全环保饲料产品。（牵头责任单位：省粮食局；配合单位：省发展改革委、省科技厅、省经济和信息化委、省财政厅、省农委、省林业厅、省商务厅等）

（十一）加速主食产业化发展。推进主食产业化示范工程建设，认定一批放心主食示范单位，推广“生产基地＋中央厨房＋餐饮门店”“生产基地＋加工企业＋商超销售”“作坊置换＋联合发展”等新模式。支持企业发展米面、玉米、杂粮、薯类等主食品工业化生产。积极发展绿色全谷物、有机食品等中高端粮食产品。大力发展功能食品、方便食品、休闲食品。增加多元化、定制化、个性化粮油产品供给，加强主食产品与其他食品的融合创新，着力推动风味小吃和地方特色食品的工业化生产、社会化供应。（牵头责任单位：省粮食局；配合单位：省财政厅、省农委、省经济和信息化委、省商务厅等）

（十二）促进粮食精深加工与转化。支持企业开展大米综合利用，生产各类食品、淀粉糖、大米淀粉、大米蛋白、大米多肽，以及米糠油、米糠功能食品。支持企业开发烘焙食品、小麦蛋白、谷朊粉、小麦淀粉和生化制品项目，加大麦胚、麸皮等副产物的开发，提高小麦资源利用率。支持玉米加工业发展燃料乙醇、酒精、葡萄糖、柠檬酸等产品，加快玉米等秸秆综合利用，发展生物质能源。推广大米、小麦粉、食用植物油适度加工。鼓励粮食企业建立绿色、低碳、环保的循环经济系统，降低单位产品能耗和物耗水平，促进节能减排、提质增效。（牵头责任单位：省粮食局；配合单位：省发展改革委、省经济和信息化委、省财政厅、省农委、省食品药品监管局等）

五、强化粮食科技创新和人才支撑

（十三）加快推动粮食科技创新突破。建立以市场为导向、企业为主体的粮食行业“政产学研推”技术创新体系。支持企业重点围绕粮油精深加工、粮食装备制造、粮食质量安全、节粮减损、现代粮食物流和粮食信息化等领域开展技术研究与推广应用。鼓励和支持高等院校、科研院所与企业通过共同设立科技型企业、实验室、成果推广工作站等方式，聚焦粮食核心关键技术研发和应用基础研究，以科技创新带动和提升我省粮油名品、名企、名牌竞争力。支持龙头企业与高等院校、科研院所合作建设省米制食品和面制食品工程研发中心。（牵头责任单位：省粮食局；配合单位：省教育厅、省科技厅、省财政厅、省农委、省质监局等）

（十四）加快科技成果推广应用。深入实施“科技兴粮”工程，建立粮食产业科技成果转化信息服务平台，定期发布粮食科技成果，促进粮食科技成果、科技人才、科研机构与企业有效对接，推动科技成果产业化。支持企业应用高效、节能、安全、清洁和机电一体化、数字化智能生产技术，推进清洁生产与全程质量控制、健康全谷物食品加工与保藏、特色杂粮食品加工等关键技术的研发应用，提高资源利用率和增值效益。推广“仓顶阳光”工程等新能源项目。发挥粮食领域重点实验室成果推广示范作用，加大粮食科技成果集成示范基地、科技协同创新共同体和技术创新联盟的建设力度，推进科技资源开放共享。（牵头责任单位：省粮食局；配合单位：省发展改革委、省教育厅、省科技厅、省经济和信息化委、省财政厅等）

（十五）提升粮油机械制造优势。鼓励和支持粮机生产企业技术创新，推动企业与科研院所、高等院校合作研发重金属、真菌毒素、农药残留及粮食制品质量快速检测等精密仪器。支持在合肥、宿州、阜阳、芜湖、六安等市集聚打造光电色选、清理烘干、装卸输送、分检包装、工业机器人以及粮机配件等制造基地。鼓励和支持企业使用智能机器人、物联网和绿色能源技术，开展粮食智能工厂、智能仓储、智能烘干等应用示范。（牵头责任单位：省经济和信息化委；配合单位：省粮食局、省教育厅、省科技厅、省财政厅、省农委等）

（十六）完善人才保障机制。实施“人才兴粮”工程，支持企业与科研院所、高等院校开展校企联合培养，建立创新人才引进机制，搭建专业技术人才创新创业平台。鼓励支持企业建设技能大师工作室，培育“粮工巧匠”，大力开展技术创新。加强粮食职业院校建设，发挥其人才培养、技能培训、技术推广等作用。广泛开展职业技能竞赛活动，激励企业职工提升技能水平。（牵头责任单位：省粮食局；配合单位：省教育厅、省科技厅、省财政厅、省人力资源社会保障厅等）

六、夯实粮食产业发展基础

（十七）建设粮食产后服务体系。整合仓储设施资源，推进农民科学储粮行动。按照优先支持规模较大、服务能力强的产后服务项目、优先安排农民合作社独立建设粮食产后服务中心的原则，逐步建成覆盖全省产粮大县的粮食产后服务体系，为农户提供粮食代清理、代干燥、代储存、代加工、代销售“五代”服务，促进粮食提质减损和农民增收。（牵头责任单位：省粮食局；配合单位：省发展改革委、省农委、省财政厅等）

（十八）完善现代粮食仓储物流体系。依托全省公路、铁路和内河航道，推进黄淮海和长江粮食物流通道建设；按照全省粮食现代物流“三横一两纵一五核”总体布局，加快粮食物流枢纽建设，加强粮食物流基础设施和应急供应体系建设，优化物流节点布局，完善物流通道。鼓励建设市级粮食应急保障中心。加快推进“智慧粮食”建设，积极构建省、市、县三级粮食流通综合信息管理平台，着力提高粮食信息化应用水平。（牵头责任单位：省粮食局；配合单位：省发展改革委、省财政厅、省交通运输厅等）

（十九）健全粮食质量安全保障体系。支持建设以省级为骨干、市级为支撑、县级为基础的公益性粮食质量检验监测体系。开展收获粮食质量调查、品质测报和安全风险监测，引导土地污染区域改种退耕。支持粮油快检技术应用。健全粮食产地准出、市场准入和质量标识制度，建立覆盖从产地到餐桌全程的粮食质量安全追溯体系和平台。进一步落实粮食质量安全属地管理责任，健全质量安全监管衔接协作机制，严防不符合食品安全标准的粮食用于食品加工或流入口粮市场。（牵头责任单位：省粮食局；配合单位：省编办、省发展改革委、省财政厅、省国土资源厅、省农委、省食品药品监管局、省质监局等）

七、强化粮食产业发展保障措施

（二十）完善财税扶持机制。统筹利用商品粮大省奖励资金、产粮（油）大县奖励资金、粮食风险基金等，重点支持粮食产业发展。发挥财政资金引导功能，积极引导社会资本加大对粮食产业的投入。新型农业经营主体购置仓储、烘干设备可按规定享受农机具购置补贴。对接受中央、省、市、县四级政府有关部门委托，取得财政储备经费或补贴，承担粮食储备任务的企业储备业务自用的房产、土地，按照有关规定免征房产税和城镇土地使用税。企业为开发新技术、新产品、新工艺发生的研发费用，可在计算应纳税所得额时按照规定实行加计扣除。对其取得的符合税法规定条件的财政性资金，可以作为不征税收入，在计算应纳税所得额时从收入总额中减除。落实粮食加工企业从事农产品初加工所得按规定免征企业所得税政策和国家简并增值税税率有关政策。（牵头责任单位：省财政厅；配合单位：省发展改革委、省地税局、省粮食局等）

（二十一）健全金融保险支持政策。拓宽企业融资渠道，为粮食收购、加工、仓储、物流等各环节提供多元化金融服务。各类金融机构要结合职能定位和业务范围，在风险可控的前提下，加大对粮食产业发展和产业化重点龙头企业的信贷支持。通过建立粮食收购贷款信用保证基金融资担保机制、“政府＋银行＋保险”、“银行＋保险”的风险共担机制，降低银行信贷风险。支持粮食企业通过发行短期融资券、中期票据等非金融企业债务融资工具筹集资金，支持符合条件的粮食企业为期货市场、“互联网＋粮食”经营模式提供交割仓服务等。引导粮食企业合理利用农产品期货市场管理价格风险。在做好风险防范的前提下，积极开展企业厂房抵押和存单、订单、应收账款质押及税融通等融资业务，创新“信贷＋保险”、产业链金融等多种服务模式。鼓励、支持保险机构为粮食企业开展对外贸易和“走出去”提供保险服务。（牵头责任单位：省政府金融办；配合单位：安徽银监局、安徽证监局、安徽保监局、人行合肥中心支行、省财政厅、省商务厅、省粮食局、农发行安徽省分行等）

（二十二）落实用地用电等优惠政策。在土地利用年度计划中，对粮食产业发展重点项目用地予以统筹安排和重点支持。支持国有粮食企业依法依规将划拨用地转变为出让用地，增强企业融资功能。地方国有粮食企业改革，可依法处置土地资产，用于企业改革发展和解决历史遗留问题。落实粮食初加工用电执行农业生产用电价格政策。（牵头责任单位：省国土资源厅、省发展改革委；配合单位：省粮食局、省物价局等）

（二十三）加强组织领导。各市、县人民政府要高度重视粮食产业经济发展，结合本地实际制定实施方案，加强统筹协调，明确职责分工。省粮食安全领导小组进一步完善粮食产业发展实绩考核机制，提高在粮食安全省长责任制考核中的分值权重。粮食部门负责协调推进粮食产业发展有关工作，加快推进“安徽好粮油”行动，加强粮食产业经济运行监测。发展改革、财政等部门要强化对重大政策、重大工程和重大项目的支持。各相关部门要根据职责分工，抓紧完善具体配套措施和部门协作机制，发挥好相关行业协会在标准、信息、人才、机制等方面的作用，合力推进粮食产业经济发展。（各市人民政府，省粮食局、省发展改革委、省财政厅、省农委等负责）

安徽省人民政府办公厅

2017 年 12 月 1 日

福建省人民政府办公厅转发国务院办公厅关于加快推进农业供给侧结构性改革大力发展粮食产业经济意见的通知

闽政办〔2017〕149号

各市、县（区）人民政府，平潭综合实验区管委会，省人民政府各部门、各直属机构，各大企业，各高等院校：

经省政府研究同意，现将《国务院办公厅关于加快推进农业供给侧结构性改革大力发展粮食产业经济的意见》（国办发〔2017〕78号）转发你们，并提出以下贯彻意见，请结合《福建省人民政府关于培育新型粮食市场主体促进粮食产业发展的意见》（闽政〔2016〕49号），认真抓好工作落实。

一、支持主食产业发展

加快构建适应不同消费需求的多元化、多层次主食产业体系，重点培育一批新型米、面主食加工示范企业，开发多种规格和风味的特色主食产品，发展方便食品、休闲食品、速冻食品、营养套餐等深加工特色产品以及膳食纤维等高附加值产品，丰富花色品种，提高优、新、特产品的比重，不断满足人民日益增长的美好生活需要。

二、创新储备管理机制

发挥各级国有粮食收储企业的作用，遵循市场规律，完善政策性粮食运作机制。探索储备粮动态管理和轮换与加工企业对接机制，引入竞争机制，在安全可控、公开透明的前提下，探索符合条件的粮食企业参与地方储备粮代储、轮换等相关业务。

三、强化行业监管服务

按照“机构成网络、监测全覆盖、监管无盲区”的要求，加强粮食质检体系建设，完善省、市、县三级粮食质量监测体系上下联动、横向互通的功能配置和运行机制。加强粮食质量安全监管，加快建立粮食产品“一品一码”质量可追溯体系。实施“中国好粮油”行动，重点支持有实力、有市场占有率且能带动农民扩大优质粮食种植的企业，加快推进产业升级，提升绿色优质粮油产品供给水平。发挥粮食行业协会的桥梁纽带作用和服务、自律、组织、协调职能，鼓励粮食骨干企业进社区、农村建立放心粮油营销网络，保障居民口粮消费安全。

四、加快物流体系建设

加快引粮入闽重要物流节点（园区）建设，重点推进莆田湄洲港粮食物流园区和厦门港区域性粮食物流中心建设；完善福州、漳州港粮食物流园区设施设备，提升粮食接卸中转能力。以粮食批发市场、骨干粮食加工企业、粮食购销企业等市场主体为依托，改造和建设一批区域性骨干粮油应急配送中心。根据市场布局需要，在大中城市和人口相对密集的城市改造和建设一批成品粮低温储备库。支持进口粮食指定口岸及港口防疫能力建设。

五、落实用地用电政策

在土地利用年度计划中，对粮食产业发展重点项目用地予以统筹安排和重点支持。对符合国家产业政策、属于我省鼓励发展、列入产业调整振兴规划的重大项目和省重点建设项目，实行优惠的地价政策，在确定土地出让底价时可按不低于所在地土地等别相对应《全国工业用地出让最低价标准》的 70% 执行。支持和加快国有粮食企业依法依规将划拨用地转变为出让用地，增强企业融资功能。改制重组后的粮食企业，可依法处置土地资产，用于企业改革发展和解决历史遗留问题。落实粮食初加工用电执行农业生产用电价格政策。

六、切实加强组织领导

各市、县（区）人民政府要进一步提高认识，加强组织领导，认真落实粮食安全省长责任制的要求，把大力发展粮食产业经济作为保障粮食安全的重要举措抓实抓好，要结合各地实际，研究落实促进粮食产业经济发展的政策措施，切实推进我省粮食产业经济发展壮大。粮食部门要发挥好行业牵头作用，做好指导、管理、服务等工作，督促各项政策措施落实有效，协调推进粮食产业发展。发展改革、财政部门要强化对重点项目、“优质粮食工程”的支持，发挥财政投入的引导作用，吸引更多社会资本投入粮食产业。各相关部门也要各司其职，各负其责，密切配合，形成合力，促进我省粮食产业经济加快发展。

福建省人民政府办公厅

2017 年 12 月 21 日

江西省人民政府办公厅关于加快推进农业供给侧结构性改革大力发展粮食产业经济的实施意见

赣府厅发〔2018〕6号

各市、县（区）人民政府，省政府各部门：

为大力发展粮食产业经济，加快推进农业供给侧结构性改革，促进农业提质增效、农民就业增收和经济社会发展，根据《国务院办公厅关于加快推进农业供给侧结构性改革大力发展粮食产业经济的意见》（国办发〔2017〕78号），结合江西实际，经省政府同意，现就加快全省粮食产业经济发展提出以下实施意见：

一、总体要求

（一）指导思想。全面贯彻党的十九大精神，坚持以习近平新时代中国特色社会主义思想为引领，牢固树立创新、协调、绿色、开放、共享的发展理念，全面落实国家粮食安全战略，加快推进农业供给侧结构性改革，大力实施优质粮食工程，增加绿色优质粮食产品供给，促进农民持续增收，切实保障粮食质量安全，推动粮食产业创新发展、转型升级和提质增效，为构建更高层次、更高质量、更有效率、更可持续的粮食安全保障体系夯实产业基础，努力实现粮食主产省向粮食产业经济强省的转变。

（二）基本原则。

突出市场化。突出市场主体地位，激发市场活力和企业创新动力，发挥市场在粮食产业资源配置中的决定性作用。针对粮食产业发展的薄弱环节和制约瓶颈，强化政府规划引导、政策扶持、监管服务等作用，着力营造产业发展良好环境。

突出工业化。树立“大粮食”“大产业”“大市场”“大流通”理念，以“农头工尾”“粮头食尾”为抓手，坚持以工业化思维发展粮食产业经济，充分发挥粮食加工转化的引擎作用，推动仓储、物流、加工等粮食流通各环节有机衔接，以相关利益联结机制为纽带，培育全产业链经营模式，促进一二三产业融合发展。

突出新型化。顺应现代农业发展形势，适应市场需求，发挥科技创新的支撑引领作用，推进大众创业、万众创新，加快体制机制、经营方式和商业模式创新，积极培育新产业、新业态等新动能，提升粮食产业发展质量和效益。

突出多元化。充分考虑资源禀赋和消费习惯与特点差异，结合不同区域、不同领域、不同主体的实际情况，鼓励各地选择适合自身特点的粮食产业发展模式。加强统筹协调和政策引导，推进产业发展方式转变，及时总结推广典型经验，注重整体效能和可持续性。

（三）主要目标。到 2020 年，初步建成适应江西省情和粮情的现代粮食产业体系，产业发展的质量和效益明显提升。全省年加工稻谷总量超 1700 万吨，粮食加工转化率达到 80% 以上，企业平均产能利用率达 65% 以上，粮食产业销售收入突破 1500 亿元；主营业务收入过 100 亿的粮食企业数量达到 2 个以上、过 50 亿的粮食企业数量达到 5 个以上，大型粮食产业化龙头企业和粮食产业集群辐射带动能力持续增强。实施“中国好粮油”行动，绿色优质粮食产品有效供给稳定增加，全省粮食优质品率提高 10 个百分点以上。建设粮食产后服务中心 400 个、粮食质量监督检验机构 62 个，粮食科技创新能力和粮食质量安全保障能力进一步提升。

二、培育产业主体，增强发展活力

（四）培育骨干企业。深化国有粮食企业改革，发展混合所有制经济，鼓励以资本为纽带，构建跨区域、跨行业“产购储加销”协作机制，培育一批以粮油加工、粮食仓储和集散为主的优势企业，提升粮油加工、仓储物流等做强企业的综合服务功能，打造具有竞争力、影响力、控制力的骨干国有粮食企业，有效发挥稳市场、保供应、促发展、保安全的重要载体作用。（省粮食局、省国资委等负责）

（五）壮大龙头企业。引导行业有效资源向优强企业转移，支持骨干企业强强联合，促进产业链条互补，推动差异化发展，打造具有核心竞争力的粮食产业化重点龙头企业。引导支持龙头企业与新型农业经营主体和农户构建稳固的利益联结机制，不断提高产业聚集度，提升龙头企业的抗风险能力和带动力。引导优质粮食品种种植，促进农民增收致富。支持符合条件的龙头企业承担政策性粮食收储业务。（省粮食局、省发改委、省农业厅、省商务厅、省工商局、省质量技术监督局、中储粮江西分公司等负责）

（六）坚持协同发展。培育多元粮食市场主体，加快建立健全统一、开放、竞争、有序的粮食市场体系。鼓励行业内各多元主体开展多种形式的合作与融合，通过产权置换、股权转让、品牌整合、兼并重组等方式，推动粮食产业资源优化配置。支持国有粮食企业依托现有收储网点，开展与新型农业经营主体等合作，实现优势互补、互利合作。（省粮食局、省发改委、省工信委、省农业厅、省工商局等负责）

三、突出发展重点，拓展产业潜力

（七）发展绿色优质产品。建立优质优价的粮食生产、分类收储和交易机制，推进绿色优质粮食产业体系建设。培育和树立“中国好粮油”示范县和示范企业，调优种植结构，开发绿色优质、营养健康的粮油新产品。推广大米、食用植物油适度加工，大力发展全谷物等新型营养健康食品。推动地方特色粮油食品产业化，加快发展富硒米、山茶油、稻米油等富有江西地方特色的粮油产品。适应养殖业发展新趋势，发展安全环保饲料产品。（省粮食局、省发改委、省工信委、省农业厅、省工商

局、省质量技术监督局、省林业厅等负责）

（八）大力促进主食产业化。立足江西特点，加快推动以大米、米粉和面粉为主原料的主食产业化，开发多元化、多层次、个性化和功能性大米、米粉和面粉主食产品，构建适应不同消费需求的主食产业体系，提升主食产品社会化供应能力。大力发展方便食品、速冻食品、休闲食品、速食食品和富有地域特色的粮油食品。保护并挖掘传统主食产品，增加主食花色品种。（省粮食局、省工信委、省农业厅、省商务厅、省工商局等负责）

（九）推动精深加工与转化。着力开发以稻米为主体的粮食精深加工产品，加快研究开发以大米为原料的粮油食品，增加专用米、专用粉、功能性淀粉糖、功能性蛋白等食品以及保健、化工、医药等方面的有效供给，拓宽产业链条。做好霉变、重金属超标、超期储存粮食等无害化处理，加快消化政策性粮食库存。（省粮食局、省发改委、省工信委、省食品药品监管局等负责）

（十）发展绿色循环经济。以绿色粮源、绿色仓储、绿色工厂、绿色园区为重点，推广“仓顶阳光工程”、稻壳发电等新能源项目，构建绿色粮食产业体系，降低单位产品能耗和物耗水平，促进产业节能减排、提质增效。鼓励粮食企业开展粮油副产物循环、全值和梯次利用，放大米胚、米糠、碎米、淀粉糖、油脂精炼和稻壳发电等副产物综合利用示范效应，厚植发展优势，提高粮食综合利用率和产品附加值。（省发改委、省粮食局、省工信委、省农业厅、省能源局等负责）

四、创新发展方式，推动转型升级

（十一）完善产业链条。鼓励和支持粮食企业发展“产购储加销”一体化模式，上游与新型农业经营主体开展产销对接和协作，通过良种培育、生产种植、订单收购等方式，建设原料基地；中间环节开展收储、加工和粮油食品生产等业务，拓宽产业链条；下游延伸建设物流配送和营销服务网络，打造从田间到餐桌的全产业链条。开展粮食全产业链信

息监测和分析预警，加大供需信息发布力度，引导粮食产销平衡。（省粮食局、省发改委、省农业厅、省质量技术监督局等负责）

（十二）推动集聚发展。推进粮食生产向环鄱阳湖区、赣抚平原、吉泰盆地和赣西粮食主产区集中布局，推动粮食产业集聚发展。发展粮油产业集聚区，重点支持赣中富硒米片区，赣东北和赣南、赣西米粉片区，赣东、赣南和赣西山茶油片区以及全省稻米油片区和地方特色粮油品种加工，打造一批优势粮食产业集群。以全产业链为纽带，整合现有粮食生产、加工、物流、仓储、销售以及科技等资源，支持建设现代粮食产业发展示范园区（基地）。支持企业到粮食主销区建立营销网络，加强产销区产业合作。（省粮食局、省发改委、省农业厅、省林业厅、省国土资源厅、省工信委、省商务厅等负责）

（十三）培育新型业态。推进“互联网＋粮食”行动，积极发展粮食电子商务，推广“网上粮店”等新型粮食零售业态，促进线上线下融合。利用南昌国家粮食交易中心电子交易平台体系，拓展物流运输、金融服务等功能，发挥其服务种粮农民、购粮企业的重要作用。加大万年稻作和东乡野生稻等粮食文化资源的保护和开发利用力度，鼓励企业利用种植、养殖和加工基地发展粮食产业观光、体验式消费等新业态。（省粮食局、省发改委、省工信委、省农业厅、省商务厅、省旅发委等负责）

（十四）实施品牌战略。突出江西绿色生态优势，大力推广“三品一标”粮食品种。实施“中国好粮油”行动计划，开展标准引领、质量测评、品牌培育、健康消费宣传、营销渠道和平台建设及试点示范。通过质量提升、自主创新、品牌创建、特色产品认定等，培育一批具有自主知识产权的赣产粮食名牌产品。加快江西稻米油、山茶油及米粉产品等地方标准体系建设，鼓励企业推行更高质量标准，提高品牌产品质量水平。支持和鼓励符合条件的区域申请注册地理标志商标，通过地理标志商标打造粮食区域公共品牌，支持粮食龙头企业申请认定中国驰名商标进行保护。加快优质绿色粮油产品评价标准体系建设，加大粮食品牌宣传力度，推进优质粮油产品展销信息平台建设，强化江西好粮油产品的市场竞争力。发挥知名品牌的扩散效应和产品聚合效应，以优势企业及名牌产品为核心，整合商标资源，提升知名品牌的美誉度和社会影响力。（省粮食局、省发改委、省工信委、省农业厅、省林业厅、省工商局、省质量技术监督局、省卫生计生委等负责）

五、搭建公共平台，助推产业发展

（十五）完善粮食产后服务体系。适应粮食收储制度改革和农业适度规模经营的需要，整合仓储设施资源，建设一批专业化、市场化的粮食产后服务中心，为新型农业经营主体和农户提供粮食“五代”（代清理、代干燥、代储存、代加工、代销售）服务，为加工企业提供仓储保管、期货市场交割、粮食物流配送等服务，扩展粮食仓储业服务范围。（省粮食局、省发改委、江西证监局等负责）

（十六）加快现代粮食物流体系建设。加强粮食物流基础设施建设，沿京九线、浙赣线和赣江流域，打造南昌、九江、樟树、赣州、鹰潭等重点粮食物流节点，建设省级粮食大型集散中心，推动粮食批发市场向供应链企业转型，完善粮食进出省通道。鼓励产销区企业通过合资、重组等方式组成联合体，提高粮食物流组织化水平。加快粮食物流与信息化融合发展，促进粮食物流信息共享，提高物流效率。推动粮食物流标准化建设，推广原粮物流“四散化”（散储、散运、散装、散卸）、集装化、标准化，推动成品粮物流托盘等标准化装载单元器具的循环共用，带动粮食物流上下游设施设备及包装标准化水平提升。（省发改委、省粮食局、省交通运输厅、省商务厅、省质量技术监督局、中国铁路南昌局集团有限公司等负责）

（十七）健全粮食质量安全保障体系。加快粮食质量检验机构布局与建设，形成以省级为主体、市级为骨干、县级为基础的公益性全省粮食质量检验监测网络。开展全国收获粮食质量调查、品质测报和安全风险监测，建立覆盖从产地到餐桌全程的粮食质量安全追溯体系和平台。在基层粮食收储企业推广普及重金属快速检测设备，加强原粮质量的源头监控。进一步健全质量安全监管衔接协作机制，加强粮食种植、收购、储存、销售及食品生产经营监管。（省粮食局、省食品药品监管局、省农业厅、省质量技术监督局等负责）

六、实施创新驱动，强化科教支撑

（十八）推动科技创新。加快新工艺、新技术、新装备的研发和推广应用步伐，加大技术改造力度，提升粮食加工业整体技术、工艺、装备水平，倒逼落后加工产能退出。加快培育一批具有市场竞争力的创新型粮食领军企业，引导企业加大研发投入和开展创新活动。鼓励科研机构、高校与企业通过共同设立研发基金、实验室、成果推广工作站等方式，聚焦企业科技创新需求。加大对营养健康、质量安全、节粮减损、加工转化、现代物流、“智慧粮食”等领域相关基础研究和急需关键技术研发的支持力度，推进信息、生物、新材料等高新技术在粮食产业中的应用。（省科技厅、省粮食局等负责）

（十九）加快成果转化。实施“科技兴粮工程”，主动与全国各涉粮科研院所、高校开展产学研对接，建立粮食产业科技成果转化信息服务平台，定期发布粮食科技成果，促进粮食科技成果、科技人才、科研机构等与企业有效对接，推动科技成果产业化。引入智能机器人和物联网技术，开展粮食智能工厂、智能仓储、智能烘干等应用示范。（省工信委、省粮食局、省发改委、省科技厅、省农业厅等负责）

（二十）提供智力支持。实施“人才兴粮工程”，支持企业加强与科研机构、高校合作，创新人才引进机制，搭建专业技术人才创新创业平台，遴选和培养一批粮食产业技术体系专家，凝聚高水平领军人才和创新团队为粮食产业服务。支持高等院校、中等职业学校开设粮食产业相关专业和课程，完善政产学研用相结合的协同育人模式，加快培养行业短缺的实用型人才。加强职业技能培训，举办职业技能竞赛活动，培育“粮工巧匠”，提升粮食行业职工的技能水平。（省粮食局、省人社厅、省教育厅等负责）

七、完善保障措施，加强组织领导

（二十一）加大财政扶持力度。充分利用好现有资金渠道，支持粮食仓储物流设施、国家现代粮食产业发展示范园区（基地）建设和粮食产业转型升级。省财政每年统筹资金，支持粮食加工企业技改贴息、新产品研发、品牌培育和营销网络建设等，加快粮食产业经济发展。充分发挥财政资金引导功能，积极引导金融资本、社会资本加大对粮食产业的投入。落实粮食加工企业从事农产品初加工所得按规定免征企业所得税政策和国家简并增值税税率有关政策。（省财政厅、省发改委、省农业厅、省国税局、省地税局、省粮食局等负责）

（二十二）健全金融保险支持政策。拓宽企业融资渠道，政策性、商业性金融机构在风险可控的前提下，加大对粮食产业发展重点龙头企业的信贷支持。加大财政支持力度，持续推进农业保险扩面、增品、提标。建立健全粮食收购贷款信用保证基金融资担保机制，降低银行信贷风险。支持粮食企业通过发行短期融资券等非金融企业债务融资工具筹集资金，支持符合条件的粮食企业上市融资或在新三板挂牌，以及发行公司债券、企业债券和并购重组等。积极做好风险防范，开展企业厂房抵押和存单、订单、应收账款质押等融资业务。鼓励和支持保险机构为粮食企业开展对外贸易和“走出去”提供保险服务。（人行南昌中心支行、江西银监局、江西证监局、江西保监局、省财政厅、省商务厅、省发改委、省粮食局、农发行江西省分行等负责）

（二十三）落实用地用电等优惠政策。对粮食产业园及粮食物流的重点项目，支持按具体项目优先列入全省重大项目调度会，优先安排省预留新增建设用地计划。支持和加快国有粮食企业依法依规将划拨用地转变为出让用地，增强企业融资功能。改制重组后的粮食企业，可依法处置土地资产，促进企业改革发展。落实农产品初加工用电执行农业生产用电价格政策。（省国土资源厅、省发改委、省粮食局等负责）

（二十四）加强组织领导。加大粮食产业经济发展实绩在粮食安全省长责任制考核中的权重。省粮食局要做好牵头协调，统筹推进粮食产业发展有关工作。各市、县（区）政府要高度重视粮食产业经济发展，因地制宜制定推进本地区粮食产业经济发展的实施意见、规划或方案，加强统筹协调，明确职责分工。发展改革、财政部门要强化对重大政策、重大工程和重大项目的支持，发挥财政投入的引导作用，撬动更多社会资本投入粮食产业。各相关部门要根据职责分工抓紧完善配套措施和部门协作机制，并发挥好粮食等相关行业协会商会在标准、信息、人才、机制等方面的作用，合力推进粮食产业经济发展。（各设区市政府，省发改委、省粮食局、省财政厅、省农业厅等负责）

江西省人民政府办公厅

2018 年 1 月 21 日

山东省人民政府办公厅
关于加快推进农业供给侧结构性改革
大力发展粮食产业经济的实施意见

鲁政办发〔2018〕2号

各市人民政府，各县（市、区）人民政府，省政府各部门、各直属机构，各大企业，各高等院校：

为贯彻落实《国务院办公厅关于加快推进农业供给侧结构性改革大力发展粮食产业经济的意见》(国办发〔2017〕78号)，推动粮食产业经济更好更快发展，经省政府同意，现提出以下实施意见。

一、总体要求

（一）指导思想。全面贯彻落实党的十九大精神，以习近平新时代中国特色社会主义思想为指导，深入贯彻习近平总书记视察山东重要讲话、重要指示批示精神，以农业供给侧结构性改革为主线，以加快粮食产业新旧动能转换、增加绿色优质粮食产品供给、保障粮食质量安全和带动农民持续增收为重点，推动质量变革、效率变革、动力变革，构建更高层次、更高质量、更有效率、更可持续的粮食安全保障体系，为建设社会主义现代化强省作出新贡献。

（二）总体目标。把粮食安全意识贯穿粮食产业经济发展全过程，注重发挥市场在资源配置中的决定性作用、粮食加工转化引擎作用、科技创新支撑引领作用和“滨州模式”等典型示范作用，到2020年末，初步建成布局合理、链条完整、绿色生态、效益良好的现代粮食产业体系，粮食产业经济保持全国领先位次。粮食产业经济工业总产值突破5000亿元，年均增长11%以上；绿色优质粮食产品有效供给稳定增加，粮食优质品率、主食品工业化率显著提高；主营业务收入超过10亿元大型粮食企业达到100家以上、超过100亿元骨干龙头粮食企业达到10家以上，粮食产业化龙头企业和产业集群辐射带动力持续增强；粮食科技创新和质量安全保障能力进一步提升。

二、深入推进粮食供给侧结构性改革

（三）培育壮大粮食产业主体。深化国有粮食企业改革，做强做优做大一批具有竞争力、影响力、控制力的骨干国有粮食企业，推动“一县一企、一企多点”一体化网络建设。结合国有资产统一监管，重组整合部分资产或企业，推动区域性粮食购销网络和仓储物流体系建设。积极稳妥发展混合所有制经济，培育国有、集体、非公有资本交叉持股的新型市场主体。健全现代企业制度，转换经营机制，推动大企业由大到强、中小企业高精特专发展。鼓励国有粮食企业与新型农业经营主体、多元主体之间合作融合，培育粮食产业化联合体。支持符合条件的多元主体参与粮食仓储物流设施建设、产后服务体系建设等。（省粮食局、省发展改革委、省国资委、省经济和信息化委、省财政厅、省农业厅、省工商局等按职责分工负责）

（四）增加绿色优质粮油产品供给。实施“中国好粮油”行动计划，增品种、提品质、创品牌，打造一批示范市、县（市区）和示范企业。继续实施“放心粮油”工程，增加多元化、定制化、个性化产品供给。推进小麦粉、食用植物油适度加工，大力发展全谷物等营养健康食品。推动地方特色粮油食品产业化，发展杂粮、杂豆、木本粮油等特色产品。适应畜牧养殖业发展新趋势，继续实施“粮改饲”项目，在保证质量安全的前提下，支持粮食副产品科研开发和饲料利用，发展绿色安全环保饲料产品。（省财政厅、省粮食局、省发展改革委、省经济和信息化委、省农业厅、省工商局、省质监局、省林业厅、省畜牧兽医局等按职责分

工负责）

（五）深入推动主食产业化。开展主食产业示范提升工程，认定一批示范单位、培育一批主食产业化龙头企业。推进米面、玉米、杂粮及薯类主食制品工业化生产、社会化供应。大力发展方便和速冻食品，支持开发个性化功能性主食产品，保护并挖掘传统主食产品。加快推进马铃薯主食产业化。推广“生产基地＋中央厨房＋餐饮门店”“生产基地＋加工企业＋商超销售”等新模式。（省粮食局、省经济和信息化委、省财政厅、省农业厅、省商务厅、省工商局等按职责分工负责）

三、加快粮食产业新旧动能转换

（六）发展全产业链。深入推进“粮头食尾”“农头工尾”建设，促进一二三产业融合，支持粮食企业以全产业链提升价值链。向上游以定向投入、专项服务等方式对接新型农业经营主体，向下游延伸建设物流营销和服务网络，实现粮源基地化、加工规模化、产品优质化、服务多样化，着力打造绿色、有机粮食供应链。开展全产业链信息监测和分析预警，引导粮食产销平衡。（省发展改革委、省粮食局、省农业厅、省质监局等按职责分工负责）

（七）发展产业集群。依托粮食主产区、特色粮油产区和关键物流节点，集中打造一批小麦、玉米、花生、大豆等产业集群和临港加工企业集群，采取退城进郊等方式整合发展一批粮食产业园区。支持国家现代粮食产业发展示范园区（基地）和融合发展先导区建设。加强产销合作，支持粮食主销区来我省建设粮源基地和物流设施，鼓励省内企业到粮食主销区建立营销网络。（省发展改革委、省粮食局、省经济和信息化委、省财政厅、省商务厅、中国铁路济南局集团有限公司等按职责分工负责）

（八）推动绿色发展。鼓励支持粮食企业探索绿色、生态、循环发展模式，提高粮食综合利用率和产品附加值。以绿色粮源、绿色仓储、绿色工厂、绿色园区为重点，构建绿色粮食产业体系。发展绿色、低碳、环保循环经济系统，降低单位产品能耗和物耗水平。推广“仓顶阳光工程”

等新能源项目，大力开展麦麸、麦胚、玉米芯、饼粕等副产物的综合利用。（省经济和信息化委、省发展改革委、省粮食局、省农业厅等按职责分工负责）

（九）发展新业态。实施“互联网 +”行动，推进涉粮数据共享和开放，发展粮食公共服务平台，推广“网上门店”“体验店”等零售业态，促进线上线下融合。依托国家粮食电子交易平台，拓展物流运输、金融服务等功能。开发利用粮食文化资源，支持爱粮节粮宣传教育基地和文化场馆建设，指导粮食产业增加旅游功能，发展休闲观光、体验式消费等新业态。（省粮食局、省发展改革委、省经济和信息化委、省财政厅、省农业厅、省商务厅、省旅游发展委等按职责分工负责）

四、大力促进粮食产业转型升级

（十）发展粮食产业化龙头企业。在农业产业化龙头企业认定工作中，扶持一批具有核心竞争力的粮食产业化龙头企业。在“中国好粮油”行动计划中，支持一批具有明显示范带动力的粮食产业化龙头企业。通过产权置换、股权转让、兼并重组等方式优化资源配置，发展一批粮食产业化龙头企业。支持符合条件的龙头企业参与承担政策性粮食收储业务，探索龙头企业参与地方粮食储备机制。引导龙头企业与其他新型农业经营主体和农户构建稳固的利益联结机制，推动优质粮食种植、带动农民增收。支持粮食企业“走出去”开展跨国经营与合作，培育粮食领军企业（集团）。（省发展改革委、省粮食局、省农业厅、省财政厅、省商务厅、省工商局、省质监局、山东检验检疫局、中储粮山东分公司等按职责分工负责）

（十一）促进粮食精深加工与转化。增加专用米、专用粉、专用油、功能性淀粉糖、功能性蛋白等食品以及保健、化工、医药等方面有效供给。强化食品质量安全、环保、能耗、安全生产等约束，倒逼落后产能退出。推进出口粮油食品生产企业内外销产品“同线同标同质”工程。发展纤维素等非粮燃料乙醇，在保障粮食供应和质量安全前提下适度发展粮食燃料乙醇，推广使用车用乙醇汽油，探索开展淀粉类生物基塑料和生物降解材料试点示范。（省发展改革委、省粮食局、省经济和信息化委、省财政厅、省食品药品监管局等按职责分工负责）

（十二）加强粮食品牌建设。在“齐鲁灵秀地、品牌农产品”建设中，通过特色产品认定、商标注册与应用、“山东品牌中华行”活动和粮食文化元素发掘等，打造“齐鲁好粮油”品牌。推行“中国好粮油”质量标准，建立粮食产业企业标准领跑者激励机制，推出更多“中国好粮油”品牌。推进军民融合深度发展，放大“山东军粮”品牌功能。大力发展“三品一标”粮食产品，培育发展一批公共品牌。鼓励企业获得有机、良好农业规范等通行认证，推动出口粮食质量安全示范区建设。加强绿色优质粮食品牌宣传发布、人员培训、市场营销、评价标准体系建设和展示展销信息平台建设，适时开展品牌创建和产销对接推介活动。加大粮食产品专利权、商标权等知识产权保护力度，严厉打击制售假冒伪劣产品行为。加强信用体系建设，规范市场秩序。（省粮食局、省发展改革委、省经济和信息化委、省农业厅、省商务厅、省工商局、省质监局、省知识产权局等按职责分工负责）

五、强化粮食科技创新和队伍建设

（十三）加快粮食科技创新。培育创新型粮食领军企业，加强营养健康、质量安全、节粮减损、加工转化、现代物流、“智慧粮食”等领域的基础研究。发展应用高效节粮节能成套粮油加工装备，开展粮食智能工厂、智能仓储、智能烘干等应用示范。鼓励科研机构、高校聚焦企业需求，通过共同设立研发基金、实验室、成果推广工作站等方式，推动信息、生物、新材料等科技创新。加强国内外粮食质量检验技术标准比对及不合格粮食处理技术等研究，开展进出口粮食检验检疫技术性贸易措施及相关研究。（省科技厅、省粮食局、省质监局、山东检验检疫局等按职责分工负责）

（十四）加快科技成果转化。实施“科技兴粮工程”，建立科技成果转化信息服务平台，推动科技成果产业化。发挥粮食领域国家工程实验室、重点实验室、院士工作站作用，加强粮食科技成果集成示范基地、科技协同创新共同体建设。依托国家粮食产业科技创新（滨州）联盟，推进科技资源开放共享。（省科技厅、省粮食局、省经济和信息化委等按职责分工负责）

（十五）加强人才队伍建设。实施“人才兴粮工程”，注重选拔一批在质量变革、效率变革、动力变革中做出突出贡献的粮油企业家，纳入全省企业家队伍建设“111”工程。支持企业创新人才引进与激励机制，遴选和培养一批粮食产业技术专家。加强本科高校和职业院校粮食相关学科专业建设，完善政产学研用结合的协同育人模式，培养粮食产业实用人才。深入开展职业技能培训，培育“粮工巧匠”，鼓励企业建立“首席技师”制度，提升职工技能水平。（省粮食局、省人力资源社会保障厅、省教育厅等按职责分工负责）

六、夯实粮食产业发展基础

（十六）用好粮食仓储设施资源。统筹利用粮食仓储设施资源，多渠道开发现有国有粮食企业仓储设施用途，为新型农业经营主体和农户提供粮食产后服务，为加工企业提供仓储保管服务，为期货市场提供交割服务，为“互联网＋粮食”经营模式提供交割仓服务，为城乡居民提供配送服务。（省粮食局、省发展改革委、山东证监局等按职责分工负责）

（十七）提升粮食产后服务水平。适应粮食收储制度改革和农业社会化服务体系需要，发展一批专业化、市场化的粮食产后服务中心，为农户提供粮食“五代”（代清理、代干燥、代储存、代加工、代销售）服务。推进农户科学储粮行动，促进粮食提质减损和农民增收。（省财政厅、省粮食局、省发展改革委等按职责分工负责）

（十八）完善粮食市场物流体系。发挥济南国家粮油交易中心作用，做大做强区域性粮食批发市场。发展粮食电子商务。依托国家粮食物流通道和节点，加强粮食物流基础设施和应急供应体系建设，打造对接北粮南运主通道，拓展海上粮食流入通道和内河散粮航运通道，强化黄淮海小麦流出通道，优化省内西粮东送及毗邻省间粮食流通通道。支持铁路班列运输，降低物流成本。鼓励产销区企业通过合资、重组等方式组成联合体，加快粮食物流与信息化融合发展，提高组织化水平和物流效率。推动粮食物流标准化建设，推广原粮物流“四散化”（散储、散运、散装、散卸）、集装化、标准化，推动成品粮物流托盘等标准化装载单元器具的循环共用。（省发展改革委、省粮食局、省交通运输厅、省商务厅、省质监局、中国铁路济南局集团有限公司、山东证监局等按职责分工负责）

（十九）提高质量安全保障能力。全面提升省级为骨干、市级为支撑、县级为基础的粮食质量检验监测体系功能。开展收获粮食质量调查、品质测报和安全风险监测。建立粮食质量安全追溯体系和平台，健全协作机制，加强粮食种植、收购、储存、销售及食品生产经营监管，严防不符合食品安全标准的粮食流入口粮市场或用于食品加工。加强进口粮食监管，支持进口粮食指定口岸及港口防疫能力建设，建立进口粮食疫情监测和联防联控机制。加强口岸风险防控和实际监管，深入开展农产品反走私综合治理，实施专项打击行动。（省粮食局、省食品药品监管局、省农业厅、青岛海关、济南海关、山东检验检疫局、省质监局等按职责分工负责）

七、保障措施

（二十）加大财税扶持力度。充分利用好现有资金渠道，支持粮食仓储物流设施、国家现代粮食产业发展示范园区（基地）建设和粮食产业转型升级。统筹利用商品粮大省奖励资金、产粮产油大县奖励资金、粮食风险基金及地方配套退出资金等支持粮食产业发展。充分发挥财政资金引导功能，积极引导金融资本、社会资本加大对粮食产业的投入。新型农业经营主体购置仓储、烘干设备，可按规定享受农机具购置补贴。严格落实企业研发费用加计扣除政策。落实粮食加工企业从事农产品初加工所得按规定免征企业所得税政策和国家简并增值税税率有关政策。（省财政厅、省发展改革委、省国税局、省地税局、省粮食局等按职责分工负责）

（二十一）健全金融保险支持政策。政策性、商业性金融机构要结合职能定位和业务范围，在风险可控前提下，为粮食收购、加工、仓储、物流等环节提供金融服务，加大对粮食产业发展和农业产业化重点龙头企业的信贷支持。建立健全粮食收购贷款信用保证基金融资担保机制，降低银行信贷风险。支持粮食企业通过发行短期融资券等非金融企业债务融资工具筹集资金，支持符合条件的粮食企业上市融资或在“新三板”挂牌，以及发行公司债券、企业债券和并购重组等。引导粮食企业合理利用农产品期货市场管理价格风险。在防范风险前提下，积极开展企业厂房抵押和存单、订单、应收账款质押等融资业务，创新“信贷+保险”、产业链金融等服务模式。鼓励支持保险机构为粮食企业对外贸易和“走出去”提供服务。（人民银行济南分行、山东银监局、山东证监局、山东保监局、省财政厅、省商务厅、省粮食局、省农发行等按职责分工负责）

（二十二）落实用地用电等优惠政策。市、县级政府对粮食产业发展重点项目用地优先纳入土地供应计划予以重点支持。支持和加快国有粮食企业依法依规将划拨用地转变为出让用地。改制重组后的粮食企业，可依法处置土地资产，用于企业改革发展和解决历史遗留问题。落实粮食初加工用电执行农业生产用电价格政策。（省国土资源厅、省物价局、省粮食局等按职责分工负责）

（二十三）加强组织领导。各级政府要把粮食产业经济发展作为粮食安全责任考核工作组的重要内容，研究制定粮食精深加工转化等政策措施，加大粮食产业经济发展实绩的考核权重。结合精准扶贫、精准脱贫要求，大力开展粮食产业扶贫。粮食部门负责协调推进粮食产业经济发展有关工作、推动产业园区建设、加强粮食产业经济运行监测。发展改革、财政部门要强化对重大政策、重大工程和重大项目的支持。各相关部门要抓紧完善政策措施和部门协作机制，并发挥好粮食等行业协会商会作用，合力推进粮食产业经济更好更快发展。（各级政府和省粮食局、省发展改革委、省财政厅、省扶贫办、省农业厅等按职责分工负责）

山东省人民政府办公厅

2018 年 1 月 9 日

河南省人民政府办公厅关于大力发展粮食产业经济加快建设粮食经济强省的实施意见

各省辖市、省直管县（市）人民政府，省人民政府各部门：

为贯彻落实《国务院办公厅关于加快推进农业供给侧结构性改革大力发展粮食产业经济的意见》(国办发〔2017〕78号)，推动我省粮食产业经济加快发展，经省政府同意，现提出以下实施意见，请认真贯彻落实。

一、总体要求

（一）指导思想。以习近平新时代中国特色社会主义思想为指导，认真贯彻党的十九大和习近平总书记调研指导河南工作时的重要讲话精神，全面落实国家粮食安全战略，以推进粮食产业经济发展为主线，以增加绿色优质粮食产品供给、有效解决市场化条件下农民售粮问题、促进农民持续增收和保障粮食质量安全为重点，大力实施优质粮食工程，推动粮食产业创新发展、转型升级和提质增效，为构建更高层次、更高质量、更有效率、更可持续的粮食安全保障体系夯实产业基础，实现由粮食生产加工大省到粮食产业经济强省的根本性转变。

（二）主要目标。到2025年，初步建成适应我省省情和粮情的现代粮食产业体系，使粮食产业发展的质量和效益明显提升，进一步促进国家粮食安全，带动农民增收。绿色优质粮食产品有效供给稳定增加，全省粮油优质品率提高20个百分点左右；粮食产业增加值年均增长76%左右，粮食加工转化率达到92%，主食品工业化率提高到65%以上；粮食产业经济总产值达到5000亿元，主营业务收入100亿元以上的粮食企业数量达到10个以上，10亿元以上的粮食企业数量达到100个以上，大型粮食产业集群和龙头企业辐射带动能力持续增强；粮食产后服务中心数量达到1000个以上，粮食质量监督检验机构达到100个以上，粮食科技创新能力和粮食质量安全保障能力全面提升。

二、培育壮大粮食产业主体

（三）壮大粮食产业化龙头企业。扶持一批具有核心竞争力和行业带动力的粮油产业化龙头企业，支持企业开展战略合作与重组，打造规模大、实力强、技术装备先进的大型粮油企业集团。根据国家政策调整情况，支持符合条件的龙头企业参与承担政策性粮食收储业务；在确保区域粮食安全的前提下，探索创新龙头企业参与地方粮食储备机制。完善全省优质小麦、优质花生等优质粮油收储政策，支持龙头企业承担优质粮油收储业务。（省粮食局、发展改革委、省政府国资委、省财政厅、农业厅、商务厅、工商局、质监局、中储粮河南分公司等负责）

（四）增强多元主体发展活力。深化国有粮食企业改革，发展混合所有制经济，提高国有资本运行效率，引领粮食产业转型升级，做大做强一批具有竞争力、影响力、控制力的国有粮食企业，有效发挥稳市场、保供应、促发展、保安全的重要载体作用。鼓励国有粮食企业积极开拓粮食种植、加工、物流、销售业务，支持符合条件的多元主体积极参与粮食仓储物流设施建设、产后服务体系建设和质检体系建设，建立健全统一、开放、竞争、有序的粮食市场体系。鼓励龙头企业与各类市场主体建立粮食产业联盟，实现优势互补，优化粮食产业资源配置。（省粮食局、发展改革委、财政厅、省政府国资委、省工业和信息化委、农业厅、工商局等负责）

（五）支持粮食产业园区建设。依托粮食主产区、特色粮油产区和关键粮食物流节点，推进产业向优势产区集中布局。以全产业链为纽带，整合粮食加工、质检、物流、仓储、销售以及科技等资源，支持建设粮食产业园区，先行建设郑州、濮阳、周口、南阳、驻马店、信阳等现代粮食产业发展示范园区（基地）。吸引主销区企业到我省投资建设粮源基地和仓储物流设施，支持我省企业到主销区建立营销网络，加强产销区产业合作。（省粮食局、发展改革委、财政厅、工业和信息化委、商务厅、交通运输厅、中国铁路郑州局集团公司等负责）

三、创新粮食产业发展方式

（六）促进粮食全产业链发展。支持粮食企业参与粮食生产功能区建设，推进“产购储加销”一体化发展，构建从田间到餐桌的全产业链。推动粮食企业向上游与新型农业经营主体开展产销对接和协作，建设加工原料基地，完善绿色优质特色粮油“专种、专收、专储、专用”发展模式；向下游延伸建设物流营销和服务网络，实现粮源基地化、加工规模化、产品优质化、服务多样化，着力打造绿色、有机的优质粮食供应链。（省粮食局、发展改革委、农业厅、质监局等负责）

（七）发展粮食循环经济。支持粮食企业开展粮油副产品循环、全值和梯次利用的探索，提高粮食综合利用率和产品附加值。以绿色粮源、绿色仓储、绿色工厂、绿色园区为重点，构建绿色粮食产业体系。支持大型粮食龙头企业建立绿色、低碳、环保的循环经济系统，降低单位产品能耗和物耗水平。推广“仓顶阳光工程”、稻壳发电等新能源项目，开展米糠、碎米、麦麸、麦胚、玉米芯、饼粕等副产物综合利用，促进产业节能减排、提质增效。支持粮食产业园区发展循环经济，推动主食、粮油、饲料、功能食品、生物燃料、秸秆发电、医药、环保等各类涉粮企业向园区集聚，打造工艺相互依存、物料近距离转运、“三废”（废水、废气和固体废弃物）集中处理和粮食资源循环利用的循环经济产业链，实现企业小循环、园区中循环和区域大循环。（省发展改革委、粮食局、工业和信息化委、农业厅、财政厅等负责）

（八）积极发展新业态。推进“互联网＋粮食”行动，积极发展粮食电子商务，推广“网上粮店”“主食厨房”等新型粮食零售业态，完善城乡粮油配送供应网络，促进线上线下融合，打通“工业品下乡、农产品进城”双向流通渠道。加快粮食仓储、物流、加工、销售企业与河南省“粮安工程”智能化管理平台互联互通，推动粮食关联企业信息共享。完善河南粮食电子交易平台体系，拓展物流运输、粮油配送、金融服务等功能，服务种粮农民、涉粮企业和食粮百姓。保护和开发利用粮食文化资源，发展“粮食＋文化＋旅游”产业模式，支持爱粮节粮宣传教育基地、粮食文化展示基地和粮食产业休闲体验园区建设，鼓励发展粮食产业观光、体验式消费等新业态。（省粮食局、财政厅、工业和信息化委、农业厅、商务厅、文化厅、旅游局等负责）

（九）培育河南粮食品牌。加强粮食品牌建设，通过规划引导、质量提升、自主创新、品牌创建、商标注册、特色产品认定等，培育一批具有自主知识产权和较强市场竞争力的全国或区域性名牌粮油产品。完善地方标准，建立粮食企业标准领跑者激励机制，鼓励企业推行更高质量标准。积极推进“河南好粮油（主食）”“河南放心粮油（主食）”示范工程，培育优质粮油自主品牌和区域品牌。围绕打造“河南好面”“河南好油”，开展丰富多彩的品牌创建与产销对接活动，并充分利用各类媒体强化品牌宣传，提升河南粮食品牌的社会美誉度和全国影响力。加大粮食产品专利权、商标权等知识产权保护力度，严厉打击制售假冒伪劣产品行为。加强行业信用体系建设，规范市场秩序。（省粮食局、财政厅、卫生计生委、农业厅、工商局、质监局、食品药品监管局、知识产权局等负责）

四、加快粮食产业转型升级

（十）优化粮油产品供给。积极发展小麦、花生、芝麻等优质粮油加工，促进优质粮食布局区域化、经营规模化、生产标准化、发展产业化，形成专种、专收、专储、专用的产业格局。加快推进优质粮食工程，通过开展标准引领、质量测评、品牌培育、试点示范等，增品种、提品质、创品牌，建立完善绿色优质粮食产业体系。推进粮油产品出口，带动产业转型升级。推广小麦粉、大米和食用植物油适度加工，大力发展全谷物等新型营养健康食品，加快发展专用小麦粉、花生油、芝麻油、速冻食品、鲜湿面、烩面等特色粮油产品。适应养殖业发展新趋势，发展安全环保饲料产品。（省粮食局、财政厅、发展改革委、工业和信息化委、工商局、质监局、郑州海关、省林业厅、畜牧局等负责）

（十一）扩大主食产业化引领优势。进一步完善主食产业化支持政策，引导企业积极开展以面、米为原料的主食加工或深加工，促进馒头、面条、饺子、米饭等传统主食和面包、饼干、糕点等西式主食的工业化生产和社会化供应。加大速冻、方便、保鲜、即食主食的研发力度。加强主食产品与其他食品的融合创新，鼓励和支持开发个性化、功能性主食产品。推进主食产业化示范工程建设，认定一批放心主食加工企业，推广“生产基地+中央厨房+餐饮门店”“生产基地+加工企业+商超销售”“作坊置换+联合发展”等新模式。（省粮食局、工业和信息化委、财政厅、农业厅、商务厅、工商局等负责）

（十二）促进粮油精深加工。积极开发粮油精深加工新产品，增加专用米、专用粉、专用油、功能性淀粉糖、功能性蛋白，以及保健、化工、医药等产品的有效供给，加快补齐短板，减少进口依赖。在保障粮食供应和质量安全的前提下，着力处置霉变、重金属超标、超期储存粮食等，适度发展粮食燃料乙醇，加快消化政策性粮食库存。强化粮油食品质量安全、环保和安全生产，促进粮食企业加大技改力度，倒逼落后工艺和过剩产能退出。（省粮食局、发展改革委、工业和信息化委、财政厅、食品药品监管局等负责）

（十三）引导粮食仓储企业转型发展。通过参股、控股、融资等形式，放大国有资本功能，拓展现有国有粮食企业仓储设施用途，为新型农业经营主体和农户提供粮食产后服务，为加工企业提供仓储保管服务，为期货市场提供交割服务，为“互联网+粮食”经营模式提供交割仓服务，为城乡居民提供优质粮食配送服务，提高粮食仓储企业经济效益，促进

行业转型升级。（省粮食局、财政厅、发展改革委、河南证监局等负责）

五、夯实粮食产业发展基础

（十四）建立粮食产后服务体系。适应粮食收储制度改革需要，实施老旧仓房原址改造，鼓励有条件的企业退城进郊，整合仓储设施资源，合理规划、布局、建设一批专业化、市场化的粮食产后服务中心，为农户提供粮食“五代”（代清理、代干燥、代储存、代加工、代销售）服务，促进粮食提质减损，实现企业增效和农民增收。（省财政厅、粮食局等负责）

（十五）完善现代粮食物流体系。加强粮食物流基础设施和应急供应体系建设，沿主要铁路线及内河，规划建设一批粮食物流节点。推广原粮、面粉物流“四散”（散储、散运、散装、散卸）化、集装化、标准化，在郑州、开封、新乡、许昌、濮阳、周口、信阳、南阳、商丘等地加快建设大型现代粮食物流园区。大力发展铁路班列、内河航运等运输方式，降低物流成本。支持郑州打造辐射全国、面向世界的粮油食品物流中心、加工中心、信息中心、交易中心和价格中心。支持郑州进境粮食指定口岸建成社会化、综合化、现代化的国际粮食集散地。加快粮食物流与信息化融合发展，促进粮食物流信息共享，提高物流效率。（省发展改革委、粮食局、交通运输厅、商务厅、质监局、郑州海关、中国铁路郑州局集团公司等负责）

（十六）健全粮食质量安全保障体系。建立从田间到餐桌的粮食质量安全全程追溯体系，加强粮食种植、收购、储存、销售及食品生产经营监管，支持粮油企业提升检验检测能力，严防不符合食品安全标准的粮食流入口粮市场或用于食品加工。支持粮食质检机构建设。开展全省收获粮食质量调查、品质测报和安全风险监测，定期发布收获粮食质量品质信息。加强进口粮食质量安全监管，建立进口粮食疫情监测和联防联控机制。加快优质、特色粮油产品地方标准的制定和修订。（省粮食局、食品药品监管局、质监局、卫生计生委、农业厅、郑州海关等负责）

六、强化粮食科技创新和人才支撑

（十七）加快推动粮食科技创新及成果转化。培育一批具有市场竞争力的创新型粮食领军企业，鼓励科研机构、高校通过共同设立研发基金、实验室、成果推广工作站等方式与企业密切合作，加强营养健康、质量安全、节粮减损、加工转化、现代物流、“智慧粮食”等领域相关基础研究和急需关键技术研发，推进信息、生物、新材料等高新技术在粮食产业中的应用。实施科技兴粮工程，促进粮食科技人才、科研机构等与企业对接，推动科技成果产业化。发挥我省粮食工程技术中心、重点实验室成果推广示范作用，加大粮食科技成果集成示范基地、科技协同创新共同体和技术创新联盟建设力度，推进科技资源开放共享。（省科技厅、粮食局、郑州海关等负责）

（十八）促进粮油机械制造自主创新。贯彻落实“中国制造 2025”，发展高效节粮节能成套粮油清理、检验、加工装备。支持智能粮机产业发展，培育具有核心竞争力的大型粮机制造企业。提高关键粮油机械及仪器设备制造水平和自主创新能力，提升粮食品质及快速检测设备的技术水平。引入智能机器人和物联网技术，开展粮食智能工厂、智能仓储、智能物流等应用示范。（省工业和信息化委、发展改革委、粮食局、科技厅、农业厅等负责）

（十九）加强粮油专业人才培养。实施人才兴粮工程，大力培养和引进创新型粮食科技人才。支持企业加强与科研机构、高校合作，搭建专业技术人才创新创业平台，凝聚高水平领军人才和创新团队为粮食产业服务。发展粮食高等教育和职业教育，加强河南工业大学、河南工业贸易职业学院、河南省经济管理学校、河南经济贸易技师学院等高校和职业学校师资力量，拓宽粮食专业口径，支持相关课程改革，加快培养行业短缺的创新型、复合型、应用型和技能型人才。加强职业技能培训，举办职业技能竞赛活动，培育“粮工巧匠”，提升粮食行业人员的技能水平。（省教育厅、人力资源社会保障厅、粮食局、科技厅等负责）

七、保障措施

（二十）加大财税扶持力度。充分利用现有资金渠道，支持粮食仓储物流设施、现代粮食产业发展示范园区（基地）建设和粮食产业转型升级。统筹利用商品粮大省奖励资金、产粮产油大县奖励资金、粮食风险基金等，支持粮食产业经济发展。充分发挥河南省粮油深加工企业扶持基金等政府投资基金的引导带动作用，积极引导金融资本、社会资本加大对粮食产业的投入。新型农业经营主体购置粮食清选机械、烘干设备，按规定享受农机具购置补贴。落实粮食加工企业从事农产品初加工所得按规定免征企业所得税政策和国家简并增值税税率有关政策；对符合条件的国有粮食购销企业，按国家现行税收政策免收增值税、城镇土地使用税、房产税、印花税等。粮食企业为开发新技术、新产品、新工艺所发生的研发经费以及各级政府补助的财政性资金，符合有关税收政策规定条件的，在计算应纳税所得额时扣除。（省财政厅、发展改革委、税务局、粮食局、农机局等负责）

（二十一）完善金融保险支持政策。拓宽企业融资渠道，为粮食收购、加工、仓储、物流等各环节提供多元化金融服务。金融机构要结合职能定位和业务范围，在风险可控的前提下，加大对粮油产业化龙头企业的信贷支持力度。建立健全粮食收购贷款信用保证基金融资担保机制，降低银行信贷风险。支持粮食企业通过发行短期融资券等非金融企业债务融资工具筹集资金，支持符合条件的粮食企业上市融资或在新三板挂牌，以及发行公司债券、企业债券和并购重组等。引导粮食企业合理利用农产品期货市场管理价格风险。在做好风险防范的前提下，积极开展企业厂房抵押和存单、订单、应收账款质押等融资业务，创新“信贷 + 保险”、产业链金融等多种服务模式。鼓励和支持保险机构为粮食企业开展对外贸易和“走出去”提供保险服务。（人行郑州中心支行、河南银监局、证监局、保监局、省财政厅、商务厅、粮食局、农发行河南省分行等负责）

（二十二）落实用地用电等优惠政策。在土地利用年度计划中，对粮食产业发展重点项目用地予以统筹安排和重点支持。支持和加快国有粮食企业依法依规将划拨用地转变为出让用地，增强企业融资功能。改制重组后的粮食企业可依法处置土地资产，用于企业改革发展和解决历史遗留问题。落实粮食初加工用电执行农业生产用电价格政策。（省国土资源厅、发展改革委、财政厅、粮食局等负责）

（二十三）加强组织领导。各级政府要高度重视粮食产业经济发展，因地制宜制定推进本地粮食产业经济发展的实施意见、规划或方案，建立健全相应工作机制，明确职责分工，加强统筹协调。要把粮食产业经济纳入经济社会发展总规划，精心部署，积极推进。要加大粮食产业经济发展实绩在粮食安全市（县）长责任制考核中的权重，强化相关考核工作。要结合精准扶贫、精准脱贫要求，大力开展粮食产业扶贫。粮食部门负责协调推进粮食产业经济发展有关工作，推动产业园区建设，加强粮食产业经济运行监测。发展改革、财政部门要强化对重大政策、重大工程和重大项目的支持，发挥财政投入的引导作用，撬动更多社会资本投入粮食产业。各相关部门要根据职责分工抓紧完善配套措施和部门协作机制，发挥粮食等相关行业协会商会在标准、信息、人才、机制等方面的作用，密切配合，形成合力，共同推动全省粮食产业经济发展。（各级政府和省粮食局、发展改革委、财政厅、农业厅、商务厅、国土资源厅、税务局、科技厅、交通运输厅等负责）

河南省人民政府办公厅

2018 年 8 月 1 日

湖北省人民政府办公厅关于大力发展粮食产业经济的实施意见

鄂政办发〔2018〕7 号

各市、州、县人民政府，省政府各部门：

为贯彻落实《国务院办公厅关于加快推进农业供给侧结构性改革大力发展粮食产业经济的意见》（国办发〔2017〕78 号）精神，经省人民政府同意，现结合实际提出以下实施意见。

一、总体要求

（一）指导思想。深入贯彻党的十九大精神，以习近平新时代中国特色社会主义思想为指导，坚持新发展理念，全面落实国家粮食安全战略，加快推进粮食供给侧结构性改革，大力实施“优质粮食工程”，推动粮食产业创新发展、转型升级和提质增效，构建更高层次、更高质量、更有效率、更可持续的粮食安全保障体系，为实施乡村振兴战略、全面建成社会主义现代化强省提供强大的产业支撑和安全保障。

（二）主要目标。到 2020 年，全省初步建成优势和特色明显的新时代粮食产业体系，产业发展的质量和效益显著提升。全省粮油优质品率提升 30% 以上；粮油产业增加值年均增长 10% 左右，粮食加工转化率达到 90%；打造 10 个左右年销售收入过 100 亿元的区域粮油产业园区（集群），3 家左右年加工能力过 100 万吨、年销售收入过 100 亿元的粮油加工企业，大型粮食产业化龙头企业和粮食产业园区（集群）辐射带动能力持续增强；粮食科技创新能力和粮食质量安全保障能力明显提升。

二、主要任务

（三）做强做大粮食产业化龙头企业。以优势企业、优势品牌、优势品种为依托，推动区域性粮油加工企业兼并重组。支持创建“中国好粮油”和“荆楚好粮油”示范企业。扶持和认定一批具有核心竞争力和行业带动力的国家和省级粮食产业化重点龙头企业。引导支持龙头企业通过土地流转等多种方式，与新型粮食经营主体和农户构建稳固的利益联结机制。完善龙头企业参与地方粮食储备机制。（省粮食局、省发展改革委、省农业厅、省财政厅、省工商局、省质监局等负责）

（四）推动国有粮食企业转型发展。适应国家粮食收储制度改革需要，着力深化国有粮食收储企业改革。支持有条件的企业发展混合所有制经济。深化军粮供应体制改革，推动军民融合深度发展。统筹利用国有粮食仓储设施，通过联营、融资等形式放大国有资本功能，多渠道开发现有国有粮食企业仓储设施用途。构建“产购储加销”协作机制，做强做优做大一批竞争力和控制力强的骨干国有粮食企业。（省粮食局、省国土资源厅、省财政厅、省国资委等负责）

（五）支持多元主体协同发展。健全统一、开放、竞争、有序的粮食市场体系。培育壮大农民专业合作社、种粮大户、家庭农场等新型粮食经营主体。支持符合条件的多元主体参与“优质粮食工程”建设和“放心粮油”市场体系建设。发挥龙头企业示范带动作用，大力培育发展跨区域、跨所有制的粮食产业化联合体和产业联盟。鼓励通过产权置换、股权转让、品牌整合、兼并重组等方式，实现粮食产业资源优化配置。（省发展改革委、省粮食局、省经信委、省财政厅、省农业厅、省工商局等负责）

（六）推动粮食一二三产业融合发展。结合粮食生产功能区、重要农产品生产保护区和特色农产品优势区建设，加强高标准农田和水利建设，大力发展高效节水灌溉；发展“产购储加销”一体化模式，延长产业链、提升价值链、完善利益链。支持引导粮油加工龙头企业自主建立优质粮油生产基地，与新型粮食经营主体开展产销对接和协作；建设物流营销和服务网络，实现粮源基地化、加工规模化、产品优质化、服务多样化。（省发展改革委、省粮食局、省农业厅、省国土资源厅、省水利厅、省财政厅等负责）

（七）推动粮食产业集聚和园区建设。依托粮食主产区、特色粮油产区和关键粮食物流节点，优化产业布局，打造优势粮食产业集群，支持建设现代粮食产业发展示范园区（基地）。对接国家“长江经济带”发展战略，在长江、汉江沿线稻谷和“双低”油菜籽主产区，打造稻谷和油脂精深加工产业集群；沿汉（武汉）十（十堰）高速公路走廊，打造优质小麦精深加工产业集群；在西部山区，打造具有地域特色的杂粮精深加工产业集群；在恩施州和江汉平原，打造富硒粮食产业集群；在传统畜禽、水产养殖主产区打造饲料加工产业集群；在武汉城市圈及区域中心城市，打造食品加工及综合利用产业集群，实施一批高标准油料生产基地建设项目。支持企业与主销区在建设粮源基地、仓储物流设施、营销网络、异地储备等多方面开展深度合作。（省发展改革委、省粮食局、省农业厅、省经信委、省财政厅、省商务厅、武汉铁路局等负责）

（八）发展粮食生态循环经济。推广应用新技术、新装备、新工艺、新生产模式，推动粮油加工向保健、化工、医药、生物等领域拓展。鼓励支持粮食企业探索多途径实现粮油副产物循环、全值和梯次利用，提高粮食综合利用率和产品附加值。构建绿色粮食产业体系。鼓励粮食企业建立绿色、低碳、环保的循环经济系统，降低单位产品能耗和物耗水平。推广稻壳发电、生物柴油等新能源项目，增加专用米、专用粉、专用油等粮油产品的有效供给，大力开展米糠、碎米、麦麸等副产物综合利用示范。（省发展改革委、省粮食局、省经信委、省农业厅等负责）

（九）积极发展新业态。推进“互联网＋粮食”行动，发展粮食电子商务，推广“网上粮店”等新型粮食零售业态，促进线上线下融合。鼓励、支持建设区域性、信息化粮油批发市场。完善省级粮食电子交易平台，拓展商品粮竞价交易、物流运输、金融服务等功能。支持爱粮节粮宣传教育基地和粮食文化展示基地建设，鼓励发展粮食产业观光、体验式消费等新业态。（省粮食局、省发展改革委、省经信委、省财政厅、省农业厅、省商务厅、省旅游委等负责）

（十）增加绿色优质粮油产品供给。大力实施“优质粮食工程”，以市场需求为导向，大力推广优良品种，支持稻田综合种养、再生稻、有机粮油等绿色生产方式，发展优质稻、富硒粮食、“双低”油菜、稻米油、杂粮等优势特色粮油规模化、标准化、专业化生产。增加绿色有机和多元化、个性化产品供给，指导有条件的县（市、区）主推2~3个优质粮油品种，实行集中连片种植、规模化经营。建立优质优价粮食生产和分类收储、加工及销售机制。实施“荆楚好粮油”行动计划。加快发展杂粮、木本油料等特色产品。发展安全环保饲料产品。（省粮食局、省农业厅、省财政厅、省发展改革委、省经信委、省工商局、省质监局、省林业厅、省卫计委等负责）

（十一）大力推进主食产业化。支持推进米面、玉米、杂粮及薯类主食制品的工业化生产、社会化供应等产业化经营方式，大力发展方便食品、速冻食品。依托“放心粮油”供应网点、连锁超市、社区食堂及餐饮门店，开展主食产业化示范工程建设，认定扶持一批放心主食示范单位，推广“生产基地+中央厨房+餐饮门店”“生产基地+加工企业+商超销售”“作坊置换+联合发展”等新模式。保护并挖掘传统主食产品，鼓励开发营养、保健主食产品，增加花色品种。鼓励和支持主食产品与其他食品融合创新。（省粮食局、省经信委、省财政厅、省农业厅、省商务厅、省工商局等负责）

（十二）打响“荆楚大地”公共品牌。培育打造“湖北粮、荆楚味”地域品牌，全方位、多途径加大“荆楚大地”粮油公共品牌宣传，建立共享机制，促进品牌整合，提高湖北粮油品牌在全国市场的知名度和美誉度。健全“放心粮油”利益联结和市场化运作机制，做大做强“放心粮油”省级龙头企业。支持有条件的企业加强与“一带一路”沿线国家在农业投资、贸易、科技、产能、粮机装备等领域的合作。坚持办好“荆楚大地——湖北粮油精品展示交易会”。加强绿色优质粮食品牌评价标准体系建设，建立粮食产业企业标准领跑者激励机制，大力发展“三品一标”粮食产品。加大粮食产品知识产权保护力度，严厉打击制售假冒伪劣产品行为。加强粮食行业信用体系建设。（省粮食局、省发展改革委、省经信委、省农业厅、省卫计委、省工商局、省质监局、省知识产权局等负责）

（十三）健全粮食质量安全保障体系。支持省粮油食品质量监督检测中心建成国家粮食质量安全检测区域中心，建立省、市、县粮食质检机构和国有粮食收储企业化验室四级联动的粮食质量安全检验监测体系。引导和支持企业制订新产品企业标准，加快制订地方标准和团体标准，以及具有地域特色的地理标志粮油产品标准、相关检测方法标准。探索建立粮食质量安全追溯体系和平台，进一步健全质量安全监管衔接协作机制，建立进口粮食疫情监测和联防联控机制。深入开展农产品反走私综合治理，实施专项打击行动。（省粮食局、省食药监局、省农业厅、省卫计委、省质监局、武汉海关、湖北出入境检验检疫局等负责）

（十四）完善现代粮食仓储物流体系。引进社会资本和专业力量，加强粮食物流基础设施和应急供应体系建设，着力推进重要物流节点建设。鼓励产销区企业通过合资、重组等方式组成联合体，提高粮食物流组织化水平。加快粮食物流与信息化融合发展，促进粮食物流信息共享，提高物流效率。推动粮食物流标准化建设，推广原粮物流“四散化”（散储、散运、散装、散卸）、集装化、标准化，推动成品粮物流托盘等标准化装载单元器具的循环共用，带动粮食物流上下游设施设备及包装标准化水平提升。依托公路路网、铁路和水运通道，发展多式联运。加强准低温（低温）库升级改造。整合仓储设施资源，支持建设一批专业化市场化粮食产后服务中心。（省发展改革委、省粮食局、省交通运输厅、武汉铁路局等负责）

（十五）提升粮油机械制造优势。落实“中国制造 2025 湖北行动纲要”，发展高效节粮节能成套粮油加工装备，提高关键粮油机械及仪器设备制造水平和自主创新能力。重点研发生产新型稻谷加工机组、大规模碾米设备、糙米调质设备及色选机等关键设备、大型油脂加工关键核心装备、植物油精炼智能化装备和粮食收储、干燥设备，支持重点地区打造“湖北粮机制造”产业集群。（省粮食局、省经信委、省发展改革委、省科技厅、省农业厅、省财政厅等负责）

（十六）强化科技创新驱动和人才支撑。深入实施“科技兴粮”“人才兴粮”。鼓励和支持高校、科研机构与企业共同设立研发基金、实验室、成果推广工作站，加快培育一批创新型粮食领军企业，培养一批粮食产业技术专家。加大对营养健康、质量安全、节粮减损、加工转化、现代物流、“智慧粮食”及不合格粮食处理技术等领域相关基础研究和急需关键技术研发的支持力度，推进信息、生物、新工艺、新材料等高新技术在粮食产业中的应用。建立粮食科技成果转化信息服务及合作平台，推动科技成果产业化。推进粮食科技成果集成示范基地、科技协同创新共同体和技术创新联盟建设，促进科技资源开放共享。支持发展粮食高等教育和职业教育，加快培养行业短缺实用型人才。加强粮食产业职业技能培训，培育“粮工巧匠”。（省科技厅、省粮食局、省质监局、省人社厅、省教育厅等负责）

三、保障措施

（十七）加强组织领导。各级人民政府要高度重视粮食产业经济发展，深化“放管服”改革，因地制宜制定推进本地粮食产业经济发展的实施意见、规划或方案。加大粮食产业经济发展实绩在粮食安全行政首长责任制考核中的权重。结合精准扶贫、精准脱贫要求，大力开展粮食产业扶贫。粮食部门负责协调推进粮食产业发展有关工作，牵头建立部门协作机制，加强粮食产业经济运行监测和指导。发展改革、财政部门强化对重大政策、重大工程和重大项目的支持，引导和撬动更多社会资本投入粮食产业。发挥粮食等相关行业协会商会在标准、信息、人才、机制等方面的助推作用。（各级人民政府，省发展改革委、省粮食局、省财政

厅、省农业厅、省扶贫办等负责）

（十八）加大财税扶持力度。充分利用好现有资金渠道，支持粮食仓储物流设施、国家现代粮食产业发展示范园区（基地）建设和粮食产业转型升级。统筹利用商品粮大省奖励资金、产粮产油大县奖励资金、粮食流通产业发展资金、粮食风险基金等支持粮食产业发展。充分发挥财政资金引导功能，积极引导金融资本、社会资本加大对粮食产业的投入。新型农业经营主体购置仓储、烘干设备，可按规定享受农机具购置补贴。落实粮食加工企业从事农产品初加工所得按规定免征企业所得税政策和国家简并增值税税率有关政策。承担地方粮食储备任务的企业，按照有关规定享受税收优惠政策。（省财政厅、省发展改革委、省国税局、省地税局、省粮食局等负责）

（十九）健全金融保险支持政策。拓宽企业融资渠道，为粮食产业发展提供多元化金融服务。政策性、商业性金融机构要结合职能定位和业务范围，加大对粮食产业发展的信贷支持。各级人民政府要加大政策支持和协调力度，统筹发挥各级产业基金和融资担保机构作用，壮大实力，强化服务功能，将粮食产业发展所需资金纳入业务支持范围。建立健全粮食收购贷款信用保证基金融资担保机制，降低银行信贷风险。支持粮食企业通过发行短期融资券等非金融企业债务融资工具筹集资金，培育一批有竞争力的粮食企业上市融资或在新三板挂牌，以及发行公司债券、企业债券和并购重组等。引导粮食企业合理利用农产品期货市场管理价格风险。稳妥开展企业厂房抵押和存单、订单、应收账款质押等融资业务，支持粮食企业利用现有及将有的生产设备、原材料、半成品、产品抵押进行融资，创新“信贷+保险”、产业链金融等多种服务模式。鼓励和支持保险机构为粮食企业开展对外贸易和“走出去”提供保险服务。（中国人民银行武汉分行、湖北银监局、湖北证监局、湖北保监局、省财政厅、省商务厅、省粮食局、省工商局、中国农业发展银行湖北省分行等负责）

（二十）落实用地用电等优惠政策。在土地利用年度计划中，对粮食产业发展重点项目用地予以统筹安排和重点支持。支持和加快国有粮食企业依法依规将划拨用地转变为出让用地。改制重组后的粮食企业，可依法处置土地资产，用于企业改革发展和解决历史遗留问题。落实粮食初加工用电执行农业生产用电价格政策。（省国土资源厅、省发展改革委、省粮食局、省物价局等负责）

湖北省人民政府办公厅

2018 年 2 月 6 日

湖南省人民政府办公厅关于加快推进粮食产业经济发展的实施意见

湘政办发〔2018〕63号

各市州、县市区人民政府，省政府各厅委、各直属机构：

为满足人民群众日益增长的优质粮食产品消费需求，构建更高层次、更高质量、更有效率、更可持续粮食安全保障体系，进一步推动农民增收、农业增效和粮食产业优化升级，根据《国务院办公厅关于加快推进农业供给侧结构性改革大力发展粮食产业经济的意见》（国办发〔2017〕78号）精神，经省人民政府同意，现就加快推进我省粮食产业经济发展提出如下实施意见：

一、指导思想

全面贯彻党的十九大和十九届二中、三中全会精神，以习近平新时代中国特色社会主义思想为指导，加快推进农业供给侧结构性改革，着力增加绿色优质粮食产品供给，促进粮食一二三产业融合发展，构建现代粮食产业发展体系，实现粮食产业经济创新发展、转型升级和提质增效，全面提升我省粮食产业竞争力，促进农民持续增收，满足居民消费升级需求。

二、发展目标

全面推进“优质粮油工程”和粮食产业扶大扶强扶优扶特扶品牌“五

扶”工程，培育壮大粮食产业主体。构建适应粮食产业发展的技术体系和粮食收储制度改革和农业适度规模经营需要的粮食产后服务体系、以骨干龙头企业为支撑的现代粮食产业发展体系和现代粮食物流体系，增强粮食产业经济发展后劲。坚持品牌建设、科技创新、融合发展和企业改革，创新粮食产业经济发展方式。突出地域特色、绿色优质带动、精深加工、循环利用、产业集聚，加快推进粮食产业经济转型升级。力争到2022年，全省粮食产业新增1000亿元产值，建成湖南现代粮食产业发展体系，全省粮食优质品率突破85%，优质粮食产品市场占有率突破70%，粮食加工转化率达到90%，主食品工业化率提高到30%以上，确保种粮农民增收增效。

三、主要任务

（一）着力打造品牌。通过组建产业联盟、加强标准化建设、创建“中国好粮油”产品、利用展示展销促进粮食产品外销等手段，集中打造优质粮食知名区域性公用品牌、企业品牌、产品品牌，推动粮食产业迈向高质量发展阶段。对照湖南省“一县一特”主导特色产业发展指导目录，每年从13个特色粮食产业中重点选择扶持不少于一个，支持开展“三品一标”认证，培育成区域公用品牌和主导特色产业品牌。支持有实力的粮食企业打造知名品牌，争创名牌产品。到2022年，全省粮食产业打造6~8个区域粮食公用品牌，培育20个左右在全国粮食市场享有知名度的企业品牌，形成30~50个全国闻名的粮食产品品牌。（责任单位：省粮食局、省农委、省林业厅）

（二）实施“优质粮油工程”。依靠财政引导资金，实施以“好粮油”行动计划为主要内容的“优质粮油工程”，推动建设10个“好粮油”行动计划示范县，支持建设一批构建现代粮食产业发展体系重点支持县，培育3~5家享誉全国的“好粮油”省级重点示范企业，调动各地争创“中国好粮油”产品的积极性，实现“好粮油”行动计划在全省优势粮食产区全覆盖，全省粮食优质品率年均提高5%左右，优质粮食产品市场占有

率年均提高7%左右，粮食产业增加值年均增长10%左右。（责任单位：省粮食局、省财政厅）

（三）培育龙头企业。以“五扶”工程为抓手，在全省筛选并扶持一批发展起点高、品牌影响大、创新能力强、产业融合好、经营机制活、改革发展快、市场认可度高的优质粮食产业化龙头企业，壮大粮食产业经济发展的主体。力争到2022年，全省主营业务销售收入过亿元的粮食食品加工企业数量达到400家，其中过5亿的超过70家，过10亿的超过40家，过20亿的超过20家，过百亿的超过3家，全省粮食品加工企业新增加一批各类上市公司。粮食产业化龙头企业和粮食产业集群辐射带动能力持续增强。（责任单位：省粮食局、省财政厅、省政府金融办）

（四）推动产业联盟组建。针对粮食产业“小散弱低”状况，遵循市场原则，依靠科技创新，实施品牌战略，有序推进茶油产业、挂面产业、菜油产业、米粉产业、杂粮产业、优质大米产业等联盟的组建工作，创新粮食产业经济发展新模式。（责任单位：省粮食局、省发改委、省农委、省林业厅）

（五）发展产业物流园区。整合资源，引导、支持建设一批技术水准高、产业链完整、物流发达的现代粮食产业及物流示范园区，提高粮食产业集聚度。其中市级园区年产值不低于20亿元，省级园区年产值不低于40亿元，国家级园区年产值不低于100亿元。（责任单位：省粮食局、省发改委、省农委、省林业厅）

（六）培育新的发展动能。全力打造产购储加销一体化经营的粮食加工优势产业链，做强做优湖南粮食产业经济。以优质骨干龙头企业为依托，以核心技术和关键产品为中心，以建立现代企业制度为动力，发挥粮食科技创新的引领作用，提升粮食种业自主创新能力，强化粮食加工装备制造，突破粮食加工关键技术瓶颈，发展农业高新技术。集中优势资源，打破所有制界限，按照产购储加销一体化经营模式，重点打造和扶持产值年均增速在20%以上的稻谷精深加工与循环利用、面制食品、大宗油脂油料精深加工、茶油精深加工、绿色优质大米、湖南特色主食、香油加工等7个现代粮食加工优势产业链。深入推进一二三产业融合，坚持全产业链打造粮食产业，瞄准目标市场需求，依靠龙头企业示范带动作用，优化优质粮食规模生产基地布局，建设稳定的优质粮食生产基地，形成相对稳定的供求关系。支持粮食企业以全产业链提升价值链。向上游以定向投入、专项服务等方式对接新型农业经营主体，向下游延伸建设包括线上线下的现代营销和服务网络，实现粮源基地化、产销市场化、加工规模化、产品优质化、服务多样化，着力打造优质绿色粮食产品现代供应链。（责任单位：省粮食局、省科技厅、省农委、省林业厅）

（七）发展精深加工。依靠科技创新，推动粮食加工逐步由初级产品向高端产品、特色产品、专用产品、功能性产品转变，满足多样化、个性化、定制化的消费需求。重点增加专用米及制品、专用油、功能性稻米等食品以及保健、化工、医药等方面对粮食产品的有效供给。加大粮食精深加工转化及技术改造扶持力度，倒逼落后加工产能退出。（责任单位：省粮食局、省科技厅、省农委、省林业厅）

（八）推广绿色发展模式。推广绿色、生态、循环粮食产业发展模式，提高粮食产品及副产物综合利用率和产品附加值。以绿色粮源、绿色仓储、绿色工厂为重点，加快构建绿色粮食产业体系，发展绿色、低碳、环保循环产业系统，降低单位产品能耗和物耗水平。（责任单位：省粮食局、省农委、省环保厅、省林业厅）

（九）完善质检体系。建立省、市、县三级相互联动、功能互补的粮食质量安全检验和质量风险监测体系，切实维护流通环节粮食质量安全。在巩固现有1个省级、14个市级粮油质量检测机构的基础上，以产粮大县和人口大县为重点，支持建设具有粮油质量检测能力的县级机构，配置相应粮油产品质量检验监测仪器设备，明确机构职能职责，提升对粮食流通各环节产品质量安全的监管和检测水平，为实现粮食收购的“优质优价”和打造优质粮食产业提供支持。（责任单位：省粮食局、省质监局）

（十）推进主食产业化。着力推进以传统蒸煮米面制品和地方风味食品为代表的主食产业化进程，构建具有地域特色的现代化主食产业体系。

积极推进米、面、杂粮及薯类等主食制品工业化生产、社会化供应等产业化经营方式，大力发展方便食品、速冻食品、休闲食品，形成一批冷冻冷藏、物流配送、连锁专卖为一体的较为完善的主食供应网络，培育一批具有湖湘特色的主食生产供应优质品牌，不断创新经营方式，全面提升主食产业化发展水平。（责任单位：省粮食局、省农委）

（十一）建设粮食产后服务体系。通过整合盘活粮食流通领域的现有资源，支持鼓励粮食生产合作社、有实力的种粮大户或粮食经纪人、基层粮食收储企业、粮食产业化龙头企业等，在全省产粮大县推动建设500～600个功能齐备、服务优良、快捷方便、经济实惠、持续运营并为种粮农民、合作社等新型农业经营主体服务的粮食产后服务中心，为农户粮食收获后提供良好的服务保障。（责任单位：省粮食局、省农委）

（十二）强化科技支撑。进一步加强粮食产业科技攻关，加快培育适应农机农艺结合、轻简栽培的优良品种和关键环节技术的研发集成，加强水稻、旱粮产业技术体系建设，加速推进油料作物产业技术体系建设，构建以产业需求为导向，与高质量发展要求相适应，与国家粮食产业技术体系相衔接的涵盖产前、产中、产后全过程的省级粮食产业技术体系，为粮食产业发展提供科技支撑。（责任单位：省农委、省粮食局，省财政厅、省科技厅）

四、保障措施

（一）加强组织领导。全省加快推进粮食产业经济发展工作在省人民政府的领导下积极开展，省直相关部门按照责任分工和时限要求抓好落实，粮食部门负责协调推进有关工作。各市州、县市区人民政府要切实加强本地区粮食产业经济发展工作的组织领导，并纳入当地经济社会发展和农业产业规划，统筹协调、系统推进。（责任单位：省粮食局）

（二）加大资金支持。各级财政统筹利用商品粮大省奖励资金、产粮产油大县奖励资金、粮食风险基金等支持粮食产业发展，加大粮油千亿产业专项资金支持力度，通过财政资金的引导作用，积极引导金融资本、社会资本加大对粮食产业的投入。各级政府要建立稳定增长的财政投入机制，统筹安排好各级支持粮食产业发展的资金。（责任单位：省粮食局、省财政厅、省政府金融办）

（三）提供优质服务。各级各有关部门要优化对粮食产业经济主体的服务，主动为粮食企业的发展排忧解难。尤其要在规划引领、政策帮扶、企业减负、环境营造、信贷支持、用地及土地资产置换、减免税政策落实等方面给予有力度、见实效的帮助，为粮食产业经济的转型发展创造良好政策环境。（责任单位：省粮食局、省发改委、省经信委、省政府金融办、人民银行长沙中心支行、省农发行、省国土资源厅、省税务局）

（四）加大宣传推介。各级政府要协调有关部门，充分利用省内各类媒体资源，宣传推介湖南“好粮油”，助力“优质粮油工程”的实施，唱响“湘”字号系列粮油品牌。（责任单位：省粮食局、省新闻出版广电局、湖南广播电视台）

（五）严格考核评价。严格各地发展粮食产业经济的督导考核与评价工作，压实工作责任。从2018年开始，将加强对各地粮食产业经济发展的绩效考核，加大粮食产业经济发展实绩在粮食安全省长责任制考核中的权重。（责任单位：省粮食局、省人力资源社会保障厅）

湖南省人民政府办公厅

2018年10月16日

广东省人民政府办公厅关于加快推进农业供给侧结构性改革大力发展粮食产业经济的实施意见

各地级以上市人民政府，各县（市、区）人民政府，省政府各部门、各直属机构：

为贯彻落实《国务院办公厅关于加快推进农业供给侧结构性改革大力发展粮食产业经济的意见》（国办发〔2017〕78 号）精神，夯实我省粮食安全保障的产业基础，经省人民政府同意，结合我省实际，现提出如下意见：

一、总体要求

以习近平新时代中国特色社会主义思想为指导，全面贯彻党的十九大和十九届二中、三中全会精神，深入贯彻习近平总书记重要讲话精神，认真落实党中央、国务院和省委、省政府关于推进农业供给侧结构性改革的决策部署，以促进粮食产业加快转型升级、增加绿色优质粮食产品供给、保障粮食质量安全和提升粮食供给保障能力为重点，大力实施优质粮食工程，进一步提高粮食产品质量，优化品种结构，提升服务水平，改进发展模式，促进粮食供需高水平平衡，完善动态开放、稳健可靠、运转高效、调控有力的粮食安全保障体系。

到 2020 年，全省粮食产业转型升级成效明显，现代粮食市场体系进一步完善，产业发展质量和效益明显提升，更好地保障全省粮食安全和带动农民增收。粮食产业总产值年均增长5%以上，主营业务收入超过20亿元的粮食企业数量达到20家以上；形成大型粮食产业化园区4个。大型粮食产业化龙头企业和粮食产业集群辐射带动能力持续增强，粮食龙头企业跨区域经营取得突破，粮食科技创新能力和粮食质量安全保障能力进一步提升。

二、做强做大粮食产业主体

（一）充分发挥国有粮食企业的骨干作用。深化国有粮食企业改革，发展混合所有制经济，引导非国有资本参与国有粮食企业改革，推进战略性重组，促进国有资产保值增值，增强发展活力。加快转换经营机制，增强市场化经营能力和产业经济发展活力。鼓励国有粮食企业主动适应和引领粮食产业转型升级，优化运营模式，延伸产业链条，推进规模化经营。（省粮食局、国资委等负责）

（二）培育壮大粮食产业化龙头企业。推动粮食企业联合发展，做大做强粮食产业。鼓励支持粮食企业积极申报农业产业化国家重点龙头企业，引导支持龙头企业“走出去”“引进来”，通过“订单农业”“生产基地”等形式与农村新型经营主体结成利益共同体。引导符合条件的龙头企业积极参与承担政策性粮食收储业务。（省农业厅、粮食局，省储备粮管理总公司，农发行省分行等负责）

（三）支持多元主体协同发展。鼓励多元主体开展多种形式的合作与融合，大力培育和发展粮食产业化联合体。引导多元主体积极参与地方储备、粮食仓储物流设施建设、产后服务体系建设。（省发展改革委、财政厅、农业厅、粮食局等负责）

三、创新粮食产业发展方式

（四）促进全产业链发展。鼓励粮食企业大力实施“订单农业”，根据企业自身经营和加工需要，采用基地共建、订单收购等方式，优先在省内粮油产区建立稳定的优质粮油原料基地，积极建设省外粮油原料基地。在与黑龙江省粮食对口合作关系框架下，积极引入大米等优质农产品，进一步改善我省粮食供给结构。推广绿色无公害种植技术，探索“公司＋产区收粮单位＋农户”的合作经营模式，打造“从田园到餐桌”的全产业链。推广粮油产品二维码溯源系统，推动建立从生产、收购、储存、运输、加工到销售的全过程质量追溯体系。（省发展改革委、粮食局、农业厅等负责）

（五）推动产业集聚发展。建设具备多种功能的粮食产业化园区，引导粮食产业集聚化发展，提升粮食产业集约化、规模化水平，促进粮食产业经济转型升级和提质增效。鼓励各地依托粮食储备基地、物流园区、加工集聚区、中心批发市场等，推动粮食产业化园区扩容提质。积极推进粮食加工业结构调整，有序发展粮食精深加工产业，打造若干个有影响力的粮食加工产业基地和园区。在重要粮食物流节点和粮食消费集中区域，形成若干个大型现代粮食产业集聚园区，重点建设东莞深粮粮食物流产业园、广州市粮食储备加工中心、省储备粮东莞直属库、珠海高栏港中海粮油物流及深加工、汕头粤东粮食产业一体化项目、佛山顺德粮食产业园等项目，加快发展东莞麻涌粮油物流加工集聚区。（省发展改革委、粮食局、财政厅等负责）

（六）发展粮食循环经济。注重上下游产品配套衔接，推动一二三产业融合，推广应用新技术、新装备、新工艺、新生产模式，推动粮油加工向保健、化工、医药、生物等领域拓展。鼓励支持粮食企业探索多途径实现粮油副产物循环、全值和梯次利用，提高粮食综合利用率和产品附加值。推广“仓顶阳光工厂”、新能源项目，大力开展米糠、碎米、麦麸、麦胚、玉米芯等副产物综合利用示范。（省发展改革委、粮食局、农业厅等负责）

（七）积极发展新业态。推进“互联网＋粮食”行动，发展粮食电子商务，推广网上粮店、无人粮店、自动售粮机等新型粮食零售业态，促进线上线下融合。支持建设区域性、信息化粮油批发市场。加大粮食文化资源的保护和开发利用力度，支持爱粮节粮宣传教育基地和粮食文化展示基地建设，鼓励发展粮食产业观光、体验式消费等新业态。（省粮

食局、发展改革委、财政厅、农业厅等负责）

（八）发挥品牌引领作用。培育打造地域品牌，通过质量提升、自主创新及广东优质丝苗米区域品牌创建、特色产品认定等，培育一批具有自主知识产权和较强市场竞争力的全国性粮食名牌产品。加强绿色优质粮食品牌评价标准体系建设，建立粮食产业企业标准领跑者激励机制，大力发展“三品一标”（无公害农产品、绿色食品、有机农产品和农产品地理标志）粮食产品。加大粮食产品知识产权保护力度，严厉打击制售假冒伪劣产品行为。加强粮食行业信用体系建设。（省粮食局、发展改革委、农业厅、工商局等负责）

四、加快粮食产业转型升级

（九）增加绿色优质粮油产品供给。大力推进优质粮食工程建设，以市场需求为导向，增加绿色有机和多元化、个性化产品供给，积极推广优良品种，发展优质稻、稻米油等特色粮油生产。按照国家部署，扎实推进实施“中国好粮油”行动计划，增加绿色优质粮油产品供应。坚持市场配置、政府引导、企业运作原则，充分挖掘和发挥粮食产业发展潜力，进一步提升优质粮食品种的生产能力，培育引进优良品种，扩大种植面积，提高优质粮油产量，促进粮食种植结构和品种结构调整。推动粮油精深加工发展，加快构建现代化粮食产业体系。积极采购国内优质粮源，着力为消费者提供品种丰富、质量优良的绿色粮油产品。发挥饲料大省优势，发展安全环保饲料产品。（省粮食局、农业厅负责）

（十）大力促进主食产业化。充分挖掘和发挥各地主食产业发展潜力，建立健全多元化、多层次、适应居民消费新需求的现代化主食产业体系。着力培育一批日生产能力200吨以上的大型主食生产企业，增强优质米、面制主食加工能力。广州、深圳、东莞等市要依托特有的区位、人口和资本优势，形成品种齐全、功能完备、规模化的主食产业体系，推动珠三角主食产业集聚发展；梅州、河源市要依靠山区良好的生产基地和生态环境，打造具有高附加值的客家主食产业集聚区；汕头、潮州市要发挥传统的潮汕饮食文化优势，打造现代化的潮汕风味主食产业集聚区；湛江、茂名市要结合特色现代农业示范区建设，建设主食加工集聚区。（相关地级以上市人民政府，省粮食局、财政厅、农业厅、工商局等负责）

（十一）统筹利用粮食仓储设施资源。有效盘活现有的粮食仓储设施，扩展粮食仓储服务范围，多渠道开发现有仓储设施用途。国有粮食企业仓储设施要通过参股、控股、融资等多种形式，放大国有资本功能，为新型农业经营主体和农户提供粮食产后服务，为加工企业提供仓储保管服务，为“互联网＋粮食”经营模式提供交割仓服务，为城乡居民提供粮食配送服务。（省粮食局、发展改革委、国资委等负责）

五、强化粮食科技创新和人才支撑

（十二）大力推进行业科技创新。根据国家关于用3年左右时间基本实现中央和地方粮食储备管理现代化的要求，加快粮食行业信息化发展，抓住机遇做好粮库智能化升级改造工作。加快推进粮食仓储设施现代化、信息化建设，加快省级粮食管理信息平台建设，提高粮食流通管理效率，满足粮食资源高效流转需求，为市县各级粮食储备管理信息化建设提供统一载体。（省粮食局、发展改革委、财政厅、科技厅负责）

（十三）加强粮食专业人才队伍建设。落实《全国粮食行业中长期人才发展规划纲要（2011—2020年）》，健全人才保障机制，实施“人才兴粮工程”，全面提高我省粮食行业人才队伍素质。支持企业加强与科研机构、高校合作，创新人才引进机制，搭建专业技术人才创新创业平台，遴选和培养一批粮食产业技术体系专家，凝聚高水平领军人才和创新团队为粮食产业服务。加强职业技能培训，举办职业技能竞赛活动，培育“粮工巧匠”，提升粮食行业职工的技能水平。（省粮食局、人力资源社会保障厅等负责）

六、夯实粮食产业发展基础

（十四）建设粮食产后服务体系。制定开展粮食产后服务体系试点探索，编印粮食产后服务体系建设指导意见和实施方案，组织做好项目申报工作，积极争取国家竞争性补助资金支持，建设一批专业化、市场化的粮食产后服务中心，为农户提供粮食“五代”（代清理、代干燥、代储存、代加工、代销售）服务，促进粮食提质减损和农民增收。（省粮食局、发展改革委、财政厅等负责）

（十五）大力发展现代粮食物流。推进“北粮南运”物流节点建设，改善散粮运输设施，发展内河散粮船舶运输，推动散粮集装箱公铁联运发展，实现多种联运方式无缝化连接，建立便捷、高效、节约的粮食现代物流体系。配合国家做好公、铁、水多种联运方式物流衔接技术的研发应用，加快推广专用散粮汽车、内河船舶等新型专用运输工具和散粮、成品粮集装箱（袋）等集装单元化运输装备及配套专用装卸装备技术；着力发展钢板筒仓等新型中转仓型以及高大平房仓、浅圆仓散粮进出仓设备。加强粮食物流信息管理等新技术研发，充分利用物联网信息技术，积极推进粮食物流环节自动监测、优化调度和智能追溯等技术应用。在粮食物流与加工集聚地区，结合粮食物流节点建设，形成一批集粮食仓储、运输、检验、交易、加工、配送、信息等现代物流服务功能和技术手段于一体的大型粮食物流园区。（省发展改革委、粮食局、交通厅、科技厅，广东海事局等负责）

（十六）推进粮食质量安全检验监测体系建设。以“机构成网络、监测全覆盖、监管无盲区”为目标，积极推进粮食质量检验机构建设，形成以省级为骨干、以市级为支撑、以县级为基础的公益性粮食质量监测体系。加强对农药残留、真菌毒素、重金属超标粮食的监测预警，严防发生区域性、系统性粮食质量安全风险，加强粮食流通市场质量监测监管，禁止不符合食品安全标准的粮食进入口粮市场。建立超标粮食处置长效机制。（省粮食局、食品药品监管局等负责）

七、完善保障措施

（十七）落实资金、土地等扶持政策。充分利用好现有资金渠道，支持粮食仓储物流设施、粮食产业化园区建设和粮食产业转型升级，支持企业开展技术改造、新产品研发、品牌培育和粮源基地建设。统筹利用粮食风险基金和各类专项资金支持粮食产业发展。充分发挥财政资金引导功能，积极引导金融资本、社会资本加大对粮食产业的投入。根据国家和省的有关规定，落实粮食产业发展相关项目用地、用电等优惠政策。（省发展改革委、农业厅、粮食局、财政厅等负责）

（十八）健全金融保险支持政策。拓展融资渠道，提升风险保障，为粮食收购、加工、仓储、物流等各环节提供多元化金融保险服务。鼓励政策性、商业性金融机构结合职能定位和业务范围，在风险可控的前提下，加大对粮食产业发展和农业产业化重点龙头企业的信贷支持。建立健全政策性粮食收储贷款信用保证基金融资担保机制，降低银行信贷风险。鼓励金融机构积极开展粮食企业厂房抵押和存单、订单、应收账款质押等融资业务，创新“信贷＋保险”、产业链金融等多种服务模式。鼓励和支持保险机构为粮食企业开展对外贸易和“走出去”提供保险服务。（人行广州分行、广东银监局、广东保监局、财政厅、粮食局、农发行省分行等负责）

（十九）加强组织领导。各地要认真分析本地粮食产业发展现状，统筹考虑资源禀赋、基础优势、短板弱项、潜力空间，合理选择适合自身特点的粮食产业发展模式，加强政策引导，推进产业发展方式转变，及时总结推广典型经验，注重整体效能和可持续性。省粮食局负责协调推进全省粮食产业发展有关工作，推动粮食产业园区建设，加强粮食产业经济运行监测。省有关部门要根据自身职责抓紧完善配套措施和部门协作机制，共同推动粮食产业经济发展。（各地级以上市人民政府，省发展改革委、粮食局、财政厅、农业厅等负责）

广东省人民政府办公厅

2018年8月16日

广西壮族自治区人民政府办公厅关于加快推进农业供给侧结构性改革大力发展粮食产业经济切实保障粮食安全的实施意见

桂政办发〔2018〕36号

各市、县人民政府，自治区人民政府各组成部门、各直属机构：

为贯彻落实《国务院办公厅关于加快推进农业供给侧结构性改革大力发展粮食产业经济的意见》（国办发〔2017〕78号）精神，深入推进农业供给侧结构性改革，促进农业提质增效和粮食产业转型升级，保障我区粮食安全，经自治区人民政府同意，现提出如下意见。

一、总体要求

（一）指导思想。全面贯彻党的十九大精神，以习近平新时代中国特色社会主义思想为指导，树立创新、协调、绿色、开放、共享的发展理念，落实国家粮食安全战略，增强忧患意识，保持战略定力，守住粮食生产、流通和储备安全底线，确保我区口粮绝对安全；推进粮食供给侧结构性改革，加快粮食产业转型升级，以先进科技研发应用、人才引领和规模化、品牌化为抓手，以增加绿色优质粮食产品供给、保障粮食质量安全和促进农民持续增收为重点，大力实施“优质粮食工程”，着力打造“广西香米”区域公用品牌，推动粮食产业创新发展、转型升级和提质增效，为构建更高层次、更高质量、更有效率、更可持续的粮食安全保障体系夯实产业基础，实现我区粮食产业创新、协调和可持续发展。

（二）基本原则。

坚持安全优先，兼顾效益。认真落实粮食安全行政首长责任制，落实耕地和生态保护制度，稳定发展粮食生产，巩固提高粮食生产能力，确保我区粮食安全。紧紧围绕市场需求变化，从合理处理局部与全局、近期与长期、内部与外部、微观与宏观等方面关系出发，统筹兼顾，权衡利弊，努力促进粮食产业效益最大化，保证粮食生产的长期安全。

坚持自给为主，适度购进。立足基本区情、着眼长远发展，落实粮食扶持政策，继续开展粮食直补订单收购，保护农民种粮积极性。加强与区外粮食购销交流合作，积极推进与粮食主产省区、东盟国家的产销合作，稳定区外商品粮源，降低我区粮食安全的成本。

坚持市场主导，政府引导。以市场需求为导向，突出市场主体地位，激发市场活力和企业创新动力，发挥市场在资源配置中的决定性作用。针对粮食产业发展的薄弱环节和制约瓶颈，强化政府规划引导、政策扶持、监管服务等作用，着力营造粮食产业发展良好环境。

坚持产业融合，协调发展。树立“大粮食”、“大产业”、“大市场”、“大流通”理念，充分发挥粮食加工转化的引擎作用，推动仓储、物流、加工等粮食流通各环节有机衔接，以利益联结机制为纽带，培育全产业链经营模式，促进一二三产业融合发展。

坚持创新驱动，提质增效。围绕市场需求，发挥科技创新的支撑引领作用，深入推进大众创业、万众创新，加快体制机制、经营方式和商业模式创新，积极培育新产业、新业态等新动能，提升粮食产业发展质量和效益。

坚持因地制宜，分类指导。结合不同区域、不同领域、不同主体的实际情况，选择适合自身特点的粮食产业发展模式。加强统筹协调和政策引导，推进产业发展方式转变，及时总结推广典型经验，确保整体效能和可持续性。

（三）主要目标。到 2020 年，确保全区耕地面积保持稳定，永久基本农田得到有效保护，现有耕地质量不下降。完成全区粮食生产功能区划定任务，有效保障粮食生产能力。落实中央核定我区地方储备粮规模，在现有储备规模基础上适度增加食用植物油储备规模。全区粮食流通渠道安全顺畅，粮食质量检验监测体系基本完善，粮食应急加工供应网络基本健全，确保口粮满足需要、质量安全。初步建成适应我区区情和粮情的现代粮食产业体系，粮食产业发展的质量和效益明显提升，更好地保障我区粮食安全和带动农民增收。以发展“广西香米”产业为主要抓手，大力发展粮食产业经济，积极打造“广西香米”区域公用品牌，绿色优质粮食产品有效供给稳定增加，全区粮食优质品率提高10%以上，全区粮油加工业总产值突破1000亿元，主营业务收入超过10亿元的粮食企业数量达到20个以上。加快推进南宁国家粮食交易中心建设，形成全区粮食电商平台体系。有序推进现代粮食市场体系建设，建成广西（中国—东盟）粮食物流园区，辐射带动全区粮食产业发展迈上新台阶。

二、稳固粮食安全发展根基

（四）严格落实耕地保护制度。落实最严格的耕地保护制度，依法依规规范耕地“占补平衡”管理，严格落实耕地“占一补一”、“占优补优”、“占水田补水田”政策。全面开展永久基本农田划定工作，加强永久基本农田动态监测和管理。严格农村居民住房建设审批管理，不得擅自改变基本农田布局。推进土地整治管理模式创新，鼓励农村集体经济组织、农业企业、专业大户、农民专业合作社等经营主体自主开展耕地整治。严格落实土地用途管制制度，防止土地流转后“非粮化”，坚决禁止“非农化”。采取有效措施遏制闲置、撂荒耕地，严禁在基本农田种植林木、果树和挖塘养鱼。严格执行领导干部自然资源资产离任审计制度。完善农村土地产权制度，培育农村土地市场，引导耕地向种粮大户、家庭农场、农民专业合作社等新型经营主体集中。（自治区国土资源厅、农业厅、住房城乡建设厅、审计厅等负责）

（五）做好粮食生产功能区划定和建设工作。到2019年，全面完成国家下达我区的1500万亩粮食生产功能区划定任务。以永久基本农田为基础，以水土资源环境条件较好、农业基础设施比较完善的粮食主产区为重点，按照粮食生产功能区划定条件，选择优质、相连地块进行划定，划足数量、划优质量，切实将粮食生产功能区落实到田间地块，做到建档立卡、上图入库，实现信息化和精准化管理。要把粮食生产功能区作为农业固定资产投资的重点区域，农业基础设施建设投资原则上向粮食生产功能区倾斜。健全粮食生产功能区利益补偿机制，推进粮食生产功能区内各类涉农资金整合和统筹使用。率先在粮食生产功能区内建立以绿色生态为导向的农业补贴制度。鼓励金融机构完善信贷管理机制，拓宽抵押物范围，加大信贷支持。加强保险保障作用，力争实现粮食生产功能区农业保险全覆盖。（自治区发展改革委、农业厅、国土资源厅、水利厅、环境保护厅、财政厅、金融办等负责）

（六）加强高标准农田建设。以高标准农田基础设施建设为依托，以新型农业经营主体为主导，以利益联结为纽带，通过扶持粮食种植、加工龙头企业及农民专业合作社，健全完善粮食产业全产业链，整合和统筹使用涉农资金，按时完成国家高标准农田建设总体规划确定的建设任务。加大基本口粮田改造和整治力度，加强中低产田（地）改造，重点将粮食生产功能区建设成为高产稳产、旱涝保收的标准农田。着力构建农业与第二产业、第三产业交叉融合的现代产业体系，提高农业综合效益和竞争力，解决当前高标准农田建设内容单一、效益不高、政策引导作用不强、与产业发展衔接不紧等问题。（自治区发展改革委、国土资源厅、水利厅、财政厅、农业厅、粮食局等负责）

（七）强化农田水利建设和管护。支持水利改革发展，大力推进区域化规模化高效节水灌溉。深化农田水利改革，统筹推进各类农田水利基础设施建设。支持水资源保护和水生态修复。加大对重大水利工程建设的投入，加快我区纳入国家172项重大节水供水工程项目的建设步伐。全面推进农业水价综合改革，加快落实小型水利工程管护主体、责任和经费，创新农田水利投融资体制和运行管护机制，促进农业节水和农业

可持续发展。（自治区水利厅、发展改革委、农业厅、财政厅等负责）

（八）实施耕地质量保护与提升行动。加强耕地质量建设，做好耕地质量调查和监测工作，开展新增耕地质量评定。深化测土配方施肥技术推广应用，扩大耕地保护与质量提升项目实施范围，大力推广保护性耕作技术，实施合理轮作和间作套种，减少农业耕作对土壤层的破坏。以粮食主产区为重点，开展水、土、田、林、路综合治理，推进建设占用耕地耕作层土壤剥离再利用，加大中低产田改造力度，提高稳产高产田比例。严格落实耕地保护责任目标考核制度，县级财政积极筹措资金用于土壤改良、培肥地力等，支持耕地质量保护与提升。实施污染土壤治理修复工程，各级财政整合资金并安排一定资金重点用于开展污染土壤治理和水稻重金属监测评价等工作，积极扶持施用调酸产品和改良土壤物资。加强农业生态环境监管，依法依规严肃处理各种破坏生态环境的行为。（自治区农业厅、发展改革委、国土资源厅、财政厅、环境保护厅等负责）

三、培育壮大粮食产业主体

（九）增强粮食企业发展活力。按照粮食收储制度改革要求，深化国有粮食企业改革，发展混合所有制经济，加快转换经营机制，增强市场化经营能力和粮食产业经济发展活力。以资本为纽带构建跨区域、跨行业的“产购储加销”协作机制，提高国有资本运行效率，延长产业链条，主动引领粮食产业转型升级，做大做强做优一批具有竞争力、影响力、控制力的国有骨干粮食企业，有效发挥稳市场、保供应、促发展、保安全的重要载体作用。鼓励国有粮食企业依托现有收储网点，主动与新型农业经营主体等开展合作。培育、发展和壮大从事粮食收购和经营活动的多元粮食市场主体，建立健全统一、开放、竞争、有序的粮食市场体系。（自治区粮食局、国资委等负责）

（十）培育壮大粮食产业化龙头企业。在农业产业化重点龙头企业认定工作中，认定和扶持一批具有核心竞争力和行业带动力的粮食产业化重点龙头企业，引导支持龙头企业与新型农业经营主体和农户构建稳固的利益联结机制，引导种植优质粮食品种，带动农民增收致富。支持符合条件的龙头企业参与承担政策性粮食收储业务；在确保区域粮食安全的前提下，探索创新龙头企业参与当地粮食储备机制。大力扶持投资规模大、科技含量高、产业链条长、带动能力强的粮油加工企业，壮大企业规模和实力，做大做强做优龙头企业。（自治区粮食局、农业厅、发展改革委、财政厅等负责）

（十一）支持多元主体协同发展。发挥骨干企业的示范带动作用，鼓励多元主体开展多种形式的合作与融合，大力培育和发展粮食产业化联合体。支持符合条件的多元主体积极参与粮食仓储物流设施建设、产后服务体系建设等。鼓励龙头企业与产业链上下游各类市场主体成立粮食产业联盟，共同制订标准、创建品牌、开发市场、攻关技术、扩大融资等，实现优势互补。鼓励通过产权置换、股权转让、品牌整合、兼并重组等方式，实现粮食产业资源优化配置。（自治区发展改革委、粮食局、工业和信息化委、财政厅、农业厅、工商局等负责）

四、创新粮食产业发展方式

（十二）促进全产业链发展。支持粮食企业积极参与粮食生产功能区建设，发展“产购储加销”一体化模式，构建从田间到餐桌的全产业链。推动粮食企业在产业链上游与新型农业经营主体开展产销对接和协作，通过定向投入、专项服务、良种培育、订单收购、代储加工等方式，建设加工原料基地，探索开展绿色优质特色粮油种植、收购、储存、专用化加工试点；在产业链下游延伸建设物流营销和服务网络，实现粮源基地化、加工规模化、产品优质化、服务多样化，着力打造绿色、有机的优质粮食供应链。开展粮食全产业链信息监测和分析预警，加大供需信息发布力度，引导粮食产销平衡。（自治区发展改革委、粮食局、农业厅、质监局等负责）

（十三）推动产业集聚发展。依托粮食主产区、特色粮油产区和关键粮食物流节点，推动粮食产业向优势产区集中布局，完善进口粮食临港深加工产业链。发展粮油食品产业集聚区，打造一批优势粮食产业集群，以全产业链为纽带，整合现有粮食生产、加工、物流、仓储、销售以及科技等资源，支持建设国家现代粮食产业发展示范园区（基地），支持我区粮食企业到粮食主产区投资建设粮源基地和仓储物流设施，鼓励区外粮食企业到我区建立营销网络，加强产销区产业合作。（自治区发展改革委、粮食局、工业和信息化委、财政厅、商务厅，广西出入境检验检疫局等负责）

（十四）发展粮食循环经济。支持粮食企业多途径探索粮油副产物循环、综合、梯次利用，提高粮食综合利用率和产品附加值。以绿色粮源、绿色仓储、绿色工厂、绿色园区为重点，构建绿色粮食产业体系。鼓励粮食企业建立绿色、低碳、环保的循环经济系统，降低单位产品能耗和物耗水平。推广“仓顶阳光工程”，大力开展米糠、碎米、麦麸、麦胚、饼粕等副产物综合利用示范，促进产业节能减排、提质增效。（自治区发展改革委、粮食局、工业和信息化委、农业厅等负责）

（十五）积极推进优质粮食基地建设。充分发挥“中国好粮油”示范县和示范企业的带动作用，结合粮食生产功能区、重要农产品生产保护区、特色农产品优势区建设，在适合优质稻种植的桂林市、来宾市、贵港市、南宁市、玉林市等区域建立优质稻粮源生产、收购基地，扩大我区优质稻种植面积。从品种、种子、育秧等环节入手，集中技术和资金研发、培育优质品种，规范和推广优质稻订单收购，保证粮食加工储备用粮稳定，提高种粮农户的积极性，增加农民收益，真正形成“企业＋基地＋合作社（农户）”的“广西香米”品牌产业链模式。深入推进粮食收储制度改革，加快培育粮食多元市场购销主体，进一步改革完善储备粮管理制度，通过完善拍卖机制，加快消化政策性粮食库存，助推粮食产业发展。（自治区粮食局、农业厅等负责）

（十六）调整粮食种植、收购、储备结构。大力培育优质粮食品种，推进粮食绿色高产高效创建活动，引导种粮农民扩大种植绿色优质粮食品种，优化粮食品种结构。调整优化粮食收购和储备品种结构，在全区粮食储备规模不变的情况下，减少普通粮食品种储备，增加优质粮食品种储备。促进粮食产业结构调整升级，为推进“广西香米”区域公用品牌建设奠定粮源基础。（自治区粮食局、财政厅、农业厅等负责）

（十七）实施精品名牌战略。充分发挥粮油品牌的扩散和产品聚合效应，以广西香米产业联盟为主体，创建“广西香米”区域公用品牌。鼓励粮食生产企业挖掘我区地方特色优势，加大绿色、有机粮油产品的推广和认证力度，通过商标注册、质量管控、文化创新、科技创新等手段打造地理标志产品等品牌，做优做强以品牌价值为核心的现代粮食产业。推动企业和品牌协同发展，加大“广西香米”品牌推广，通过广告宣传、展会推介、电商对接、直营体验等方式，重点宣传广西生态优势，推介“广西香米—米味香醇”的内在品质，挖掘稻米种植历史传承和文化底蕴，不断提高品牌的知名度、美誉度和忠诚度。（自治区工商局、农业厅、质监局、粮食局等负责）

（十八）积极发展新业态。推进“互联网 + 粮食”行动，积极发展粮食电子商务，推广“网上粮店”等新型粮食零售业态，促进线上线下融合。完善粮食电子交易平台体系，拓展物流运输、金融服务等功能，积极服务种粮农民、购粮企业。加大粮食文化资源的保护和开发利用力度，支持爱粮节粮宣传教育基地和粮食文化展示基地建设，鼓励发展粮食产业观光、体验式消费等新业态。构建点面结合、上下互动、覆盖面广、功能齐全、效益明显的销售大网络。巩固区内市场，支持加工企业继续加强直营配送店、代理分销店规模化、规范化建设，使本地粮油产品占有率始终保持主导地位。拓展区外市场，支持广西香米产业联盟在全国一线、二线城市建立直营店、旗舰店、代理分销店，构建销售大网络，稳步扩大区外销售量。加快新兴市场开发，大力发展“互联网 + 粮食”的智能销售渠道，支持企业推进电子销售平台建设，组建“广西香米网”电商平台，使电商销售成为主要销售渠道之一。（自治区粮食局、工业和信息化委、工商局、商务厅等负责）

五、加快粮食产业转型升级

（十九）增加绿色优质粮油产品供给。大力推进“优质粮食工程”建设，以市场需求为导向，建立优质优价的粮食生产、分类收储和交易机制。通过增品种、提品质、创品牌，推进绿色优质粮食产业体系建设。实施“中国好粮油”行动计划，开展标准引领、质量测评、品牌培育、健康消费宣传、营销渠道和平台建设及试点示范等工作。优化产品结构，开发绿色优质、营养健康的粮油新产品，增加无公害、绿色、有机粮油产品供给。推动地方特色粮油加工产业化，加快发展富硒粮油、油茶籽油等特色产品。（自治区粮食局、工业和信息化委、农业厅等负责）

（二十）大力发展粮油精深加工与转化。推进粮食供给侧结构性改革，以粮油精深加工转化和副产品综合利用为引擎，促进粮食加工产品向功能性食品方向发展。提高粮食产品供给质量，增加附加值，扩大我区粮油产品在区内外市场的占有率，减少原粮和初加工产品的输出，提高粮食就地加工转化能力和资源利用率，不断满足城乡居民个性化、多元化、定制化需求。（自治区工业和信息化委、粮食局、发展改革委、食品药品监管局等负责）

（二十一）统筹利用粮食仓储设施资源。通过参股、控股、融资等多种形式，放大国有资本功能，扩展粮食仓储业服务范围。多渠道开发现有国有粮食企业仓储设施用途，为新型农业经营主体和农户提供粮食产后服务，为加工企业提供仓储保管服务，为城乡居民提供粮食配送服务。加强低温粮库建设，大力推广充氮气调等绿色储粮新技术，提升优质稻储存品质。加大临港仓储设施建设力度，提升口岸进口粮食集散能力。（自治区粮食局、发展改革委，广西出入境检验检疫局等负责）

六、强化粮食科技创新和人才支撑

（二十二）加快粮油科技创新步伐。重点支持粮油加工企业的技术创新、质量安全检测、信息化、节能环保等科技创新项目。大力推动以企业为主体、产学研相结合的技术升级和技术创新，推广应用新设施、新技术和新装备，提升粮食产业科技水平。科技部门要把粮食科研项目列入科技计划申报指南，统筹科技计划资金支持粮食科研项目，特别是在支持农产品科技成果转化上，要优先支持粮食产业化项目。农业综合开发资金要重点支持粮食产业化经营企业开展优质粮食品种选育、新品种推广和粮食生产功能区建设。（自治区科技厅、农业厅、粮食局、财政厅等负责）

（二十三）加快推广粮油科技新成果。按照粮食流通产业发展要求，加快推进稻谷和油茶籽油加工技术创新应用、粮食仓储技术创新应用、粮食检验检测数据和科学技术服务创新应用体系建设，形成从科研开发、成果转化到产业发展一条龙的产学研体系，促进科技资源高效配置和综合利用，提高自主创新和应用能力。建立与国内科研院所及高校合作机制，为企业研发和利用新技术提供支持。大力实施绿色储粮技术，推动我区粮食储存向“绿色、生态、智能、高效”方向迈进。（自治区科技厅、粮食局等负责）

（二十四）培养行业技能和创新人才。实施“人才兴粮工程”，加快培养粮食科技领军人才和高水平创新团队，培养引进粮食行业技能人才、粮食科技领军人才和行业高端管理人才。依托科研院所、高等院校、职业院校开展校企联合招生、联合培养，有计划、有针对性地培养一批粮食实用专业技能人才，培训一批在职粮食企业职工，培育一批粮食科技创新岗位的中坚力量，引导推动人才培养链与产业链、创新链有机衔接，提升粮食科技创新队伍整体水平和能力。自治区粮食局每年有计划地举办各类业务技能培训班，开展技能大赛，不断提升行业技能人才的综合素质，推进创新人才脱颖而出。（自治区粮食局、人力资源社会保障厅、教育厅等负责）

七、夯实粮食产业发展基础

（二十五）建设粮食产后服务体系。按照粮食收储制度改革和农业适度规模经营的要求，整合仓储设施资源，建设一批专业化、市场化的粮食产后服务中心，为农户提供粮食“五代”（代清理、代干燥、代储存、代加工、代销售）服务，促进粮食提质减损和农民增收。（自治区粮食局、财政厅、发展改革委等负责）

（二十六）建设现代粮食物流体系。充分利用已经形成的产业优势、资源优势和政策环境，把粮食产业园区建成集基地建设、加工转化、仓储物流、品牌创建、线上线下交易融合发展于一体的全产业链功能示范区和产业集群。支持进口粮食指定口岸及港口防疫能力建设，加快推进广西（中国—东盟）粮食物流园区建设，完善重要粮食物流节点，形成布局合理、功能完备的现代粮食物流体系。（自治区发展改革委、自治区粮食局，广西出入境检验检疫局等负责）

（二十七）提升粮食质量安全保障能力。依托实施“优质粮食工程”，加强粮食质量安全检验监测体系建设。强化基层粮食质量安全检验监测能力，从源头上发挥粮食质量安全保障作用，形成以自治区级为骨干、市级为支撑、县级为基础的三级上下联动、横向互通的公益性粮食质量安全检验监测体系，实现机构成网络、监测全覆盖、监管无盲区。加快制订我区优质特色粮油产品标准和相关检测方法标准。开展收获粮食质量调查、安全风险监测、质量测报、库存粮油质量安全、销售出库等检验，加强进口粮食质量安全监管，建立进口粮食疫情监测和联防联控机制。推行标准化管理，建立覆盖生产、加工、流通全过程的粮食质量安全可追溯体系，加强粮食种植、收购、储存、销售及食品生产经营监管，严防不符合食品安全标准的粮食流入口粮市场或用于食品加工。（自治区粮食局、卫生计生委、食品药品监管局、质监局，广西出入境检验检疫局等负责）

（二十八）建立完善粮食监测预警体系。完善自治区及市县粮食产量统计调查体系，建立以县为主体的粮食产量抽样调查制度，运用遥感技术等手段加强粮食生产监测。推进粮食流通统计制度改革，加强社会粮油供需平衡调查、粮油流通统计和粮油市场价格监测，提高数据的准确率、及时性，科学分析研判市场变化趋势，准确把握粮油市场动态，为各级人民政府有效实施粮食调控提供决策依据，有效提高政府粮食宏观调控能力。加强粮食市场价格监测队伍建设和监测预警人员的培训，提高粮食市场监测预警队伍的整体素质。加强粮食市场监测预警的信息化建设，逐步建立自治区粮食局与市、县、库、批发市场上下贯通、左右互联、功能齐全、反应灵敏的粮食信息网络体系，确保监测预警信息及时、准确，供各级人民政府决策参考。（自治区粮食局、统计局，广西调查总队等负责）

八、完善保障措施

（二十九）加大财税扶持力度。充分利用好现有资金渠道，支持粮食仓储物流设施、粮食产业园区建设和粮食产业转型升级。统筹利用产粮产油大县奖励资金、粮食风险基金等支持粮食产业发展。充分发挥财政资金引导功能，积极引导金融资本、社会资本加大对粮食产业的投入。对新型农业经营主体购置的仓储、烘干设备，纳入国家农机购置补贴目录的，可按规定申报农机具购置补贴。落实粮食加工企业从事农产品初加工所得按规定免征企业所得税政策和国家简并增值税税率有关政策。（自治区财政厅、发展改革委、地税局、国税局、粮食局、农机局等负责）

（三十）健全金融支持政策。拓宽企业融资渠道，为粮食收购、加工、仓储、物流等各环节提供多元化金融服务。政策性、商业性金融机构要结合职能定位和业务范围，在风险可控的前提下，加大对粮食产业发展和农业产业化重点龙头企业的信贷支持，尤其要加大对优质粮食品种收购和储备的信贷支持。建立健全粮食收购贷款信用保证基金融资担保机制，降低银行信贷风险。支持粮食企业通过发行短期融资券等非金融企业债务融资工具筹集资金，支持符合条件的粮食企业上市融资或在新三板挂牌，以及发行公司债券、企业债券和并购重组等。（自治区金融办，人民银行南宁中心支行，广西银监局，广西证监局，农发行广西分行，自治区财政厅、粮食局、发展改革委等负责）

（三十一）落实用地用电等优惠政策。在土地利用年度计划中，按照“集中统筹、分级保障”的原则，对粮食产业发展重点项目用地予以统筹安排和重点支持。支持和加快国有粮食企业依法依规将划拨用地转变为出让用地，增强企业融资功能。改制重组后的粮食企业，可依法处置土地资产用于企业改革发展和解决历史遗留问题。落实粮食初加工用电执行农业生产用电价格政策。（自治区国土资源厅、物价局、粮食局等负责）

（三十二）强化组织领导。进一步加强对粮食安全行政首长责任制考核工作的组织领导，自治区人民政府分管领导担任自治区粮食安全行政首长责任制考核工作组组长，自治区人民政府分管副秘书长、自治区粮食局主要负责同志担任自治区粮食安全行政首长责任制考核工作组副组长。自治区粮食安全行政首长责任制考核工作组办公室设在自治区粮食局。自治区粮食局作为自治区粮食安全行政首长责任制考核工作牵头部门，要切实承担好自治区粮食安全行政首长责任制考核工作组办公室的日常工作，加强与国家粮食安全省长责任制考核工作组办公室对接，协调自治区各有关单位落实粮食安全省长责任制有关工作，完成考核有关工作任务；研究制定我区粮食产业发展计划，协调解决粮食产业发展中遇到的重大问题；会同自治区有关部门对各市粮食安全行政首长责任制工作进行考核，督促各市县做好国家每年度对我区粮食安全省长责任制落实情况进行现场核查的有关工作。自治区发展改革委、财政厅要强化对重大政策、重大工程和重大项目的支持，发挥财政投入的引导作用，撬动更多社会资金投入粮食产业。自治区科技厅要加强对粮食科技项目的支持和指导。自治区农业厅要加强粮食品种结构调整，大力开展粮食绿色高产高效创建，推广优质专用品种。自治区金融、国土资源、商务、交通运输、电力、税务、工商、食品药品监管、质监等部门也要各司其职，各负其责，密切配合，形成合力，促进全区粮食产业持续健康发展。各市县要进一步提高认识，加强组织领导，认真贯彻落实粮食安全行政首长责任制的要求，建立保障粮食安全、发展粮食产业经济的领导体制和工作机制，不断壮大粮食产业经济，保障本地粮食安全。（各市县人民政府，自治区粮食局、发展改革委、财政厅、农业厅等负责）

广西壮族自治区人民政府办公厅

2018 年 4 月 15 日

重庆市人民政府办公厅关于大力发展粮食产业经济的实施意见

渝府办发〔2018〕18号

各区县（自治县）人民政府，市政府有关部门，有关单位：

为全面贯彻落实粮食安全行政首长责任制和《国务院办公厅关于加快推进农业供给侧结构性改革大力发展粮食产业经济的意见》（国办发〔2017〕78号）要求，加快发展我市粮食精深加工与转化，经市政府同意，提出以下实施意见。

一、总体要求

（一）指导思想。全面贯彻党的十九大精神，坚持以习近平新时代中国特色社会主义思想为指导，全面落实习近平总书记视察重庆重要讲话精神，坚持创新、协调、绿色、开放、共享发展理念，紧扣我国社会主要矛盾变化，全面落实国家粮食安全战略，加快推进农业供给侧结构性改革，增加绿色优质粮食产品有效供给，推动粮食产业创新发展、转型升级和提质增效，建立更高层次、更高质量、更有效率、更可持续的粮食安全保障体系。

（二）主要目标。到2020年，初步建成适应我市市情的现代粮食产业体系，粮食产业发展的质量和效益明显提升。全市粮食加工总产值实现400亿元，力争建成全国第三大食用油精炼基地；形成1个年产值超200亿元的现代粮食产业示范园区；培育1个年产值超50亿元的国家级粮食产业化龙头企业，培育5个年产值超20亿元、10个年产值超10亿元的市级粮食产业化特色龙头企业；全市粮食优质产品率提高10个百分点左右，打造100个“放心粮油”市级龙头企业，创建5个“中国好粮油”品牌、20个“重庆好粮油”品牌；粮食科技创新能力和粮食质量安全保障能力进一步提升。

二、重点工作

（一）增强粮食行业企业活力。落实国有粮食企业功能定位，理顺政策性国有粮食企业管理体制；积极探索经营性国有粮食企业混合所有制改革，健全法人治理结构，建立健全现代企业制度，支持转换经营管理体制机制，盘活国有资产，实现保值增值，提高盈利能力。引导粮食企业通过产权置换、股权转让、品牌整合、兼并重组等方式，发展大型粮食企业集团。鼓励粮食企业依托现有粮食收储网点，同现代新型农业经营主体等开展广泛合作。培育、发展和壮大从事粮食收购和经营活动的多元粮食市场主体，建立健全统一、开放、竞争、有序的粮食产业市场体系。（市国资委、市商务委、市财政局负责）

（二）培育粮食产业化龙头企业。大力实施“优质粮食工程”，培育和扶持一批具有核心竞争力的粮食产业化龙头企业，力争1~2家跻身全国粮食加工业前100强。支持粮食产业化龙头企业与新型农业经营主体等构建稳固的利益联结机制，促进粮食种植结构调整，带动农民增收。在确保区域粮食安全的前提下，探索创新粮食产业化龙头企业参与成品粮食储备机制。发挥粮食产业化龙头企业的示范带动作用，鼓励符合条件的粮食经营主体积极参与粮食仓储设施建设、产后服务体系建设等。（市商务委、市农委、市财政局、农发行市分行负责）

（三）推动粮食产业园区建设。推进重庆西部粮食物流园、江津德感粮油加工产业园、涪陵临江粮油港口园等粮食产业园区建设。鼓励粮食关联、配套产业和有关服务业向园区集聚，培育1个年产值超200亿元的现代粮食产业示范园区，争取国家挂牌。支持市内粮食企业到市外和

“一带一路”沿线国家投资建设粮源基地和仓储物流设施，鼓励市外粮食企业来渝建立粮油产品营销网络，加强产、销区间产业合作，实现优势互补，共同发展。（市发展改革委、市经济信息委、市农委、市商务委、市财政局负责）

（四）完善粮食产业物流体系。主动融入国家“北粮南运”“东粮西运”通道建设，结合150万吨新建粮库网络，优化粮食物流布局，力争建成2个一级（市级）、5个二级（区域性）、30个三级（区县级）粮食物流节点。支持粮食铁路班列运输，提升港口码头粮食集散能力，降低粮食全产业链物流成本。支持粮食物流标准化建设，推广原粮物流“四散化”（散储、散运、散装、散卸）、集装化、标准化，推动成品粮物流托盘等标准化装卸单元器具的循环共用，带动粮食物流上下游设施设备及包装标准化水平提升。支持进口粮食指定口岸及港口防疫能力建设，充分发挥寸滩港国家进口粮食指定口岸作用。（市发展改革委、市商务委、市经济信息委、市交委、中铁成都局重庆办事处、重庆检验检疫局负责）

（五）促进全产业链融合发展。支持粮食企业参与粮食生产功能区建设，加大粮经种植结构调整，充分挖掘拓展农业生产功能，构建从田间到餐桌的全产业链。鼓励粮食企业与产业链上下游各类市场主体紧密合作。向上游联动，同新型农业经营主体开展产销合作，探索绿色优质特色粮油种植、收购、烘干、储存、专用化加工试点等；向下游延伸，拓展物流营销和服务网络，实现粮源基地化、加工规模化、产品优质化、服务多样化，促进一二三产业融合发展。开展粮食全产业链信息监测和分析预警，加大粮油供需信息发布力度，保障粮食市场供给稳定。（市发展改革委、市商务委、市农委、市经济信息委负责）

（六）培育“重庆制造”粮油品牌。实施“中国好粮油”“重庆好粮油”行动计划，着力增品种、提品质、创品牌。支持桃片、腐乳、米花糖、豆豉等传统特色粮油产品做大做强。支持发展茶油、橄榄油等木本油料产品。发展符合现代养殖业需求的安全环保饲料产品。创建一批特色鲜明、质量过硬、知名度高、信誉良好的重庆粮油品牌，力争打造5个“中国好粮油”，20 个“重庆好粮油”品牌。支持粮油品牌整合重组、宣传发布、人员培训、市场营销、评价标准体系以及展示展销信息平台等建设。加大粮食产品的专利权、商标权等知识产权保护力度，严厉打击制售假冒伪劣产品行为。加强粮食行业信用体系建设，营造良好的市场秩序。（市商务委、市工商局、市质监局、市农委、市林业局、市经济信息委、市财政局、市知识产权局负责）

（七）发展粮食产业新型业态。开展“互联网＋粮食”行动，发展粮食网络经济，借助现有成熟电子商务平台，推广“网上粮店”、粮食网上展销会、众筹电商等零售新业态、新模式，促进线上线下融合。完善重庆国家粮食电子交易中心平台体系，拓展物流运输、金融服务等功能，发挥其服务种粮农民、购粮企业的重要作用。加大粮食产业文化资源的保护和开发利用力度，支持爱粮节粮宣传教育基地和粮食文化展示基地建设，鼓励发展粮食产业观光、体验式消费等新业态。（市商务委、市农委、市发展改革委、市经济信息委、市旅游发展委、市财政局负责）

（八）助推主食产业提档升级。开展主食产业化示范工程建设，引导重庆小面类鲜湿面条、重庆凉面、重庆酸辣粉等地方特色粮油产品规范化、产业化生产，认定一批粮油生产、加工、销售和主食产业化放心龙头企业。推广“生产基地＋中央厨房＋餐饮门店”“生产基地＋加工企业＋网上商超”等经营新模式。保护并提升传统主食产品品质，加大主食产品与其他食品的融合发展，鼓励和支持开发个性化功能性主食产品。实施军民融合发展战略，统筹推进军粮供应、应急供应、成品粮供应、放心粮油、主食产业化“五位一体”融合发展，着力提高军队粮油供给保障能力和地方应急保供能力。（市商务委、市农委、市经济信息委、市食品药品监管局、市财政局负责）

（九）提升粮油科技创新能力。实施“科技兴粮工程”，淘汰落后产能与加工设施，支持粮食加工设施技能改造，强化食品质量安全、环保、能耗、安全生产等指标约束，新建一批工艺设备先进、注重节能环保、优质高效的粮油加工项目。加强优良粮食品种选育推广，集成推广绿色高产高效标准化技术，打造一批绿色、有机粮油标准化生产示范基地。加大粮食科研投入，加快科研成果转化推广，力争建成1～2个市级粮食和油脂技术（或研发）中心。支持粮食产后服务体系建设，推进农户科学储粮行动。推广新一代信息技术和智能装备等在粮食产业中的应用，提升节粮减损、加工转化、现代物流、“智慧粮食”等方面的技术水平。（市商务委、市科委、市农委、市经济信息委、市发展改革委、市财政局负责）

（十）健全粮食质量监管体系。按照“机构成网络、监测全覆盖、监管无盲区、质量可追溯”的原则，推进粮食质量检验监测机构建设，开展收获粮食质量调查、品质测报和安全风险监测，扩大“放心粮油”覆盖面。建立粮食全产业链的质量追溯体系和多部门质量安全监管衔接协作机制，严防不符合食品安全标准的粮食流入口粮市场或用于食品加工。加强进口粮食质量安全监管，建立进口粮食疫情监测和联防联控机制，加强调运监管，特别是对中转码头的监管和进口粮食的后续加工过程监管。加强口岸风险防控和实际监管，深入开展农产品反走私综合治理。（市商务委、市食品药品监管局、市质监局、重庆检验检疫局、市财政局、市农委、重庆海关负责）

（十一）加强粮食行业人才培养。实施“人才兴粮工程”，激发人才创新创造活力。鼓励市内高等院校和职业学校根据我市对粮食人才的需求开设粮食产业相关专业和课程，完善“政产学研用”相结合的协同育人模式，加快培养行业短缺的适用型人才。加强粮食职业技能培训，举办职业技能竞赛活动，培育“粮工巧匠”，提升粮食行业职工的技能水平。（市商务委、市教委、市人力社保局负责）

三、保障措施

（一）加强组织领导。各区县（自治县，以下简称区县）政府要高度重视粮食产业经济发展，因地制宜制定实施方案，加强统筹协调，明确职责分工。加大粮食产业经济发展实绩在粮食安全行政首长责任制考核中的权重。要结合精准扶贫、精准脱贫的要求，大力开展粮食产业扶贫。

商务部门负责协调推进粮食产业发展有关工作，推动粮食产业园区建设，加强粮食产业经济运行监测。发展改革、财政部门要强化对重大政策、重大工程和重大项目的支持。各有关部门要根据职责分工抓紧完善配套措施和部门协作机制，并发挥好粮食等有关行业协会商会在标准、信息、人才、机制等方面的作用，合力推进粮食产业经济发展。（各区县政府、市发展改革委、市商务委、市财政局、市农委、市人力社保局、市质监局、市扶贫办负责）

（二）加大财税扶持力度。充分利用好现有资金渠道，大力实施“优质粮食工程”，支持粮食仓储物流设施、国家现代粮食产业发展示范园区（基地）建设和粮食产业转型升级。统筹利用产粮产油大县奖励资金、粮食风险基金等支持粮食产业发展。充分发挥财政专项资金的引导功能，撬动金融资本和社会资本加大对粮食产业的投入。新型农业经营主体购置烘干、仓储设备，可按规定享受农机具购置补贴。落实粮食加工企业从事农产品初加工所得按规定免征企业所得税政策和国家简并增值税税率有关政策。（市财政局、市发展改革委、市地税局、市国税局、市商务委、市农委负责）

（三）完善金融信贷支持。拓宽企业融资渠道，为粮食收购、加工、仓储、物流等各环节提供多元化金融服务。政策性、商业性金融机构结合职能定位和业务范围，在风险可控的前提下，加大对粮食产业发展和农业产业化重点龙头企业的信贷支持。建立粮食收购贷款信用保证基金融资担保机制，“政府＋银行＋保险”“银行＋保险”的风险共担机制，降低银行信贷风险。支持符合条件的粮食企业通过银行间市场发行非金融企业债务融资工具筹集资金，支持符合条件的粮食企业上市或在新三板挂牌融资，以及发行公司债券、企业债券和并购重组等。引导粮食企业合理利用农产品期货市场管理价格风险。在做好风险防范的前提下，积极开展企业厂房抵押和存单、订单、应收账款质押等融资业务，创新“信贷＋保险”、产业链金融等多种服务模式。鼓励和支持保险机构为粮食企业开展对外贸易和“走出去”提供保险服务。（市金融办、人行重庆

营管部、重庆银监局、重庆证监局、重庆保监局、市财政局、市发展改革委、市商务委、市农委、农发行市分行负责）

（四）健全用地用电等优惠政策。在土地利用年度计划中，对粮食产业发展重点项目用地予以统筹安排和重点支持。支持和加快国有粮食企业依法依规将划拨用地转变为出让用地，增强企业融资功能。改制重组后的粮食企业，可依法处置土地资产，用于企业改革发展和解决历史遗留问题。落实粮食初加工用电执行农业生产用电价格政策。（市国土房管局、市发展改革委、市国资委、市商务委、市经济信息委、市物价局负责）

重庆市人民政府办公厅

2018年2月24日

四川省人民政府办公厅
关于加快推进农业供给侧结构性改革
大力发展粮食产业经济的实施意见

川办发〔2018〕30号

各市（州）人民政府，省政府各部门、各直属机构，有关单位：

为贯彻落实《国务院办公厅关于加快推进农业供给侧结构性改革大力发展粮食产业经济的意见》（国办发〔2017〕78号），深入推进农业供给侧结构性改革，大力发展粮食产业经济，结合我省实际，现提出以下实施意见。

一、总体要求

（一）指导思想。全面贯彻习近平新时代中国特色社会主义思想和党的十九大精神，深入学习贯彻习近平总书记对四川工作重要指示精神，全面落实国家粮食安全战略，认真落实省委省政府关于粮食流通工作各项决策部署，以确保全省粮食安全为核心，以加快推进农业供给侧结构性改革为主线，以大力发展粮食（包括食用植物油及油料，下同）产业经济、满足人们日益增长的绿色优质粮油需要为主题，以实施优质粮食工程、增加绿色优质粮食产品供给、促进农民持续增收为重点，推动粮食产业转型发展、创新发展和提质增效，努力实现粮食产业经济大省向粮食产业经济强省跨越。

（二）主要目标。到2020年，初步建成适应我省省情和粮情的现代粮食产业体系，产业发展的质量和效益明显提升，更好地保障粮食安全和带动农民增收。绿色优质粮食产品有效供给稳定增加，粮食优质品率提高 10 个百分点左右；粮食产业产值年均增长 7% 左右，粮食加工转化率达到 80%，主食品工业化率提高到 20% 以上。大型粮食产业化龙头企业、重点粮食产业园区和粮食产业集群辐射带动能力持续增强，粮食科技创新能力和粮食质量安全保障能力进一步提高。

二、夯实粮食产业发展基础补齐短板

（三）构建粮食产后服务体系。整合仓储设施、人才资源等，建设一批以国有粮食购销企业、粮食专合组织、民营加工企业等为载体的专业化服务、市场化运营的粮食产后服务中心，到 2020 年基本实现全省产粮大县全覆盖，为农户提供粮食“五代”（代清理、代干燥、代储存、代加工、代销售）服务。继续推进农户科学储粮工程，引导专合组织、家庭农场、种粮大户等建设使用“大粮仓”、自然通风干燥设施设备等，促进粮食提质减损和农民持续增收。（省粮食局、财政厅、省发展改革委等负责）

（四）完善现代粮食物流体系。推动成都国际粮食物流枢纽港建设，加快青白江进境粮食指定口岸建设，促进泸州港、宜宾港等进境粮食指定口岸业务稳步发展。利用中欧班列（成都）、铁路沿江班列运输优势和长江黄金水道优势，依托铁路、江河、公路联运网络，创新粮食多式联运供应链物流体系，构建开放型粮食物流新格局。支持通过合资、重组等方式，组建大型现代粮食物流企业。推广原粮物流“四散化”（散储、散运、散装、散卸）、集装化、标准化，推动成品粮物流托盘、集装箱等标准化装载单元器具的循环共用。配备散粮收发及集装化设施设备，建设物流公共信息平台。建立粮油进出川运力协调机制和运输统计信息通报机制。（省发展改革委、省粮食局、交通运输厅、商务厅、成都海关、中国铁路成都局集团有限公司等负责）

（五）加强粮食仓储设施建设及统筹利用。优化仓储设施布局，支持仓储功能提升。支持阿坝、甘孜、凉山等少数民族地区改善粮食仓储设施条件，提高应急保障能力。多渠道开发现有仓储设施用途，为新型农业经营主体和农户提供粮食产后服务，为农村电商提供仓储物流服务，为加工企业提供仓储保管服务，为期货市场提供交割服务，为“互联网+粮食”经营模式提供交割仓服务，为城乡居民提供粮食配送服务。（省发展改革委、省粮食局、财政厅、商务厅、四川证监局等负责）

（六）健全粮食质量安全保障体系。加大粮食质量检验机构建设支持力度，建立上下联动、横向互通，以省级为骨干、以市级为支撑、以县级为基础的公益性粮食质量安全检验监测体系。全面核准核定粮食质检工作任务，理顺粮食质检经费来源渠道，确保粮食质检体系健康良性运行、履行职责、发挥作用。鼓励粮食质检机构、科研单位和粮油企业开展地方优质、特色粮油产品标准和相关检测方法标准的制修订。建立覆盖从产地到餐桌全程的粮食质量安全追溯体系和平台，健全粮食质量安全全程监管衔接协作机制。加强粮食种植、收购、储存、销售及食品生产经营监管，严防不符合食品安全标准的粮食流入口粮市场或用于食品加工。加强进口粮食检验检疫及监管，完善进口粮食疫情监测和联防联控机制，支持进口粮食指定口岸风险防控能力建设，保障进口粮食质量和安全。加强口岸风险防控和实际监管，深入开展农产品反走私综合治理，实施专项打击行动。（省粮食局、省食品药品监管局、农业厅、成都海关、省质监局、财政厅等负责）

三、培育壮大粮食产业主体激发内生动力

（七）深化国有粮食企业改革。适应粮食收储制度改革需要，加大收储企业整合力度，进一步推进国有粮食企业特别是县域国有粮食企业兼并重组和公司制、股份制改造，培育一批国有骨干粮食企业集团，释放国有粮食企业活力。积极探索实行混合所有制粮食企业员工持股。（省发展改革委、省粮食局、省国资委等负责）

（八）培育壮大粮食产业化龙头企业。打造一批具有核心竞争力和行业带动力的粮食产业化重点龙头企业，逐步提升其在国家、省级农业产业化重点龙头企业中的比重。支持龙头企业与新型农业经营主体和农户

构建稳固的利益联结机制，推广优质水稻、油菜籽、杂粮等区域特色粮食种植。支持符合条件的龙头企业参与承担政策性粮食收储业务，探索创新龙头企业参与地方粮食储备机制。（省发展改革委、省粮食局、农业厅、财政厅、商务厅、省工商局、中储粮成都分公司等负责）

（九）支持多元主体协同发展。鼓励各类粮食经营主体开展合作与融合，培育和发展粮食产业化联合体。鼓励粮食企业与产业链上下游各类市场主体成立粮食产业联盟，共同创建品牌、开发市场、攻关技术、扩大融资等，实现优势互补、共同发展。鼓励通过产权置换、股权转让、品牌整合、兼并重组等方式，实现粮食产业资源优化配置。（省发展改革委、省粮食局、省经济和信息化委、财政厅、商务厅、省工商局等负责）

（十）发挥品牌引领作用。坚持"增品种、提品质、创品牌"，实施"中国好粮油"四川行动。支持符合条件的市、县和企业实施示范工程，打造一批全国、全省粮食名牌产品。建立标准领跑者激励机制，大力发展"三品一标"粮食产品，联合打造、整合发展、培育壮大区域性公共品牌。加强"中国好粮油"四川品牌提升、市场营销、评价标准体系等建设。利用好西博会、农交会等平台，提升四川粮油品牌美誉度和社会影响力。加大粮食产业知识产权保护力度，加强粮食企业信用体系建设，规范市场秩序。（省粮食局、省发展改革委、省经济和信息化委、农业厅、省工商局、省质监局、省知识产权局等负责）

四、加快粮食产业转型升级提质增效

（十一）做强做大油菜产业。发挥四川浓香型菜籽油比较优势，扶持一批生产规模较大、技术设备先进、市场品牌占有率高的油脂加工企业，实施规模化种植、标准化生产、产业化经营，促进油菜"一二三"产业融合发展。加快食用植物油特别是油菜籽加工业结构调整，引导企业联合、兼并和重组，做强做大油脂精深加工龙头企业。组建四川油菜产业联盟，打造"四川菜油"品牌，为"川菜"提供优质充足菜油，提升四川油菜产业竞争力。（农业厅、省粮食局、财政厅、省发展改革委、省工

商局等负责）

（十二）增加绿色优质粮油产品供给。大力推进优质粮食工程建设，建立优质优价的粮食生产、分类收储和交易机制，引导发展绿色优质四川粮源、生产绿色优质粮油产品、倡导绿色优质粮油消费。鼓励多元化、定制化、个性化产品供给，促进优质粮食产品的营养升级扩版。推广大米、小麦粉和食用植物油适度加工，发展全谷物等新型营养健康食品。推动地方特色粮油食品产业化，发展杂粮、杂豆、木本油料等特色产品。适应养殖业发展新趋势，发展安全环保饲料产品。（省粮食局、财政厅、省发展改革委、省经济和信息化委、农业厅、省工商局、省质监局、林业厅等负责）

（十三）大力促进主食产业化。支持方便米饭、面制品及杂粮、薯类、豆类制品的工业化生产、社会化供应及军民融合发展，扶持建设一批产业化示范基地。鼓励和支持开发个性化功能性主食产品，积极推进主食产业示范工程建设。加快主副食融合开发、军民融合发展步伐。（省粮食局、省经济和信息化委、财政厅、农业厅、商务厅、省工商局等负责）

（十四）加快发展粮食精深加工与转化。发展粮食及副产物精深加工，建设一批优质粮油精深加工示范市（县）。着力开发稻谷副产物等粮食精深加工产品，增加专用米、专用粉、专用油、功能性淀粉糖、功能性蛋白等食品以及保健、化工、医药等方面的有效供给。着力处置不合格超标粮食，探索开展淀粉类生物基塑料和生物降解材料试点示范。强化食品质量安全、环保、能耗、安全生产等约束，促进粮食企业加大技术改造力度，倒逼落后产能退出。（省发展改革委、省粮食局、省经济和信息化委、财政厅、省食品药品监管局等负责）

（十五）支持粮油机械制造业发展。扎实推进“中国制造 2025 四川行动计划”，重点支持粮油仓储专用装备器材制造、粮油加工机械制造等，提高粮油机械及仪器设备制造水平和自主创新能力，提升四川粮油机械工业竞争力。支持引入智能装备和物联网技术，开展粮油行业数字工厂、智能仓储等应用示范。加大高科技粮油机械化设备推广力度，推

动粮油机械、仓储专用器材和检化验设备制造业加快发展。（省经济和信息化委、省粮食局、省发展改革委、科技厅、农业厅等负责）

五、创新粮食产业发展方式促进融合发展

（十六）促进全产业链发展。发展“产购储加销”一体化模式，构建从田间到餐桌的全产业链。鼓励粮食企业加强与新型农业经营主体产销对接和协作，发展绿色优质特色粮油种植、收购、储存、专用化加工，延伸物流营销和服务网络体系，实现粮源基地化、加工规模化、产品优质化、服务多样化，打造绿色、有机的优质粮食供应链。支持建设一批优质稻谷、油菜籽、酿酒用高粱等“一二三”产业融合发展示范市（县）。支持建设一批木本油料重点县。开展粮食全产业链信息监测和分析预警，加大供需信息发布力度，促进粮食供需平衡。（省发展改革委、省粮食局、农业厅、林业厅等负责）

（十七）推动产业集聚发展。完善区域粮食产业空间布局和功能定位，坚持产业链、价值链、创新链、利益链“四链协同”，推动形成一批特色粮油产业集聚集群发展区。建设一批集收购销售、仓储物流、加工贸易、质检配送为一体的大型重点粮油产业园区，支持创建国家粮食产业发展示范园区（基地）。着力打造以成都平原经济区为核心的“西部粮谷”，以川南四市为核心的“通江达海粮油产业集聚区”，以川东北地区为核心的绿色生态粮油供给基地，以凉山州、甘孜州、阿坝州、雅安市、攀枝花市为核心的特色粮油产业园区。（省发展改革委、省粮食局、省经济和信息化委、财政厅、商务厅、中国铁路成都局集团有限公司等负责）

（十八）发展粮食绿色循环经济。实施“绿色发展”行动，构建绿色粮食产业体系。加快低温仓储设施项目建设，支持低温储粮应用技术研究，逐步构建多元化、多形式、多层次的绿色低温储粮体系。支持具备条件地区开展“仓顶阳光工程”等新能源项目，鼓励粮食企业建立绿色、低碳、环保的循环经济系统。支持探索多途径实现粮油副产物循环、全值和梯次利用，提高粮食综合利用率和产品附加值。开展米糠、碎米、

麦麸、麦胚、饼粕等副产物综合利用示范，支持建设粮食副产物综合利用循环经济园区。（省发展改革委、省粮食局、省经济和信息化委、农业厅、省能源局等负责）

（十九）积极发展新业态。深入推进“互联网+粮食”行动，支持电商平台实施“川米优化工程”，探索开发“电商+社区店”等新模式新业态，促进线上线下融合。提升粮食行业信息化水平，实施粮库智能化升级改造，拓展成都国家粮食电子交易平台物流运输、金融服务等功能，依托省级粮食管理平台建设涉粮大数据中心。打造爱粮节粮宣传教育、粮食文化展示基地，鼓励各地发展粮食产业观光、体验式消费等新业态。（省粮食局、省发展改革委、省经济和信息化委、财政厅、农业厅、商务厅、省旅游发展委等负责）

六、推进粮食科技创新强化人才支撑

（二十）加快粮食科技创新步伐。加快培育一批具有市场竞争力的创新型粮食领军企业，引导企业加大研发投入和开展创新活动。加大对精深加工、粮食现代物流、绿色安全储粮、信息化等重点领域和急需关键技术的研发支持力度，推进生物技术、信息技术、新材料等高新技术在粮食产业中的应用。加强国内外粮食质量检验技术标准比对及不合格粮食处理技术研究。（科技厅、省质监局、省粮食局等负责）

（二十一）加快科技成果转化推广。实施“科技兴粮工程”，搭建科企合作平台，促进粮食科技成果、科技人才、科研机构等与企业有效对接，推动科技成果产业化。支持科研人员到粮食企业技术入股。发挥粮食领域重点实验室、联合实验室、产业技术研究院的成果推广示范作用，加大粮食科技成果集成示范基地、科技协同创新共同体和技术创新联盟的建设力度，推进科技资源开放共享。开展现代粮食储藏新技术、新装备集成试点和推广应用，提高粮食企业现代化、智能化、科学化水平。（科技厅、省粮食局、财政厅等负责）

（二十二）实施“人才兴粮”工程。加快构建产教融合、校企合作、工学一体的培育模式。突出“高精尖缺”导向，培养和引进一批行业、企业所需技术专家、经营管理人才和创新团队。完善粮食行业技能培训体系，培育一批“粮工巧匠”，实现高、中、初级技能人才队伍梯次发展，服务粮食产业经济。（省粮食局、人力资源社会保障厅、教育厅等负责）

七、加大支持力度构建政策支撑体系

（二十三）加大财税扶持力度。充分利用好现有资金渠道，支持粮食仓储物流设施、国家现代粮食产业发展示范园区（基地）建设和粮食产业转型升级。统筹利用产粮（油）大县奖励资金、粮食风险基金和粮安工程建设专项资金等支持粮食产业发展。充分发挥财政资金引导功能，积极引导金融资本加大对粮食产业的投入。支持新型农业经营主体购置仓储、烘干设备，可按规定享受农机具购置补贴。调整省级工业发展资金支持农产品加工业的渠道，支持粮油加工龙头企业“排头兵”做大做强。依法落实企业研发费用税前加计扣除，符合条件的商品储备企业免征房产税、城镇土地使用税、印花税等税收优惠政策。落实粮食加工企业从事农产品初加工所得按规定免征企业所得税政策和国家简并增值税税率有关政策。逐步将粮食加工行业纳入农产品增值税进项税额核定扣除试点范围，粮油加工企业可以凭合法有效的增值税扣税凭证抵扣进项税额。（财政厅、省发展改革委、省国税局、省地税局、省经济和信息化委、省粮食局等负责）

（二十四）健全金融保险支持政策。建立健全政、银、企常态沟通协作机制，引导政策性、商业性金融机构结合职能定位和业务范围，在风险可控的前提下，积极创新涉农贷款产品，加大对粮食产业发展和农业产业化重点龙头企业的信贷支持，拓宽企业融资渠道，为粮食收购、加工、仓储、物流、粮机等各环节提供多元化金融服务。建立健全粮食收购贷款信用保证基金融资担保机制，降低银行信贷风险。支持粮食企业通过发行短期融资券等非金融企业债务融资工具筹集资金，支持符合条件的粮食企业到主板、中小板、创业板上市融资，推动企业到“新三板”和区域性股权交易市场挂牌融资，利用银行间市场和交易所市场发行债券。引导粮食企业合理利用农产品期货市场管理价格风险。在做好风险防范的前提下，积极开展企业厂房抵押和存单、订单、应收账款质押等融资业务，创新“信贷＋保险”、产业链金融等多种服务模式。适时建立粮食产业发展基金。（省金融工作局、人民银行成都分行、四川银监局、四川证监局、四川保监局、财政厅、商务厅、省粮食局、农发行省分行等负责）

（二十五）落实用地用电用气等优惠政策。在土地利用年度计划中，对粮食产业发展重点项目用地予以统筹安排和重点支持。支持和加快国有粮食企业依法依规将划拨用地转变为出让用地，增强企业融资功能。改制重组后的粮食企业，可依法处置土地资产，用于企业改革发展和解决历史遗留问题。粮食流通产业用地作为经营性用地，可采取出让、长期租赁、先租后让、租让结合方式使用土地。在符合规划、不改变用途的前提下，在原有建设用地上增建生产性设施，进行厂房加层或翻建改建厂房，增加用地容积率的，不再增收土地价款，免收城市基础设施配套费用。将粮食初加工设施用地纳入农业附属设施用地范围，在不占用基本农田的前提下，纳入设施农用地管理。落实粮食初加工用电、粮食烘干用气执行农业生产用电、用气价格政策。（国土资源厅、省能源局、省发展改革委、省粮食局等负责）

（二十六）加强组织领导。地方各级人民政府要高度重视粮食产业经济发展，因地制宜制定推进粮食产业经济发展的实施意见、规划或方案，加强统筹协调，明确职责分工。加大粮食产业经济发展实绩在贯彻落实粮食安全省长责任制考核中的权重。粮食部门负责协调推进粮食产业发展有关工作，推动产业园区建设，加强粮食产业经济运行监测。发展改革、财政部门要强化对重大政策、重大工程和重大项目的支持，发挥财政投入的引导作用，撬动更多社会资本投入粮食产业。各相关部门要根据职责分工抓紧完善配套措施和部门协作机制，强化责任考核，以有效的监督检查和考核保障机制确保工作目标实现，合力推进粮食产业经济发展。（各市〔州〕人民政府，省发展改革委、省粮食局、财政厅、农业厅等负责）

四川省人民政府办公厅

2018 年 5 月 21 日

贵州省人民政府办公厅关于加快推进农业供给侧结构性改革大力发展粮食产业经济的实施意见

黔府办函〔2018〕40号

各市、自治州人民政府，贵安新区管委会，各县（市、区、特区）人民政府，省政府各部门、各直属机构：

为贯彻落实《国务院办公厅关于加快推进农业供给侧结构性改革大力发展粮食产业经济的意见》（国办发〔2017〕78号）精神，加快推进我省农业供给侧结构性改革，推动粮食产业经济转型发展，增加优质绿色粮油产品供给，促进农业提质增效、农民就业增收和经济社会发展，经省人民政府同意，特提出以下实施意见。

一、总体要求

深入学习贯彻习近平新时代中国特色社会主义思想和党的十九大精神，以加快推进农业供给侧结构性改革为主线，以增加绿色优质粮食产品供给、促进农民持续增收和保障粮食质量安全为重点，全面落实国家粮食安全战略，推动粮食产业创新发展、转型升级和提质增效，为构建更高层次、更高质量、更有效率、更可持续的粮食安全保障体系夯实产业基础。

二、发展目标

到2020年，初步建成具有贵州特色的现代粮食产业体系，产业发展质量和效益明显提升，更好地保障全省粮食安全和带动农民增收，助力脱贫攻坚。粮食加工、粮食转化与精深加工、饲料工业、主食产业总产值达到1000亿元；绿色优质粮食产品有效供给稳定增加，全省粮食优质品率提高10个百分点左右；粮食加工转化率达到70%，主食品工业化率提高到25%以上；产值过10亿的粮食企业数量达到10个以上，产值过亿的企业50个以上，大型粮食产业化龙头企业和粮食产业集群辐射带动能力持续增强。

三、重点任务

（一）培育壮大粮食产业主体。

1. 培育壮大龙头企业。扶持一批具有核心竞争力和行业带动力的粮食产业化重点龙头企业。建立优秀企业家培养激励机制，为企业家营造健康成长环境，更好发挥企业家作用。支持有条件的龙头企业通过产权置换、股权转让、品牌整合、兼并重组等方式优化资源配置，实现发展壮大，形成大型产业集团。在确保区域粮食安全的前提下，完善龙头企业参与地方粮食储备机制。（责任单位：省发展改革委、省粮食局、省农委、省财政厅、省商务厅、省工商局、省质监局、中储粮贵州分公司）

2. 支持多元主体协同发展。加大招商引资力度，积极引进大型粮企入黔，为我省粮食产业发展注入新的活力。鼓励企业“走出去”，开展跨省区或跨国合作，培育行业领军企业。支持符合条件的多元主体积极参与粮食仓储物流设施建设、产后服务体系建设等，与产业链上下游各类市场主体成立粮食产业联盟，共同制订标准、创建品牌、开发市场、攻关技术、扩大融资等，实现优势互补。（责任单位：省发展改革委、省粮食局、省经济和信息化委、省财政厅、省农委、省工商局）

（二）创新粮食产业发展方式。

1. 促进全产业链发展。粮食企业要积极参与粮食生产功能区建设，发展“产购储加销”一体化模式，构建从田间到餐桌的全产业链。推动粮食企业向上游与新型农业经营主体开展产销对接和协作，通过定向投入、专项服务等方式，探索开展特色粮油种植、收购、储存、专用化加工试点；向下游延伸建设物流营销和服务网络，实现粮源基地化、加工规模化、产品优质化、服务多样化。开展粮食全产业链信息监测和分析预警，加大供需信息发布力度，引导粮食产销平衡。（责任单位：省发展改革委、省粮食局、省农委、省质监局）

2. 推动产业集聚发展。实施“粮食产业经济发展三年行动计划”，加快西南粮食城等10大粮食产业物流园区建设；支持30个市县建设省级现代粮食产业示范园区，推动资源要素向园区集聚。加快推进有机米、特色米（红米、黑米、紫米）、薏仁米、苦荞、酿酒高粱、马铃薯、山茶油、茶叶籽油、菜籽油、香禾糯、特色食品等特色粮油产业做优做强。（责任单位：省发展改革委、省农委、省粮食局、省经济和信息化委、省财政厅、省商务厅）

3. 发展粮食会展经济。继续办好每年一届的贵州省粮油精品展示交易会，进一步激活会展市场活力，提升会展的市场化程度。立足贵州，辐射西部，放眼全国，积极引入国际化标准，全面提高会展层次。在塑造会展国际品牌上下功夫，主动与国内大中城市开展会展联谊、招展推介等，同时向国际粮食巨头发出邀请，为会展争取更多、更高规格的参展资源，以充分发挥粮食会展经济在助推产业、拉动消费、服务民生、扩大开放、营销城市等方面的积极作用。（责任单位：省粮食局、省商务厅）

4. 积极发展新业态。完善贵阳国家粮食交易中心粮食电子交易平台体系，拓展物流运输、金融服务等功能。依托“云上贵州”系统平台，创建“1+5”为架构的“贵州粮食云”（“1”即省级粮食综合管理平台，“5”即粮库智能化省级改造、粮食交易中心省级终端信息化建设、重点粮食批发市场信息化建设、重点加工企业信息化改造、粮油应急配送中心信息化建设）。加大粮食文化资源的保护和开发利用力度，支持爱粮节粮宣传教育基地和粮食文化展示基地建设，鼓励发展粮食产业观光、体验式消费等新业态。（责任单位：省粮食局、省发展改革委、省经济和信息化委、省财政厅、省农委、省商务厅、省旅游发展委）

（三）促进粮食产业转型升级。

1. 实施“贵州好粮油”行动。充分发挥市场对生产的促进和引导作用，通过标准引领、质量测评、品牌培育、健康宣传和试点示范，提高绿色优质粮油产品的供给水平，满足城乡居民消费升级需求，实现粮食供给从解决“吃得饱”到满足“吃得好”的转变。突出“六好要素”，深入推进“贵州好粮油”行动。种植好。重点引导和支持各地根据资源特点、气候、土壤、生态环境等条件，建立原粮生产基地，实行专收专储，为“贵州好粮油”提供优质、充足的原料保障。品牌好。充分利用现有“三品一标”、贵州省名牌产品、贵州省著名商标等认证评价平台，使全省更多的粮油产品得到权威认证和专业认可，在省内外享有较高的社会知名度和品牌信誉度。质量好。抓牢质量这一“贵州好粮油”的根基和生命，督促企业建立健全质量管理体系及内控制度，严格工艺流程和质量检测，保证产品品质始终处于行业领先水平。营销好。充分利用全省放心粮油配送体系，实行“贵州好粮油”的专营专供，推进“互联网＋贵州好粮油”建设，推广“网上粮店”、移动终端 App 等新型粮食零售业态，促进线上线下融合发展。管理好。指导企业建立和完善适应优质粮油生产的经营管理制度，做到粮油加工设备先进、设施完备、工艺合理，企业发展活力充足、健康有序、优质高效。效益好。完善相关考评机制，扶持和鼓励效益好的企业优先发展，充分发挥“贵州好粮油”在决战脱贫攻坚、决胜全面小康的重要作用，通过加快实现产销两旺，带动整个产业链上下游的从业者增加收入、脱贫致富。力争到 2020 年，打造 100 个“贵州好粮油”产品，创建 10 个“贵州好粮油”示范县及 30 家“贵州好粮油”示范企业。（责任单位：省粮食局、省财政厅）

2. 力促主食产业化。支持“面制食品国家地方联合工程研究中心西南分中心”建设，切实推进我省主食产业化及杂粮资源的研究利用。支持推进米面、荞麦、薯类等主食制品的工业化生产、社会化供应等产业化经营方式，大力发展各种馒头、面条、米粉、饺子等米面主食品，以及方便食品、速冻食品、休闲食品、营养餐等高附加值产品。开展主食产业化示范工程建设，认定一批放心主食示范单位，推广“生产基地＋中央厨房＋餐饮门店”“生产基地＋加工企业＋商超销售”“作坊置换＋联合发展”等新模式，加快米粉、面条、馒头等小作坊的改造升级，确保产品质量安全。保护并挖掘传统主食产品，增加花色品种。（责任单位：省粮食局、省经济和信息化委、省财政厅、省农委、省商务厅）

3. 加快发展粮食精深加工与转化。着力开发粮食精深加工产品，增加专用米、专用油，加强主食产品与薏仁米、荞麦等特色杂粮，天麻、葛根、茯苓等中草药的融合创新，增加功能性淀粉糖、功能性蛋白、功能性主食品以及保健、化工、医药等方面的有效供给。强化食品质量安全、环保、能耗、安全生产等约束，促进粮食企业加大技术改造力度，倒逼落后加工产能退出。（责任单位：省发展改革委、省经济和信息化委、省财政厅、省食品药品监管局、省粮食局、省能源局）

（四）强化粮食科技创新和人才支撑。

1. 加快推动粮食科技创新突破。建立粮油科技创新项目库，支持涉及营养健康、质量安全、节粮减损、加工转化、现代物流、“智慧粮食”等领域相关基础研究和急需关键技术研发的支持力度，推进信息、生物、新材料等高新技术在粮食产业中的应用，对有关重点项目予以扶持。支持企业加大研发投入和开展创新活动。鼓励科研机构、高校与企业通过共同设立研发基金、实验室、成果推广工作站等方式，聚焦企业科技创新需求。（责任单位：省科技厅、省质监局、省粮食局）

2. 加快科技成果转化推广。深入实施“科技兴粮工程”，建立粮食产业科技成果转化信息服务平台，定期发布粮食科技成果，促进粮食科技成果、科技人才、科研机构等与企业有效对接，推动科技成果产业化。以贵州省粮油科研所为基础，整合有关科研力量，组建“贵州省粮油产品研发中心”，深度挖掘我省特色粮油资源，推动资源优势向经济优势转化。（责任单位：省人力资源社会保障厅、省科技厅、省粮食局）

3. 健全人才保障机制。实施“人才兴粮工程”，深化人才发展体制改革，激发人才创新创造活力。支持企业加强与科研机构、高校合作，创新人才引进及管理机制，搭建专业技术人才创新创业平台，遴选和培养一批粮食产业技术体系专家，凝聚高水平领军人才和创新团队为粮食产业服务。发展粮食职业教育和高等教育，支持贵州食品工程职业学院院系设置和人才引进工作，鼓励其他高校开设粮食产业相关专业和课程，完善政产学研用相结合的协同育人模式，加快培养行业短缺的实用型人才。加强职业技能培训，举办职业技能竞赛活动，培育“粮工巧匠”，提升粮食行业职工的技能水平。（责任单位：省粮食局、省人力资源社会保障厅、省教育厅）

（五）夯实粮食产业发展基础。

1. 实施优质粮油订单工程。加大高标准粮田建设和高效优质粮食品种推广力度，通过标准化生产、规模化种植和集约化经营，进一步加大对优质品种的繁育推广力度，提升我省原粮优质率。要指导粮食企业发展优质粮油订单种植，与其他新型农业经营主体和农户建立利益联结机制，凡农户以土地为基础进行合作的，要采取“保底收益＋按股分红”等方式，让农户分享企业加工增值收益，切实拓宽农户增收渠道。在现有 680 万亩粮油优质订单的基础上，不断上台阶、增规模，到 2020 年，优质粮油订单面积达到 1000 万亩。（责任单位：省农委、省粮食局）

2. 加强粮食产销合作。适应农业产业结构调整新形势，在坚持提高省内粮食生产能力的基础上，加强与粮食主产省建立长期稳定的产销合作关系，充分利用省外粮食资源弥补我省粮食产需缺口。要建立引粮入黔政府补贴机制，积极支持省内粮食企业到主产区采购粮食，参与主产区粮食生产和收购。支持省外主产区粮食企业到我省投资建设仓储物流设施和营销网络，开展合作经营。要加快培育和完善粮食市场体系，充分发挥市场调节的功能和作用。铁路运输部门要大力支持粮食产销合作，提高粮食运输保障能力。（责任单位：省粮食局、省发展改革委、省财政厅）

3. 巩固粮食质量检验监测体系。进一步支持“贵州国家粮食质量监测中心”及九个市（州）粮食质量检测站建设，巩固以省级为骨干、以市级为支撑、以县级为基础的公益性粮食质量检验监测体系。开展收获粮食质量调查、粮油质量检验检测、粮油品质测报和安全风险监测。建立粮食质量安全追溯体系和协作平台，加大联合执法力度，强化粮食种植、收购、储存、销售及食品生产经营监管，严防不符合食品安全标准的粮食流入口粮市场或用于食品加工。建立覆盖从产地到餐桌全程的粮食质量安全追溯体系和平台，加强口岸风险防控和实际监管，深入开展农产品反走私综合治理，实施专项打击行动。（责任单位：省粮食局、省食品药品监管局、省农委、贵阳海关、省质监局）

四、完善保障措施

（一）加强组织领导。地方各级人民政府要高度重视粮食产业经济发展，因地制宜采取必要措施，细化目标任务，落实工作责任，切实推进本地区粮食产业经济有效发展。加大粮食产业经济发展实绩在粮食安全省长责任制考核中的权重。要按照全省决战脱贫攻坚决胜同步小康战略部署，结合精准扶贫、精准脱贫要求，大力开展粮食产业扶贫。粮食部门负责协调推进粮食产业发展有关工作，推动产业园区建设，加强粮食产业经济运行监测。发展改革、财政等部门要强化对重大政策、重大工程和重大项目的支持，积极发挥财政投入引导作用，撬动更多社会资本投入粮食产业。各相关部门要根据职责分工抓紧完善配套措施和部门协作机制，并发挥好粮食等相关行业协会商会在标准、信息、人才、机制等方面的作用，合力推进粮食产业经济发展。（责任单位：各市〔州〕人民政府、贵安新区管委会、省发展改革委、省粮食局、省财政厅、省农委、省扶贫办）

（二）加大财税扶持力度。统筹安排现有粮食流通专项资金、农业生产发展资金以及相关产业基金等，支持粮食订单种植、加工技改、互联网＋粮食、粮食仓储物流设施、现代高效农业（粮食）示范园区（基地）建设和粮食产业转型升级。统筹利用产粮产油大县奖励资金、粮食风险基金等支持粮食产业发展。充分发挥财政资金引导功能，积极引导金融资本、社会资本加大对粮食产业的投入。新型农业经营主体购置仓储、烘干设备，可按规定享受农机具购置补贴。鼓励各粮油企业与电商龙头搭建“黔粮出山”平台。落实粮食加工企业从事农产品初加工所得按规定免征企业所得税政策和国家简并增值税税率有关政策。（责任单位：省财政厅、省发展改革委、省国税局、省地税局、省粮食局）

（三）健全金融保险支持政策。拓宽企业融资渠道，为粮食收购、加工、仓储、物流等各环节提供多元化金融服务。政策性、商业性金融机构要结合职能定位和业务范围，在风险可控的前提下，合理降低信贷抵押门槛，加大对粮食产业发展和农业产业化重点龙头企业的信贷支持。建立健全粮食收购贷款信用保证基金融资担保机制，降低银行信贷风险。支持粮食企业通过发行短期融资券等非金融企业债务融资工具筹集资金，支持符合条件的粮食企业上市融资或在新三板挂牌，以及发行公司债券、企业债券和并购重组等。引导粮食企业合理利用农产品期货市场管理价格风险。在做好风险防范的前提下，积极开展企业厂房抵押和存单、订单、应收账款质押等融资业务，创新“信贷＋保险”、产业链金融等多种服务模式。鼓励和支持保险机构为粮食企业开展对外贸易和“走出去”提供保险服务。（责任单位：人行贵阳中心支行、贵州银监局、贵州证监局、贵州保监局、省财政厅、省商务厅、省粮食局）

（四）落实用地用电等优惠政策。在土地利用年度计划中，对粮食物流园区、粮食产业发展重点项目用地予以统筹安排和重点支持。支持省级重点项目西南粮食城和十大粮食物流园区建设，优先保障西南粮食城和十大粮食物流园区建设用地需求。支持和加快国有粮食企业依法依规将划拨用地转变为出让用地，增强企业融资功能。改制重组后的粮食企业，可依法处置土地资产，用于企业改革发展和解决历史遗留问题。落实粮食初加工用电执行农业生产用电价格政策。（责任单位：省国土资源厅、省发展改革委、省粮食局、贵安新区管委会）

贵州省人民政府办公厅
2018 年 3 月 26 日

云南省人民政府办公厅
关于加快推进农业供给侧结构性改革
大力发展粮食产业经济的实施意见

云政办发〔2018〕6号

各州、市人民政府，省直各委、办、厅、局：

为贯彻落实《国务院办公厅关于加快推进农业供给侧结构性改革大力发展粮食产业经济的意见》（国办发〔2017〕78号）精神，加快推进我省农业供给侧结构性改革，大力发展粮食产业经济，经省人民政府同意，现提出以下意见。

一、总体要求

以习近平新时代中国特色社会主义思想为指导，全面贯彻党的十九大精神，全面落实国家粮食安全战略，以加快推进农业供给侧结构性改革为主线，树立“大粮食”“大产业”“大市场”“大流通”理念，坚持市场主导、政府引导、产业融合、协调发展、创新驱动、提质增效、因地制宜、分类指导的原则，按照以产业模式发展粮食、以市场理念经营粮食、以法治手段管控粮食的思路，大力发展高原特色粮食产业经济，实施优质粮食工程，推动粮食产业创新发展、转型升级和提质增效，培育一批拥有核心竞争力、产业关联度大、带动能力强的龙头企业，产业发展的质量和效益明显提升。进一步做强高原粮仓，提高口粮生产和保障能力，不断增强我省作为粮食产销平衡区的自我平衡能力，初步建成适应云南省情和粮情的现代粮食产业体系。到2020年，绿色优质粮食产品有效供给稳定增加，全省粮食优质品率提高10个百分点左右；粮食产业增加值年均增长7%左右，粮食加工转化率达到88%左右，米线、卷粉、饵块、饵丝、面条等主食品工业化率提高到25%以上；力争主营业务收入过50亿元的大型粮食企业数量达到2户以上，主营业务收入过10亿元的“粮食小巨人”企业数量达到10户以上。

二、主要任务

（一）加强规划引领，打造粮食经济全产业链。编制《云南省粮食全产业链发展中长期规划（2018—2025年）》，积极发展“产购储加销”一体化模式，构建从田间到餐桌的全产业链，促进一二三产业融合发展。推动粮食企业向上游与新型农业经营主体开展产销对接和协作，采取定向投入、专项服务、良种培育、订单收购、代储加工等方式，建设加工原料基地；向下游延伸建设物流营销和服务网络，着力打造绿色、有机的优质粮食供应链。支持省属大型国有投资平台，化肥、农垦、物流、种业、互联网等企业与粮食企业开展业务整合，采取参股、控股、收购等方式，组建综合性涉粮企业。鼓励粮食企业与产业链上下游各类市场主体成立产业联盟，共同制定标准、创建品牌、开发市场、创新技术、扩大融资等，实现优势互补。（省发展改革委、农业厅、国资委、质监局、粮食局等部门，各州、市人民政府按照职责分工负责）

（二）发展高原特色粮食产业，增加优质粮油产品供给。在划定我省粮食生产功能区基础上，大力发展高原特色绿色优质粮食种植，积极推进优质稻谷、木本油料、杂粮杂豆、薯类等高原特色粮食产业发展，增加绿色优质粮油产品生产和供给。以市场需求为导向，建立优质优价的粮食生产、分类收储和交易机制，积极探索地方储备粮收购和储备优质粮食的机制，推动仓储、物流、加工等粮食流通各环节有机衔接。支持粮食企业积极参与粮食生产功能区建设，以相关利益联结机制为纽带，延长产业链，提升价值链，密切利益链。鼓励支持粮食加工、流通企业采取保底收购、股份分红、利润返还等粮食订单收购方式与种粮大户、家庭农场、农民合作社等建立产销对接和协作。整合现有仓储设施资源，在全省产粮大县建设一批专业化、市场化的粮食产后服务中心，为农户提供粮食“五代”（代清理、代干燥、代储存、代加工、代销售）服务。（省发展改革委、农业厅、林业厅、质监局、粮食局，农业发展银行云南省分行等部门，各州、市人民政府按照职责分工负责）

（三）培育壮大粮食产业化龙头企业，激发企业发展活力。发挥粮食骨干龙头企业在产业发展中“排头兵”作用，集中力量、加大扶持，加速资源、资金、资产集聚，打造品牌，形成若干辐射范围大、带动能力强的粮食骨干龙头企业。进一步深化国有粮食企业改革，积极发展混合所有制经济，鼓励优势企业以资本、技术、品牌为纽带，采取联合、兼并、重组等方式，打破地区、行业和所有制等界限，培育和打造一批跨区域、跨行业粮食产业化龙头企业。在农业产业化国家和地方重点龙头企业认定工作中，认定和扶持一批具有核心竞争力和行业带动力的粮食产业化重点龙头企业，培育和打造“粮食小巨人”。支持符合条件的龙头企业参与承担政策性粮食收储业务，在确保区域粮食安全的前提下，探索创新龙头企业参与地方粮食储备机制。鼓励国有粮食企业依托现有收储网点，主动与新型农业经营主体等开展合作。支持多元主体协同发展，培育、发展和壮大从事粮食收购和经营活动的多元粮食市场主体，建立健全统一、开放、竞争、有序的粮食市场体系。（省发展改革委、工业和信息化委、农业厅、商务厅、国资委、工商局、质监局、粮食局等部门，各州、市人民政府按照职责分工负责）

（四）实施优质粮食工程，打造高原特色粮油品牌。组织实施“中国好粮油”行动、质检体系建设、产后服务体系建设等项目建设。通过推进和实施“中国好粮油”云南行动计划，开展标准引领、质量测评、品牌培育、健康消费宣传、营销渠道和平台建设及试点示范。通过质量提升、自主创新、品牌创建、特色产品认定等，培育一批具有自主知识产权和较强市场竞争力的全国性和省内的粮油名牌产品。鼓励企业推行更高质量标准，建立粮食产业企业标准领跑者激励机制，提高品牌产品质量水平，大力发展“三品一标”粮食产品，培育发展自主品牌。鼓励企业获得有机、良好农业规范等通行认证，推动出口粮食质量安全示范区建设。加强高原特色绿色优质粮油品牌宣传、发布、人员培训、市场营销、评价标准体系建设、展示展销信息平台建设，组织云南高原特色粮油产品推介和产销对接活动，挖掘区域性粮食文化元素，联合打造区域品牌，促进品牌整合，狠抓“特色”，打造“品牌”，提升云南粮油产品的影响力。加大粮食产品的专利权、商标权等知识产权保护力度，严厉打击制售假冒伪劣产品行为。加强行业信用体系建设，规范市场秩序。（省发展改革委、工业和信息化委、财政厅、农业厅、林业厅、工商局、质监局、粮食局、知识产权局等部门，各州、市人民政府按照职责分工负责）

（五）加强现代粮食物流体系建设，推动产业集聚发展。主动服务和融入“一带一路”建设、长江经济带发展战略，充分利用沿边经济走廊、澜沧江经济走廊建设机遇，发挥区位和资源优势，推动粮油产业集聚发展。按照我省“一核、六圈、七线、八节点”的粮食流通规划布局，加强粮食物流基础设施和应急供应体系建设，打通省储备粮管理有限公司“北粮南运”西南通道，优化物流节点布局，完善粮食物流体系。加快粮食铁路专用线、集装箱散粮接收发放设施及散粮中转配套设施建设，支持有关企业开展集装箱散粮运输试点，支持第三方物流企业提供散粮运输综合物流服务，逐步推广散粮运输，提升粮食物流效率。支持符合条件的多元主体积极参与粮食仓储物流设施建设、产后服务体系建设等。加强进口粮食指定口岸防疫能力建设。依托云南高原特色粮油产区和关键粮食物流节点，推进产业向优势产区集中布局，打造红河红米、德宏遮放贡米、文山八宝贡米、玉溪粮食产业园等一批高原特色优势粮食产业集群，建设一批集收购、仓储、加工、转化、配送、质检、信息、循环利用为一体的大型粮食产业园区（基地）。（省发展改革委、工业和信息化委、农业厅、商务厅、质监局、粮食局，云南出入境检验检疫局等部门，各州、市人民政府按照职责分工负责）

（六）发展粮食精深加工与转化，提高粮食工业化水平。鼓励和支持各地出台有利于粮食精深加工与转化的政策，以新型工业化理念引领产业发展，充分发挥粮食加工转化引擎作用，发展高原特色粮食加工业。引导粮食加工企业走专、特、精、深的发展道路，大力发展粮食精深加工与转化。着力开发粮食转化产品，增加专用米、专用粉、专用油、功能性淀粉糖、功能性蛋白、酵母等食品以及保健、化工、医药等方面的有效供给，带动粮食生产功能区经济发展和农民增收，形成区域经济增长极。在保障粮食供应和质量安全的前提下，着力处置重金属超标粮食等。鼓励支持粮食企业探索多途径实现粮油副产物循环、全值和梯次利用，发展粮食循环经济。强化食品质量安全、环保、能耗、安全生产等约束，促进粮食企业加大技术改造力度，倒逼落后加工产能退出。（省发展改革委、工业和信息化委、食品药品监管局、粮食局等部门，各州、市人民政府按照职责分工负责）

（七）大力促进主食产业化，积极发展新业态。支持推进米面、玉米、杂粮及薯类主食制品的工业化生产、社会化供应等产业化经营方式，大力发展方便食品、休闲食品、速冻食品等。开展主食产业化示范工程建设，认定一批放心主食示范单位，推广"生产基地 + 中央厨房 + 餐饮门店""生产基地 + 加工企业 + 商超销售""作坊置换 + 联合发展"等新模式。保护并挖掘传统主食产品，增加花色品种。加强主食产品与其他食品的融合创新，鼓励和支持开发个性化功能性主食产品。全面推进"互联网 + 粮食"，促进粮食产业优化升级。建设省级粮食信息化平台，组织实施全省"粮库智能化升级改造"工程，到 2018 年底基本实现全省县级以上中心粮库信息化改造全覆盖。完善全省粮食统一竞价交易系统，发挥昆明国家粮食交易中心平台作用。鼓励粮食批发市场、连锁超市、放心粮店等开展电子商务，推广"网上粮店"等新型粮食零售业态，有效拓宽粮食营销渠道，促进线上线下融合，提高供给效率。加大粮食文化资源的保护和开发利用力度，支持爱粮节粮宣传教育基地和粮食文化历史展示基地建设，鼓励发展和适时开发粮食产业观光、体验式消费的旅游生态农庄等新业态。（省发展改革委、工业和信息化委、农业厅、商务厅、旅

游发展委、工商局、粮食局等部门，各州、市人民政府按照职责分工负责）

（八）加强粮食质监体系建设，保障粮食质量安全。加大县级粮食质量安全检验监测能力建设力度，逐步形成以省级为骨干、州市级为支撑、县级为基础的公益性粮食质量检验监测体系。进一步加强粮食质量检验机构建设，各级粮食质量检验机构应配备相应人员，粮食质量安全监测与监管经费列入同级财政预算并保持稳定。加快云南高原特色粮油产品标准的制修订。构建全省粮食质量安全风险监测信息化平台，建立完善粮食质量安全监测信息共享机制。加强进口粮食质量安全监管，建立进口粮食疫情监测和联防联控机制。建立覆盖从田头到餐桌全程的粮食质量安全追溯体系和平台，进一步健全质量安全监管衔接协作机制，加强粮食种植、收购、储存、销售及食品生产经营监管，严防不符合食品安全标准的粮食流入口粮市场或用于食品加工。加强口岸风险防控和实际监管，深入开展农产品反走私综合治理，实施专项打击行动。（省政府食品安全办、农业厅、卫生计生委、质监局、食品药品监管局、粮食局，昆明海关、云南出入境检验检疫局等部门，各州、市人民政府按照职责分工负责）

（九）加强粮食科技创新，强化人才支撑。实施“科技兴粮工程”，加快推动粮食科技创新突破和科技成果转化推广。支持创新要素向企业集聚，引导企业加大研发投入和开展创新活动。鼓励省内外科研机构、高校与企业采取共同设立研发基金、实验室、成果推广工作站等方式，聚焦企业科技创新需求。建立粮食产业科技成果转化信息服务平台，定期发布国内外粮食科技成果，促进粮食科技成果、科技人才、科研机构等与企业有效对接，推动科技成果产业化。鼓励粮食企业利用老旧仓容或长期闲置仓容，与省内科研机构及高校合作，推进粮食行业大众创业、万众创新，打造粮食“双创”基地，孵化粮食科技、食品加工等创新项目及企业。实施“人才兴粮工程”，培养造就一支高素质的粮食行业人才队伍。支持企业加强与省内外科研机构、高校合作，创新人才引进机制。按照贴近行业、服务就业的原则，巩固已有的优势农业产业专业，支持有关职业院校开设与粮食产业相关的急需专业，推进校企一体化人才培养模式，加快培养粮食产业及有关行业短缺的实用型人才。加强职业技能培训，举办职业技能竞赛活动，培育“粮工巧匠”，提升粮食行业职工职业技能水平。（省教育厅、人力资源社会保障厅、科技厅、质监局、粮食局，云南出入境检验检疫局等部门，各州、市人民政府按照职责分工负责）

（十）加大粮食产业扶贫力度，助力精准脱贫。结合精准扶贫、精准脱贫要求，根据市场需求、资源禀赋和生产要素供给条件，结合贫困地区实际，加快高原特色粮食产业优质品种、新技术的引进、示范和推广，积极推进高原特色粮食种植、收储、加工、销售等，帮助建设贫困地区粮食产后服务体系，支持贫困地区粮食传统加工工艺提升改造，扶持建设贫困地区高原特色粮食优势产区加工基地和园区，发挥龙头企业、农村合作组织等市场主体的带动作用，推进“一村一品、一县一业”的特色粮食产业体系建设，促进贫困地区精准脱贫。（省工业和信息化委、农业厅、商务厅、粮食局、扶贫办等部门，各州、市人民政府按照职责分工负责）

（十一）实施“引进来”“走出去”战略，推进粮食产销合作。进一步加强与中粮集团、华润集团、益海嘉里集团等大型企业的深度合作，壮大粮食产业发展实力。充分利用好国际国内两个市场两种资源，进一步加强省内外产销区产业合作，鼓励和支持我省粮食企业到国内粮食主产区和周边粮食主产国投资建设粮源基地和仓储物流加工设施。加强边境地区粮食仓储物流设施和检验检疫通关设施建设，支持企业开展稻谷、玉米、豆类、薯类等粮食作物规模化生产、加工、储运等多种形式的跨国经营，将我省周边的粮食吸引到省内国家重点开发开放试验区、边境经济合作区和跨境经济合作区等进行加工和转化，积极发展跨国粮食产业经济。（省发展改革委、工业和信息化委、商务厅、质监局、粮食局，昆明海关、云南出入境检验检疫局等部门，各州、市人民政府按照职责分工负责）

三、完善保障措施

（一）加强组织领导。各州、市、县、区人民政府要高度重视粮食产业经济发展，因地制宜制定推进本地粮食产业经济发展的实施意见、规划或方案，加强统筹协调和政策引导，明确职责分工，及时总结推广典型经验。将粮食产业经济发展纳入粮食安全行政首长责任制考核指标体系，加大发展实绩在粮食安全行政首长责任制考核中的权重。粮食部门负责协调推进粮食产业发展有关工作，推动产业园区建设，加强粮食产业经济运行监测，加强粮食产业经济统计工作。发展改革、财政部门要强化对重大政策、重大工程和重大项目的支持，发挥财政投入的引导作用，撬动更多社会资本投入粮食产业。有关部门要根据职责分工抓紧完善配套措施和部门协作机制，并发挥好粮食等有关行业协会商会在标准、信息、人才、机制等方面的作用，合力推进粮食产业经济发展。（省发展改革委、财政厅、农业厅、粮食局等部门，各州、市人民政府按照职责分工负责）

（二）加大财税扶持力度。争取国家支持，整合资金投入，创新投入方式，对粮食产业发展给予积极支持。建立持续、稳定、科学的粮食产业经济投入机制，根据财力情况和粮食产业经济发展需要，充分利用现有资金渠道，省级适当增加投入，支持优质粮食工程建设。省发展改革、粮食部门要积极筹措资金，支持铁路散粮运输设施项目、港口散粮运输设施项目、粮食物流（产业）园区项目、粮食仓储设施项目、应急配送中心项目、粮食物流公共信息平台建设。省工业和信息化委要每年对符合工业和信息化专项资金申报要求的粮油食品饲料加工制造企业的项目和粮食加工产业园区建设项目等给予相应资金支持。州、市、县、区人民政府要充分利用好现有资金渠道，统筹利用产粮产油大县奖励资金、粮食风险基金等，加大资金投入，充分发挥财政资金引导功能，积极引导金融资本、社会资本加大对粮食产业的投入。新型农业经营主体购置仓储、烘干设备，可按规定享受农机具购置补贴。落实粮食加工企业从事农产品初加工所得按照规定免征企业所得税政策和国家简并增值税税率有关政策。（省发展改革委、工业和信息化委、财政厅、农业厅、地税局、粮食局，省国税局等部门，各州、市人民政府按照职责分工负责）

（三）健全金融保险支持政策。拓宽企业融资渠道，为粮食收购、加工、仓储、物流等各环节提供多元化金融服务。政策性、商业性金融机构要结合职能定位和业务范围，在风险可控的前提下，加大对粮食产业发展和农业产业化重点龙头企业的信贷支持。落实好中央健全粮食收购贷款信用保证基金融资担保机制，降低银行信贷风险的有关政策。农业发展银行云南省分行要积极为收储政策性优质优价粮食提供贷款。引导金融机构积极向符合条件的种粮大户、家庭农场、农民合作社等提供贷款，政府在仓储设施、产后服务体系建设方面给予适当支持。支持粮食企业通过发行短期融资券等非金融企业债务融资工具筹集资金，支持符合条件的粮食企业上市融资或在新三板挂牌，以及发行公司债券、企业债券和并购重组等。引导粮食企业合理利用农产品期货市场管理价格风险。在做好风险防范的前提下，积极开展企业厂房抵押和存单、订单、应收账款质押等融资业务，创新“信贷＋保险”、产业链金融等多种服务模式。鼓励和支持保险机构为粮食企业开展对外贸易和“走出去”提供农产品出口信用保险、保单融资、海外买家资信调查等服务。（省财政厅、商务厅、粮食局，人民银行昆明中心支行、云南银监局、云南证监局、云南保监局、农业发展银行云南省分行等部门按照职责分工负责）

（四）落实用地用电等优惠政策。在土地利用年度计划中，对粮食产业发展重点项目用地予以统筹安排和重点支持。支持和加快国有粮食企业依法依规将划拨用地转变为出让用地，增强企业融资功能。改制重组后的粮食企业，可依法处置土地资产，用于企业改革发展和解决历史遗留问题。落实粮食初加工用电执行农业生产用电价格政策。（省发展改革委、国土资源厅、粮食局等部门，各州、市人民政府按照职责分工负责）

云南省人民政府办公厅

2018 年 1 月 28 日

西藏自治区人民政府办公厅关于深化农业供给侧结构性改革大力发展高原特色粮食产业经济的意见

藏政办发〔2018〕32号

各地（市）行署（人民政府），自治区各委、办、厅、局：

为深入贯彻党的十九大精神，全面贯彻落实《国务院办公厅关于加快推进农业供给侧结构性改革大力发展粮食产业经济的意见》（国办发〔2017〕78号）精神，深化农业供给侧结构性改革，加快我区粮食产业经济发展，增加绿色优质粮食产品供给，促进种粮农牧民增收致富，确保粮食安全和经济社会长足发展、长治久安，经自治区人民政府同意，现提出如下意见：

一、总体要求

（一）指导思想。高举习近平新时代中国特色社会主义思想伟大旗帜，全面贯彻落实党的十九大和区党委九届三次全会精神，深入贯彻习近平总书记系列重要讲话精神和治国理政新理念新思想新战略，认真落实党中央、国务院和自治区党委、政府决策部署，统筹推进“五位一体”总体布局和协调推进“四个全面”战略布局，牢固树立创新、协调、绿色、开放、共享的发展理念，围绕建设高原特色农产品基地的总体目标，以供给侧结构性改革为主线，以增加高端绿色优质粮食产品供给为重点，立足我区优势资源和条件，积极培育产业实体，稳步推进精深加工，打造“高原”品牌，大做“特色”文章，拓展营销渠道，促进产业融合，实现粮食产业发展从粗放型向集约型、自足型向外销型转变，切实保障我区粮食安全，为促进经济社会长足发展和长治久安奠定坚实基础。

（二）基本原则。坚持市场主导与政府引导相结合，坚持产业融合与协调发展相结合，坚持创新驱动与开放合作相结合，坚持产业发展与生态保护相结合。强化市场在粮食资源配置中的决定性作用，推动粮食“产购储加销”全产业链发展，促进一二三产业融合发展，支持粮食产业发展领域大众创业万众创新活动，大力实施人才兴粮、科技兴粮战略，鼓励多元主体参与粮食产业经营和产品研发，以青稞为主，建立安全、优质、营养、绿色、生态的高原特色粮食产业体系，坚持“走出去”与“引进来”相结合，深化粮食产销协作和市场深度融合，实现优势互补、合作共赢，筑牢“绿水青山就是金山银山”的发展理念，严格落实环境影响评价制度，切实保护好西藏生态环境。

（三）主要目标。到 2020 年，全区粮食种植面积稳定在 260 万亩，产量稳定在 100 万吨以上，产业发展粮源充足；培育年产值超 2000 万元、具有明显区域带动作用的特色粮食加工龙头企业（重点包括国家级、自治区级、地（市）级龙头企业）7 家，粮食加工转化率达到 30%；粮食加工标准体系和质量控制体系基本建成；研发一批绿色优质特色粮食产品，粮食特别是青稞营养价值得到充分挖掘，产业创新链条不断延伸；打造一批区内外较有影响力的粮食品牌；粮食贸易“一带一路”南亚大通道建设初见成效，粮油贸易方式实现线上线下融合，一批特色产品打入内地市场；建成一批反哺农业能力较强、促进农牧民致富辐射范围较广的产业融合项目，推动一二三产业融合发展。

二、主要任务

（一）提高粮食产能。深入贯彻落实《西藏自治区人民政府关于建立粮食生产功能区和重要农产品生产保护区的实施意见》（藏政发〔2017〕61 号），全面落实永久基本农田保护制度，严格耕地保护，完善粮食生产功能区，确保粮食播种面积稳定在 260 万亩以上。实施耕地质量提升行动，提升全区耕地地力。落实青稞良种推广和粮食“双增”行动，加大高标准农田建设力度，确保到2020年建成相对集中连片、旱涝保收、稳产高产、生态友好的高标准农田225万亩，全区粮食总产量稳定在100万吨以上。加快粮食生产核心区建设，建设优质粮食标准化生产示范基地。积极发展粮食加工优质品种种植，逐步调减冬、春小麦面积。加大良种繁育推广力度，确保粮食供种用种安全。（农牧厅、农发办、国土资源厅，各地（市）行署（人民政府）等负责。排在第一的部门为牵头部门，下同）

（二）夯实产业基础。

1. 推进粮食种植基地建设。依托高标准农田和粮食核心生产区，鼓励龙头企业采取土地流转、土地入股、服务带动、利益联结等方式，在拉萨、日喀则、山南进一步建设粮食种植基地，推动粮食适度规模经营，实现粮源基地化、产品优质化、服务多样化。（农牧厅、农发办、国土资源厅、水利厅，各地（市）行署（人民政府）等负责）

2. 实施优质粮食工程。推进“中国好粮油”行动计划，增加绿色优质粮油产品供给，健全粮食质量安全检验监测体系建设，基本形成“机构成网络、监测全覆盖、监管无盲区”的粮油质检体系，积极推进粮食产后服务体系建设，在符合条件的粮食主产区，建设一批专业化、市场化的产后服务中心，为农户提供代清理、代储存、代加工、代销售服务。推进农户科学储粮行动，促进粮食保质减损和农牧民增收。（粮食局、农牧厅、财政厅，各地（市）行署（人民政府）等负责）

3. 完善粮食物流体系。加强粮食物流基础设施和应急供应体系建设，围绕拉林、拉日铁路运输枢纽，优化粮食物流节点布局，强化放心粮油经营设施项目建设，完善物流通道。扎实推进“粮安工程”建设，强化粮食仓储设施建设与利用。鼓励区内粮食企业通过合资、重组等方式与中粮集团、北大荒集团等区外大型粮食企业组成联合体。以智能粮库建设为起点，加快粮食行业信息化建设，落实国家建设标准，促进粮食物流信息共享。（发展改革委、粮食局、财政厅，各地（市）行署（人民政府）等负责）

（三）壮大产业主体。

1. 继续深化国有粮食企业改革。积极发展以青稞经营为纽带的混合所有制经济，加快转换经营机制，增强企业市场化经营能力和产业经济发展活力。坚持集团化、规模化、产业化的改革发展方向，按照“整合重组一批、打造做强一批”的思路，精干主体、优化结构、壮大规模、提高质量，引导自治区和地（市）国有粮食企业采取收购、兼并、参股、租赁等多种形式，探索混合所有制经济，培育壮大产业主体。以资本为纽带，构建跨区域、跨行业“产购储加销”协作机制，健全企业法人治理结构，建立现代企业制度，鼓励国有粮食企业依托现有收储网点，主动与新型农业经营主体开展粮食经营合作。培育、发展和壮大从事粮食收购和经营活动的多元粮食市场主体，建立健全统一、开放、竞争、有序的粮食市场体系。（粮食局、国资委、发展改革委、财政厅，各地（市）行署（人民政府）等负责）

2. 深化粮食收储制度改革。创新地方储备管理机制，优化地方储备粮布局和品种结构。完善“承储社会化、运作市场化、管理双重化”的自治区动态应急储备管理机制。以拉萨国家粮食储备库和各地（市）地方粮食储备库为依托，探索成立自治区储备粮管理总公司，培育壮大粮食收储载体，规范储备管理。完善中央储备与地方储备协同运作机制，支持符合条件的龙头企业参与政策性粮食收储业务。（粮食局、发展改革委、财政厅，各地（市）行署（人民政府）等负责）

3. 培育壮大粮食产业化龙头企业。推进西藏农牧产业投资集团有限公司集团化管理，加快子公司资产评估、业务整合等各项工作，建立健全集团公司运营管理制度。认定和扶持一批具有核心竞争力和行业带动力的地（市）级粮食产业化龙头企业。引导支持龙头企业通过多种方式与种粮大户、家庭农场、农民合作社结成经营联合体和利益共同体，引导优质青稞种植，带动农牧民增收、乡村振兴。（国资委、粮食局、农牧厅、财政厅，各地（市）行署（人民政府）等负责）

4. 支持多元主体协同发展。发挥西藏农牧产业投资集团有限公司等骨干企业的示范带动作用，鼓励多元主体开展多种形式的合作与融合，大力培育和发展粮食产业化联合体。鼓励和吸引社会资本参与国有粮食企业产权制度改革和资产重组，实现投资主体和产权主体多元化。支持符合条件的多元主体积极参与政策性粮食收储、仓储物流设施建设、粮食产后服务体系建设等。鼓励通过产权置换、股权转让、品牌整合、兼并重组等方式，实现粮食产业资源优化配置。（发展改革委、粮食局、国资委、财政厅、农牧厅、工商局，各地（市）行署（人民政府）等负责）

（四）创新发展方式。

1. 构建全产业链发展模式。加快破解我区国有粮食企业经营业态单一、产业层次低等突出问题，改变“收原粮、储原粮、卖原粮”的传统经营方式，发展“产购储加销”一体化模式，构建从田间到餐桌的青稞全产业链。积极引导粮食加工企业通过定向投入、专项服务、良种繁育、订单收购、代储加工等方式，建设加工原料基地；探索开展高原特色粮食种植、收购、储存、专用化加工试点，向后端延伸建设物流营销和服务网络，着力打造高原特色绿色有机优质粮食供应链。大力推广“企业+基地+合作社（种植大户、家庭农场）”等经营模式，提高粮食经营组织化程度，健全利益联结机制，推进粮食增产增效、农牧民脱贫致富。（发展改革委、粮食局、工业和信息化厅、农牧厅，各地（市）行署（人民政府）等负责）

2. 发展粮食循环经济。支持粮食企业进行加工工艺改造，探索多途径实现粮食副产物循环、全值和梯次利用，提高粮食综合利用率和产品附加值。以绿色粮源、绿色仓储为重点，构建绿色粮食产业体系。鼓励加工企业统筹产业发展与生态保护，建立绿色、低碳、环保的循环经济系统，降低单位产品能耗和物耗水平，确保高原生态安全。（发展改革委、粮食局、工业和信息化厅、农牧厅，各地（市）行署（人民政府）等负责）

3. 实施品牌战略。加强粮食品牌建设顶层设计，着力打造西藏高原特色粮食国内知名品牌，通过质量提升、自主创新、品牌创建、特色产品认定等手段，创建一批特色鲜明、质量过硬、知名度高、信誉良好的企业品牌和产品品牌；推进品牌创建和产销对接推介活动，充分利用各类媒体加强宣传，参加各类农业博览会、贸易洽谈会、技术交流会，进一步扩大高原特色品牌知名度和影响力，挖掘青稞文化元素，实现粮食品牌效应最大化。（粮食局、工业和信息化厅、工商局、质监局，各地（市）行署（人民政府）等负责）

（五）促进转型升级。

1. 加快发展粮食精深加工与转化。支持粮食主产地（市）积极发展高原特色粮食精深加工，完善粮食精深加工转化产品链条和产业体系，带动主产地（市）经济发展和农牧民增收。以打造高原特色粮食产品为目标，推进粮食精深加工产品研发和加工，改良粮食加工品质特性，拓展粮食加工适宜性，力争在高原抗缺氧应急食品研发和高原特色新品种生产上取得突破，打造一系列健康、优质、保健、营养的拳头产品。着力开展青稞功能性营养成分提取技术研究，充分挖掘高原特色粮食品种的营养价值和功效，全面提升粮食产品附加值。支持地（市）出台有利于高原特色粮食精深加工转化的政策，促进青稞深加工业持续健康发展。（粮食局、发展改革委、工业和信息化厅、农牧厅、农科院、各地（市）行署（人民政府）等负责）

2. 实施“中国好粮油”行动计划。组织实施“中国好粮油示范工程”，引导和扶持粮食产业化龙头企业以市场需求为导向，以满足群众日益增长的美好生活需要为目标，积极探索以“青稞主食厨房”为主的主食产业化发展，增品种、提品质、创品牌，增加绿色优质粮食产品供给。大力推进优质青稞工程建设，加快高原绿色优质青稞产业体系建设，建立优质优价的青稞生产、分类收储和交易机制。建立青稞产品遴选、信息发布和动态调整机制，引导和推介优质专用青稞进入国家“好粮油”平台交易。（粮食局、财政厅、农牧厅，各地（市）行署（人民政府）等负责）

3. 拓展粮食产品营销渠道。结合粮食行业信息化建设进程，推进“互联网＋粮食”行动，推广“网上粮店”等新型粮食零售业态，鼓励企业通过自建电子商务平台，促进粮油交易线上线下融合发展。加强粮食加工配送体系建设，健全高原特色优质绿色粮食产品供应网络。继续实施“放心粮油”工程建设，深入推进“放心粮油”进学校、进农村、进社区、进机关、进企业，大力推动“放心粮油”与“中国好粮油”并轨管理。充分发挥央企助力精准扶贫、援藏及龙头企业优势，加强营销合作，建立与内地省市农超对接的市场体系，更快地将我区特色粮食产品打入区外市场，利用国家“一带一路”战略机遇，加快粮油贸易南亚大通道建设，拓宽粮食贸易渠道。深化区内外粮食产销协作，借助援藏平台，采取“引进来”和“走出去”的方式，助推我区粮食产品研发、经营管理和市场营销转型升级。（粮食局、发展改革委、财政厅、商务厅、工业和信息化厅，各地（市）行署（人民政府）等负责）

4. 促进粮食产业融合发展。以产业为纽带，深化粮食产业与种植业、文化业、旅游业、服务业的延伸发展和关联发展，促进一二三产业融合发展。大力实施粮食种植园体验、粮食农家乐、粮食庄园等项目建设，围绕高原特色粮食产业，着力开发深度旅游，挖掘体验式消费。借助西藏“第一块农田青稞种植”、“第一个庄园青稞产品体验”“第一个民主改革村”“石磨文化”等文化亮点，探索“休闲 + 旅游 + 文化”的粮食产业发展模式，举办青稞文化节，大力宣传西藏特色粮食产品特别是青稞悠久历史、饮食文化、营养功效和制作工艺，原汁原味展示西藏粮食食品的独特魅力。（粮食局、旅游发展委，各地（市）行署（人民政府）等负责）

（六）强化科技支撑。

1. 强化粮食生产领域科技应用推广。健全农牧业综合服务体系，提升农牧科技服务能力，创新农业技术推广方式方法，推广绿色防控与病虫害专业化统防统治、测土配方施肥、绿色高产高效创建、农业机械化等技术，提高科技推广服务效率，增强粮食生产动力。（科技厅、农牧厅、农科院、粮食局，各地（市）行署（人民政府）等负责）

2. 强化粮食流通领域科技创新。深入实施“科技兴粮”战略，推进信息、生物、新材料等高新技术在粮食产业中的应用，开展粮食安全储存、现代物流、质量安全、精深加工与营养健康的基础研究，建立科技成果评价机制，提高科技成果转化率。支持创新要素向西藏农牧产业投资集团有限公司等龙头企业集聚，引导企业加大研发投入和开展创新活动，提升企业自主研发能力。加快推进产学研一体化发展，积极探索科技对接模式，支持鼓励粮食产业龙头企业与农科院和区外农业院校、食品研究院所建立产学研联盟，加强技术研发和创新合作，积极开拓市场，实现粮食产业精准对接。（粮食局、科技厅，各地（市）行署（人民政府）等负责）

3. 深入实施“人才兴粮”工程。深化人才发展体制改革，激发人才创新创造活力。支持企业加强与科研机构、高校合作，借鉴教育医疗领域组团式援藏经验，推进粮食行业援藏工作，创新人才引进机制，搭建专业技术人才创新创业平台，为粮食产业发展服务。提升基层农业科技人员待遇，稳固基层农业科技人员岗位。加强粮食行业职业技能培训和鉴定，举办职业技能竞赛活动，培育“能工巧匠”，提升粮食行业职工的技能水平。（粮食局、发展改革委、人力资源社会保障厅、区党委组织部，各地（市）行署（人民政府）等负责）

三、保障措施

各级政府和相关部门要坚持问题导向和目标导向，完善工作机制，增强服务意识，简化审批流程，营造良好发展环境，促进粮食产业持续健康发展。

（一）加强组织领导。粮食产业发展涉及生产、加工、储存、销售、宣传等多个领域，各级政府和发展改革、粮食、财政、农牧、国资、科技、工业和信息化、国土资源、水利、商务、工商、国税、农发、质监、电力、金融等相关部门要进一步凝聚共识，统一思想，各司其职，各负其责，形成合力，共同推进我区粮食产业发展。（各地（市）行署（人民政府），发展改革委、粮食局、农牧厅等负责）

（二）加强政策扶持。积极争取和充分利用各种资金渠道，支持粮食仓储物流设施、粮食产业转型升级。充分利用粮食风险基金，支持粮食产业发展。加大对粮食产业发展的信贷支持，享受产业扶贫的优惠政策，充分发挥财政资金优化配置和引导功能，撬动金融资本和社会资本加大对粮食产业的投入。降低粮食产业龙头企业金融信贷门槛，建立多元化投融资机制，创新粮食产业链金融服务模式。进一步完善粮食产业龙头企业土地变性和出让、用电优惠等政策。健全粮食产业用地支持制度，完善利益联结机制，为粮食产业发展创造良好外部环境。（发展改革委、财政厅、国税局、国土资源厅、人行拉萨中心支行、农发行西藏分行等负责）

（三）加强督导检查。按照粮食安全省长责任制、专员（市长）负责制的要求，将粮食产业发展纳入粮食安全责任制考核范围，加大考核权重，科学设计考核内容和指标，建立健全粮食产业发展督导机制，开展跟踪督导和动态考评，创新督导检查方式，解决粮食产业发展突出问题，努力提高督导检查效果。对落实粮食产业发展举措较好、发展成效突出的地（市）和企业给予表彰，对落实不好的给予通报。（自治区粮食安全责任制成员单位按职责分工负责）

西藏自治区人民政府办公厅

2018 年 5 月 18 日

陕西省人民政府办公厅关于加快推进农业供给侧结构性改革大力发展粮食产业经济的实施意见

陕政办发〔2018〕2号

各设区市人民政府，省人民政府各工作部门、各直属机构：

根据《国务院办公厅关于加快推进农业供给侧结构性改革大力发展粮食产业经济的意见》（国办发〔2017〕78号），经省政府同意，现结合实际提出以下实施意见。

一、发展目标

到2020年，初步建成适应省情的现代粮食产业体系，全省粮食优质品率提高10个百分点左右，粮食产业增加值年均增长10%以上，粮食加工转化率达到88%，主食品工业化率提高到30%以上。

二、培育壮大粮食产业主体

（一）增强粮食企业发展活力。以资本为纽带，推动跨区域、跨行业、跨所有制粮食企业兼并重组，促进资产、资本向优势企业集中。发展混合所有制经济，完善法人治理结构，加快转换经营机制，增强市场化经营能力和产业经济发展活力。（省粮食局、省国资委等负责）

（二）壮大粮食产业化龙头企业。扶持一批具有核心竞争力和行业带动力的粮食产业化重点龙头企业。支持符合条件的龙头企业参与承担政策性粮食收储业务，或与承储企业建立长期稳定的合作关系。（省农业厅、

省粮食局、省财政厅等负责）

（三）支持多元主体协同发展。鼓励粮食企业与粮食经纪人、种粮大户、粮食合作社等开展产销对接和协作。建立健全线上线下融合、期货现货协调的粮食市场体系，鼓励各级储备粮采购、销售进入县级以上粮食批发市场公开透明交易。鼓励龙头企业与产业链上下游各类市场主体成立粮食产业联盟，实现优势互补。（省发展改革委、省粮食局、省财政厅、省农业厅等负责）

三、创新粮食产业发展方式

（四）促进全产业链发展。发展“产购储加销”一体化模式，主动适应和引领粮食产业转型升级。支持粮食企业参与粮食生产功能区建设，建立优质粮源基地；支持粮食企业建设物流营销和服务网络，打造绿色、有机的优质粮食供应链；支持粮食企业大力开展麦麸、麦胚、玉米芯等副产物综合利用，提高粮食综合利用率和产品附加值。（省发展改革委、省粮食局、省农业厅等负责）

（五）推动粮食产业园区发展。整合现有粮食生产、加工、物流、仓储、销售以及科技等资源，打造一批优势粮食产业集群，支持西安国际港务区、杨凌农产品加工贸易园建设国家现代粮食产业发展示范园区（基地）。鼓励我省企业到主产区投资建设粮源基地和仓储物流设施。（省发展改革委、省粮食局、中国铁路西安局集团公司等负责）

（六）支持企业投身“一带一路”建设。支持粮食企业与“一带一路”沿线国家开展粮食贸易与粮食加工产能合作，建设粮食种植加工基地。发挥西安国际港务区进口粮食指定口岸作用，打造“一带一路”优质粮食及食品集散地和分销中心，到2020年建成西安粮食物流枢纽。（省发展改革委、省粮食局、省商务厅、陕西出入境检验检疫局等负责）

（七）积极发展新业态。推进“互联网+粮食”行动，提升西安国家粮食交易中心电子交易平台功能，拓展物流运输、金融服务等功能，开办网上粮食购销大集。发掘推介陕西特色饮食文化，推动粮食产业与休闲旅游、农耕体验、健康养生等深度融合。依托“丰图义仓”建设陕西粮食文化博物馆。（省粮食局、省发展改革委、省工业和信息化厅、省旅游发展委、省文物局等负责）

（八）打造优势粮食品牌。利用多种形式宣传推介我省区域粮食品牌和产品品牌，开展形式多样的产销对接推介活动，提升我省粮食品牌美誉度和社会影响力。开展优势粮食品种国家地理标志认证，鼓励企业获得有机、良好农业规范等通行认证。加大粮食产品的专利权、商标权等知识产权保护力度。加强行业信用体系建设，规范市场秩序。（省粮食局、省发展改革委、省农业厅、省工商局、省质监局、省知识产权局等负责）

四、加快粮食产业转型升级

（九）增加绿色优质粮油产品供给。大力推进、重点支持优质粮食工程建设，以市场需求为导向，建立优质优价的粮食生产、分类收储和交易机制。推广大米、小麦粉和食用植物油适度加工，大力发展低糖、全谷物等新型营养健康食品。推动地方特色粮油食品产业化，加快发展杂粮、杂豆、木本油料等特色产品。（省财政厅、省粮食局、省发展改革委、省工业和信息化厅、省农业厅等负责）

（十）发展健康粮油及中医功能食品。大力实施“粮食＋健康”行动，以魔芋、麦胚芽、杂粮、富硒粮油等具有地域特色和地理标志的产品为代表，积极开发健康粮油食品和功能性食品，提高粮油产品附加值。（省粮食局、省发展改革委、省食品药品监管局等负责）

（十一）大力促进主食产业化、名吃工业化。鼓励企业延伸加工产业链，开发绿色、健康、营养、安全的粮食主食产品。开展主食产业化示范工程建设。支持推进米面、玉米、杂粮及薯类主食制品的工业化生产、社会化供应等产业化经营方式，实施集群化联动发展，大力发展方便食品、速冻食品、冷鲜食品。保护并挖掘传统主食产品，发展传统知名小吃工业化生产营销新模式。（省粮食局、省工业和信息化厅、省农业厅、省商务厅等负责）

（十二）加快发展以玉米为主的粮食精深加工与转化。积极发展玉米精深加工，增加功能性淀粉糖、功能性蛋白等食品有效供给。强化食品质量安全、环保、能耗、安全生产等约束，倒逼落后加工产能退出。（省发展改革委、省粮食局、省工业和信息化厅等负责）

（十三）统筹利用粮食仓储设施资源。培育粮食仓储租赁市场，开展粮食代收代储业务，为新型农业经营主体和农户提供粮食产后服务，为期货市场提供交割服务。优先利用仓储设施建设粮食配送中心，为城乡居民提供粮食配送服务。（省粮食局、省发展改革委、陕西证监局等负责）

五、强化粮食科技创新和人才支撑

（十四）加强粮食科技创新。支持西北农林科技大学、陕西科技大学、西北大学加强健康食品、功能性食品的技术攻关，对全省富硒、小杂粮、中药进行系统研究，加快原始创新、集成创新。支持企业与科研机构、高校通过共同设立研发基金、实验室、成果推广工作站等方式，积极开展粮食绿色储藏、精深加工、特色粮油开发等新技术研发。（省科技厅、省教育厅、省质监局、省粮食局等负责）

（十五）加快科技成果转化推广。深入实施“科技兴粮工程”，将粮食科技纳入科技三项费用范畴，支持粮食领域国家工程实验室、重点实验室建设。建设粮食产业科技成果转化中心，促进粮食科技成果、科技人才、科研机构等与企业有效对接，推动粮食成果产业化。鼓励粮食科研机构创办科技型企业，支持粮食科技项目进入“双创”平台和科技孵化器，推进产学研深度融合。（省科技厅、省粮食局等负责）

（十六）健全人才保障机制。实施“人才兴粮工程”，积极引进紧缺粮食人才，支持粮食类企事业单位建设博士后工作站、博士后创新基地。提高科研人员科技成果转化收益分享比例，允许科技人员按规定兼职兼薪，创造更为宽松的创业创新环境。支持在陕高校开展粮食高等教育和职业教育，设立相关专业，加快培养行业短缺人才。支持开展粮食技能培训，大力培育“粮工巧匠”。（省粮食局、省人力资源社会保障厅、省

教育厅等负责）

六、夯实粮食产业发展基础

（十七）建设粮食产后服务体系。在产粮大县建设一批专业化、市场化的集收购储存、烘干、加工、销售、质量检测、信息服务等功能为一体的粮食产后服务中心，引导粮食企业为农户提供粮食“五代”（代清理、代干燥、代储存、代加工、代销售）服务。（省财政厅、省粮食局、省发展改革委等负责）

（十八）建设现代粮食物流体系。将粮食物流纳入整体物流发展体系规划，培育主食产品冷链物流，鼓励发展专业粮食物流企业，提高粮食物流组织化水平。加快粮食物流与信息化融合发展，促进粮食物流信息共享。支持西安国际港务区进口粮食指定口岸及港口防疫能力建设。（省发展改革委、省粮食局、陕西出入境检验检疫局、西安市政府等负责）

（十九）健全粮食质量安全保障体系。支持建设以省级为骨干、市级为支撑、县级为基础的公益性粮食质量检验监测体系。建立粮食质量安全追溯体系，进一步健全质量安全监管衔接协作机制，严防不符合食品安全标准的粮食流入口粮市场或用于食品加工。加强进口粮食质量安全监管，建立进口粮食疫情监测和联防联控机制。深入开展农产品反走私综合治理，实施专项打击行动。（省粮食局、省食品药品监管局、西安海关、陕西出入境检验检疫局、省质监局等负责）

七、完善保障措施

（二十）加大财税扶持力度。充分用好现有资金渠道，支持粮食仓储物流设施、国家现代粮食产业发展示范园区（基地）建设和粮食产业转型升级。统筹利用产粮产油大县奖励资金、粮食风险基金等支持粮食产业发展。充分发挥财政资金引导功能，积极引导金融资本、社会资本加大对粮食产业的投入，对符合规定的粮食项目进行奖励性补助。新型农业经营主体购置仓储、烘干设备，可按规定享受农机具购置补贴。落实粮食加工企业从事农产品初加工所得按规定免征企业所得税政策和国家简并增值税税率有关政策。鼓励企业加大对自主创新成果产业化的研发投入，对新技术、新产品、新工艺等研发费用，按照有关税收法律和政策规定，在计算应纳所得税额时加计扣除。落实有关支持物流、电商及服务业发展政策。（省财政厅、省发展改革委、省国税局、省地税局、省商务厅、省粮食局等负责）

（二十一）健全金融保险支持政策。各金融机构要把扶持现代粮食流通产业发展作为信贷支农的重点，在资金安排上予以倾斜。拓宽企业融资渠道，为粮食收购、加工、仓储、物流等各环节提供多元化金融服务。政策性、商业性金融机构要结合职能定位和业务范围，在风险可控的前提下，加大对粮食产业发展和农业产业化重点龙头企业的信贷支持力度。建立健全粮食收购贷款信用保证基金融资担保机制，降低银行信贷风险。支持粮食企业通过发行短期融资券等非金融企业债务融资工具筹集资金，支持符合条件的粮食企业上市融资或在新三板挂牌，以及发行公司债券、企业债券和并购重组等。引导粮食企业合理利用农产品期货市场管理价格风险。在做好风险防范的前提下，积极开展企业厂房抵押和存单、订单、应收账款质押等融资业务，创新“信贷＋保险”、产业链金融等多种服务模式。鼓励和支持保险机构为粮食企业开展对外贸易和“走出去”提供保险服务。鼓励保险企业创新开展“价格保险”等新型农业保险，降低粮食流通领域经营风险。（人民银行西安分行、陕西银监局、陕西证监局、陕西保监局、省财政厅、省商务厅、省粮食局、农发行陕西省分行等负责）

（二十二）落实用地用电等优惠政策。在土地利用年度计划中，对粮食产业发展重点项目用地予以统筹安排和重点支持。支持和加快国有粮食企业依法依规将划拨用地转变为出让用地，其市场增值部分可用于粮食基础设施建设。对国有粮食企业自筹资金建设粮食仓库或通过置换“退城进郊”建设粮食仓库的项目，给予免收相关规费的政策支持。改制重组后的粮食企业，可依法处置土地资产，用于企业改革发展和解决历史遗留问题。落实粮食初加工用电执行农业生产用电价格政策。（各设区市人民政府、省国土资源厅、省发展改革委、省物价局、省粮食局等负责）

（二十三）加强组织领导。各地要高度重视粮食产业经济发展，加大统筹协调力度，定期研究发展本地粮食产业经济举措。加大粮食产业经济发展实绩在粮食安全省长责任制考核中的权重。结合精准扶贫、精准脱贫要求，支持粮食企业通过产销融合方式大力开展粮食产业扶贫。粮食部门负责协调推进粮食产业发展有关工作，推动产业园区建设，加强粮食产业经济运行监测。发展改革、财政部门要强化对重大政策、重大工程和重大项目的支持，发挥财政投入的引导作用，撬动更多社会资本投入粮食产业。各相关部门要根据职责分工抓紧完善配套措施和部门协作机制，并发挥好粮食等相关行业协会商会在标准、信息、人才、机制等方面的作用，合力推进粮食产业经济发展。（各设区市人民政府、省发展改革委、省粮食局、省财政厅、省农业厅、省扶贫办等负责）

陕西省人民政府办公厅

2018年1月15日

甘肃省人民政府办公厅关于加快推进农业供给侧结构性改革大力发展粮食产业经济的实施意见

甘政办发〔2018〕170号

为加快推进农业供给侧结构性改革，大力发展全省粮食产业经济，促进农业提质增效、农民就业增收、农村经济社会发展，根据《国务院办公厅关于加快推进农业供给侧结构性改革大力发展粮食产业经济的意见》（国办发〔2017〕78号）精神，结合我省实际，制定本实施意见。

一、总体要求

（一）指导思想。以习近平新时代中国特色社会主义思想为指导，全面贯彻党的十九大和十九届二中、三中全会精神，深入贯彻习近平总书记视察甘肃重要讲话和“八个着力”重要指示精神，牢固树立和贯彻落实新发展理念，全面实施乡村振兴战略、国家粮食安全战略，以农业供给侧结构性改革为主线，以增加绿色优质粮食产品供给、促进农民持续增收和保障区域粮食安全为重点，以实施优质小麦加工贸易基地建设为抓手，推动我省粮食产业创新发展、转型升级、提质增效，为构建更高层次、更高质量、更有效率、更可持续的粮食安全保障体系夯实产业基础。

（二）基本原则。

1. 突出市场主导，强化政府引导。以市场需求为导向，突出国有、混合所有和民营等各类市场主体地位，发挥市场在资源配置中的决定性作用，激发市场活力和企业创新力。针对粮食产业发展的薄弱环节和瓶颈制约，更好地发挥政府规划引导、政策扶持、监管服务等作用，着力营造良好的产业发展环境。

2. 促进产业融合，注重协调发展。树立“大粮食”“大产业”“大市场”“大流通”理念，充分发挥粮食加工转化的引擎作用，推进粮食种植、仓储、物流、加工、贸易等各环节有机衔接，以相关利益联结机制为纽带，培育全产业链经营模式，促进一二三产业融合发展。

3. 融入“一带一路”，拓展“两个”市场。依托连接欧亚大陆桥战略通道、中新互联互通南向通道以及甘肃国际陆港物流集散地等优势，搭建粮食贸易合作平台，加强与“一带一路”沿线国家（地区）和兄弟省区市的交流合作，主动融入国际、国内两个市场，建立开放共赢的粮食贸易大格局。

4. 推进改革创新，着力提质增效。进一步完善粮食流通体制机制，深化国有粮食企业改革，培育壮大产业主体，创新产业发展方式，加快产业转型升级，加快经营方式、产业模式创新，积极培育新产业、新业态等新功能，促进粮食产业由数量型向质量型转变，全面提升粮食产业发展质量和效益。

（三）主要目标。到 2022 年，初步建成适应我省省情和粮情的现代粮食产业体系，产业发展质量和效益明显提升，绿色优质粮食产品有效供给稳定增加，更好地保障粮食安全和带动农民增收，全省粮食优质品率提高 10 个百分点左右，粮食产业增加值年均增长 10% 以上，粮食加工转化率达到 88%，主食品工业化率提高到 25% 以上。兰州粮食现代产业园、天水区域粮食仓储物流生态产业园、武威国际陆港优质小麦加工产业园区（以下简称“三大园区”）基本建成，优质小麦加工贸易基地建设取得明显成效，粮食产业集群辐射带动能力持续增强。

二、培育壮大粮食产业主体

（四）增强粮食企业发展活力。适应粮食产业经济发展需要，积极推进国有粮食企业改革，发展混合所有制经济，加快转换经营机制，增强市场化经营能力和产业经济发展活力。按照区域布局合理、经营优势互补、整体实力增强的原则，稳步推进国有粮食企业优化重组，做强做优做大一批骨干国有粮食企业，有效发挥稳市场、保供应、促发展、保安全的重要载体作用。积极推进粮食企业经营性国有资产纳入集中统一监管，加快建立国有粮食企业收购贷款融资担保机制，为拓展市场化经营提供融资担保。培育、发展和壮大从事粮食收购和经营活动的多元粮食市场主体，建立健全统一、开放、竞争、有序的粮食市场体系。（省粮食局、省政府国资委、省发展改革委、省财政厅等负责）

（五）培育壮大粮食产业化龙头企业。认定和扶持一批具有较强竞争力和行业带动力的省级粮食产业化龙头企业，促进资产、资源向优势企业集中。支持粮食产业化龙头企业发挥示范引领和带动作用，与农民合作社、家庭农场、专业大户等其他新型农业经营主体构建稳固的利益联结机制，引导优质粮食种植，带动农民增收。有重点地引进产业链条长、科技含量高、带动能力强的粮油加工项目，壮大我省粮食产业规模和实力。在确保区域粮食安全前提下，探索创新重点龙头企业参与地方粮食储备机制。（省粮食局、省发展改革委、省农牧厅、省财政厅、省商务厅、省工商局、省质监局、中储粮兰州分公司等负责）

（六）支持多元主体协同发展。打破行业、地域和所有制界限，以效益为纽带，大力培育粮食产业“产购储加销”联合体。鼓励大型骨干粮食企业和多元粮食市场主体组建“甘肃粮食产业联盟”，发挥资源优势，促进信息共享，形成发展合力，增强竞争实力。支持多元粮食市场主体通过产权置换、股权转让、品牌整合、兼并重组等方式，实现粮食产业资源优化配置。扶持民营粮食企业、农村经济合作组织和粮食经纪人等新型市场主体发展，鼓励参与“优质粮食工程”等项目建设。指导粮食行业协会、商会等民间组织为粮食市场主体提供信息咨询、沟通协调、政商协作、自律监督等服务，推进多元主体协同发展。（省粮食局、省发展改革委、省工信委、省财政厅、省农牧厅、省工商局等负责）

三、创新粮食产业发展方式

（七）促进全产业链发展。扶持优质小麦、玉米、马铃薯、油橄榄和特色杂粮发展，重点支持中部沿黄地区和河西灌区优质春小麦种植、陇东南优质冬小麦种植、河西杂交玉米制种、中部马铃薯、陇东及中部小杂粮产业发展。健全完善特色粮油质量标准体系，形成以小麦、玉米、马铃薯为支撑，特色杂粮为补充的粮食生产体系。鼓励骨干粮食企业向上游与新型农业经营主体开展产销对接，大力发展订单种植，建设规模化的优质粮食产业链。向下游延伸优化营销服务网络，建设优质粮食产品供应链，构建从田间到餐桌的全产业链经营模式。推动粮食企业开展绿色优质粮油定向种植、专收专储、专加专供，体现优质优价，保护农民的种植积极性。开展粮食全产业链信息监测和分析预警，引导粮食实现产销平衡。（省粮食局、省发展改革委、省农牧厅、省质监局等负责）

（八）推动产业集聚发展。依托省内粮食主产区、特色粮食产区和陇海、兰新、兰渝铁路沿线货场和铁路物流园等粮食物流节点，重点推进三大园区建设，整合粮食生产、加工、物流、仓储、销售以及科技和人才等资源，推进粮食产业向优势区域集中布局，带动全省粮食产业经济提质增效、转型升级。（省粮食局、省发展改革委、省工信委、省财政厅、省商务厅、中国铁路兰州局集团有限公司等负责）

（九）加强粮食领域交流合作。支持粮食部门和粮食企业面向国际、国内两个市场，与周边国家和相关企业开展全方位、多层次的交流合作，与粮食主产区建立长期稳定的产销合作机制。鼓励粮食产业化龙头企业“走出去”，在“一带一路”沿线国家和国内粮食主产省合作建立粮食生产基地。（省粮食局、省商务厅、省政府外事办等负责）

（十）发展粮食循环经济。促进循环农业发展，支持粮食企业发展绿色产业，构建生态产业体系，探索开展粮油副产物循环、全值和梯次利用等方面的创新实践，提高粮油综合利用率和产品附加值。倡导绿色粮源、绿色仓储、绿色工厂、绿色园区建设，在粮食生产、储存、运输、加工、销售等各环节，体现再利用、低消耗、低排放和高效率，降低单位产品能耗和物耗水平，建立绿色、低碳、环保的循环经济。支持引导有条件的企业实施“仓顶阳光工程”等新能源项目，开展麦麸、麦胚、玉米芯、饼粕等副产物综合利用示范，逐步构建绿色可持续的粮食产业体系。（省粮食局、省发展改革委、省工信委、省农牧厅等负责）

（十一）积极发展新业态。规范发展粮食电子商务，推进“互联网+粮食”行动，推广“网上粮店”“放心粮油+主食厨房”等新型粮食零售业态，鼓励粮食产区建立“粮食银行”。支持兰州国家粮食交易中心建设粮食电子交易平台，完善网上竞价交易制度，拓展物流运输、金融服务等功能，吸引大宗粮食业务进场交易。保护和合理利用粮食文化资源，加强对河仓城遗址、张掖东仓、敦煌南仓等具有重要历史文化价值的古代粮食仓储建筑和遗址的文物价值挖掘、阐释和传播利用。支持爱粮节粮宣传教育基地和粮食文化展示基地建设，鼓励发展粮食产业观光、体验式旅游等新业态。（省粮食局、省发展改革委、省工信委、省财政厅、省商务厅、省旅游发展委、省文物局等负责）

（十二）发挥品牌引领作用。加强我省粮食品牌建设，培育一批具有自主知识产权和较强市场竞争力的“老字号”“陇字号”粮食品牌。开展粮食品牌创建和产销对接活动，挖掘区域性粮食文化元素，联合打造区域粮食品牌，提升品牌美誉度和产品附加值。借助省内外有影响力的展会活动，支持粮食企业开展品牌宣传推介和精品粮油展示，扩大品牌社会影响力。加大粮食产品专利权、商标权等知识产权保护力度，严厉打击制售假冒伪劣产品行为。加强行业信用体系建设，利用信用中国、信用甘肃、全省信用信息共享平台、国家企业信用信息公示系统（甘肃），开展守信联合激励和失信联合惩戒，规范市场秩序。（省粮食局、省发展改革委、省工信委、省农牧厅、省工商局、省质监局、省知识产权局等负责）

（十三）推进放心粮油供应网络建设。适应粮油产品消费由吃得饱向吃得好、吃得放心、吃得健康转变的需求变化，以放心粮油示范店建设为重点，构建覆盖更全、服务更优、质量可溯、渠道可查的放心粮油供应网络。支持放心粮油示范店建设，严格统一授牌编号、统一店面标识、统一规章制度、统一报表台账、统一质量承诺，合理布局，动态管理，规范服务，引导放心消费、安全消费、健康消费，保障人民群众“舌尖上的安全”。鼓励有条件的放心粮油示范企业开办主食厨房，加快粮油的转化和增值，使其成为政府监督规范、行业动态管理、百姓评价满意的“大厨房”。（省粮食局、省财政厅、省食品药品监管局等负责）

四、加快粮食产业转型升级

（十四）增加绿色优质粮油产品供给。加快建立优质优价的粮食生产、分类收储和交易机制，增品种、提品质、创品牌，推进绿色优质粮食产业体系建设。开展标准引领、质量测评、品牌培育、健康消费宣传、营销渠道和平台建设及试点示范。推进出口食品农产品生产企业内外销产品“同线同标同质”工程，实现内销转型，带动产业转型升级。优化产品结构，开发绿色优质、营养健康的粮食新产品，增加多元化、定制化、个性化产品供给，促进优质粮食产品升级扩面。推广小麦粉和食用植物油适度加工，大力发展全谷物等新型营养健康食品。推动地方特色粮油食品产业化，支持发展杂粮、杂豆、木本油料等特色产品。适应养殖业发展新趋势，发展安全环保饲料产品。（省财政厅、省粮食局、省发展改革委、省工信委、省农牧厅、省工商局、省质监局、省食品药品监管局、省林业厅等负责）

（十五）大力推进主食产业化。支持推进米面、玉米、杂粮及马铃薯主食制品的工业化生产、社会化供应等产业化经营方式，大力发展具有地域特色的方便食品、速冻食品，保护并挖掘传统主食产品和特色食品。促进应急供应、军粮供应、成品粮储备、粮油销售、主食厨房融合发展。开展主食产业化示范建设，认定一批放心主食示范单位，推广“生产基地＋中央厨房＋放心粮店”“生产基地＋加工企业＋商超销售”“作坊置换＋联合发展”等新模式。加强主食产品与其他食品的融合创新，支持开发个性化功能性主食产品。推动军粮供应主副食品向即食化、野战化、军种化方向发展。（省粮食局、省工信委、省财政厅、省农牧厅、省商务厅、省工商局、省食品药品监管局等负责）

（十六）加快发展粮食精深加工与转化。大力促进粮食加工业发展，重点扶持优质小麦、杂粮、亚麻油、橄榄油、紫苏油等地方特色粮油精深加工。支持粮食加工企业引进先进技术、开发精深加工产品，提升转化能力和转化质量。适应养殖业发展趋势，立足优质玉米资源，鼓励发展安全环保饲料产品，助推养殖业发展。强化食品质量安全、环保、能耗、安全生产等约束，促进粮食企业加大技术改造力度，淘汰落后产能。（省粮食局、省发展改革委、省工信委、省财政厅、省食品药品监管局等负责）

（十七）统筹利用粮食仓储物流设施资源。加大国有粮食企业仓储物流设施保护力度，鼓励国有粮食企业通过参股、控股、融资等多种形式，放大国有资本功能，扩展粮食仓储业服务范围。多渠道开发现有国有粮食企业仓房、晒场、铁路专用线、进出仓设备、烘干设备等仓储物流设施用途，为新型农业经营主体和种粮农户提供粮食产后服务，为加工企业提供仓储保管服务，为社会物资提供物流中转服务，为期货市场提供交割服务，为“互联网＋粮食”经营模式提供交割仓服务，为城乡居民提供粮食等商品配送服务。（省粮食局、省发展改革委、甘肃证监局等负责）

五、强化粮食科技创新和人才支撑

（十八）推动粮食科技创新和成果转化。坚持科技兴粮，推进形成政府有序引导、企业积极参与、产学研有机结合的科技创新和推广应用机制。加强与国家粮食科研机构和有关高等院校的有效对接，深化符合我省粮食资源特点的种质资源创新、绿色储藏、智能仓储、精深加工技术攻关和特色粮油产品开发等领域的合作。支持粮食企业引进国内外粮食领域新品种、新技术、新工艺和新装备。扶持科技型粮食企业增强自主创新能力，积极应用信息、生物、新材料等高新技术。建立粮食产业协同创新、资源共享、成果转化、信息服务平台，定期发布粮食科技成果，推动科技成果产业化。（省科技厅、省粮食局、省发展改革委等负责）

（十九）健全人才保障机制。坚持人才兴粮，创新人才发展和引进机制，激发人才创新创造活力。依托省内外粮食院校，通过联合办学、委托培养、在职进修等方式，加快培养粮食行政、监督执法、购销经营等管理人才和基层一线仓储保管、质量检验、信息化应用、市场营销等行业短缺人才。强化粮食行业职业技能培训教育，开展职业技能竞赛活动，培育“粮工巧匠”，提升粮食行业职工技能水平。（省粮食局、省人社厅、省教育厅等负责）

六、夯实粮食产业发展基础

（二十）实施“优质粮食工程”。积极申报实施国家“优质粮食工程”项目，加快建设我省绿色优质粮食产业体系。落实“中国好粮油”行动示范工程配套政策，建立健全运行机制，加快示范县、示范企业建设，扶持优质特色粮油种植基地和粮食加工能力建设，加大品牌培育、宣传和推广力度，扩大优质粮食品牌效应，增加优质粮食产品供给。统筹布局粮食产后服务中心建设，整合仓储设施资源，以产粮大县为重点，建设一批专业化、市场化的粮食产后服务中心，为种粮农户和新型经营主体提供清理、干燥、储存、加工、销售等服务。推进农户科学储粮行动，促进粮食产后减损和农民增收。（省粮食局、省农牧厅、省财政厅、省质监局等负责）

（二十一）完善现代粮食仓储物流体系。加大粮食物流通道建设，优化仓储企业和物流节点布局，着力改善仓储物流设施基础条件，提升粮食仓储物流能力。依托“一带一路”建设，加快建成以现代粮食物流园区为龙头、大型骨干库为支撑、市县中心库和基层购销网点为基础的现代粮食物流体系。依托铁路大通道绿色环保和运能运力优势，增加铁路运量，加快物流关键节点公铁联运能力建设，推进粮食物流与信息化融合发展，促进信息共享，提高物流效率。在兰州粮食现代产业园推广应用原粮物流散储、散运、散装、散卸和集装化、标准化。（省粮食局、省发展改革委、省交通运输厅、省商务厅、省质监局、中国铁路兰州局集团有限公司等负责）

（二十二）健全粮食质量安全保障体系。提升粮食质量检验机构检测能力，形成以省级为骨干、市级为支撑、县级为基础的公益性粮食质量检验检测体系。加快制订我省优质、特色粮油产品标准和相关检测标准。开展收获粮食质量调查、品质测报和安全风险监测，加强粮食质量安全监管，逐步建立从生产到消费的粮食质量安全追溯体系。加强粮食种植、收购、储存、销售及食品生产经营监管，严防不符合食品安全标准的粮食流入口粮市场或用于食品加工。（省粮食局、省食品药品监管局、省农牧厅、省质监局等负责）

（二十三）实施优质小麦加工贸易基地建设工程。立足“一带一路”通道优势和兰州新区进口粮食指定口岸贸易优势，打通中亚国家优质小麦进口渠道，以建设三大园区为重点，带动全省优质小麦加工和原粮、成品粮贸易发展，逐步将我省打造成为西部乃至全国具有重要影响力的优质小麦加工贸易基地。利用现有资金渠道，将国际陆港粮食口岸、重点园区基础设施、优质小麦种植基地建设和重点龙头企业培育、关键技术设备引进、优质粮油品牌宣传推介等纳入相关规划进行支持。（省粮食局、省工信委、省发展改革委、省财政厅、省商务厅等负责）

七、保障措施

（二十四）加大财税扶持力度。加大省级预算内投资补助项目对粮食仓储物流和应急供应设施建设的支持力度，通过以奖代补等形式支持放心粮油示范店建设。产粮大县奖励资金要倾斜支持本地粮食仓储设施、物流节点、国家现代粮食产业发展示范园区（基地）建设和粮食产业升级。落实粮食行业信息化建设、优质粮食工程、粮食安全保障调控和应急设施建设等中央项目地方配套资金。充分发挥财政资金引导功能，积极引导金融资本、社会资本加大对粮食产业的投入。新型农业经营主体购置仓储、烘干设备，可按规定享受农机具购置补贴。落实粮食加工企业从事农产品初加工所得按规定免征企业所得税政策和国家简并增值税税率有关政策。（省发展改革委、省财政厅、省税务局、省粮食局等负责）

（二十五）健全金融保险支持政策。拓宽企业融资渠道，为粮食收购、加工、仓储、物流等提供多元化金融服务。金融机构要结合职能定位和业务范围，加大对粮食产业发展和农业产业化重点龙头企业的信贷支持。将粮食产业化龙头企业纳入甘肃省特色产业发展工程贷款支持范围。支持符合条件的粮食企业上市融资或在新三板挂牌，以及发行公司债券、企业债券和并购重组。积极推动开展玉米、油菜籽、小麦、棉花等农产品的保险 + 期货试点业务。引导粮食企业合理利用农产品期货市场管控价格风险。积极开展企业厂房抵押和存单、订单、粮食仓单、应收账款质押等融资业务，创新“信贷 + 保险”、产业链金融等多种服务模式。鼓励和支持保险机构为粮食企业对外贸易和“走出去”提供保险服务。（省政府金融办、人行兰州中心支行、甘肃银监局、甘肃证监局、甘肃保监局、省财政厅、省商务厅、省粮食局、农发行甘肃省分行等负责）

（二十六）落实用地用电等优惠政策。在土地利用年度计划中，对粮食产业发展重点项目用地予以统筹安排和重点支持。支持和加快国有粮食企业依法依规将划拨用地转变为出让用地，增强企业融资功能。改制重组后的粮食企业，可依法处置土地资产，用于企业改革发展和解决历史遗留问题。落实粮食初加工用电执行农业生产用电价格政策。（省国土资源厅、省发展改革委、省粮食局等负责）

（二十七）切实做好粮食安全省长责任制考核。围绕保障区域粮食安全、促进粮食产业经济发展总目标，结合各地实际，优化完善粮食安全省长责任制考核指标体系，促进优质粮食生产、培育壮大产业主体、加快产业融合发展，全面提升粮食产业发展质量。制定符合我省粮食产业经济发展实际的目标，细化考核内容和评分标准，加大粮食考核比重，全面做好粮食安全省长责任制考核工作。（省粮食安全省长责任制考核工作组成员单位负责）

（二十八）认真履行战略合作协议。坚持“合作、共享、创新、发展”的原则，全面落实省政府与国家粮食和物资储备局签订的《共建区域粮食安全保障体系加快粮食产业高质量发展战略合作协议》，明确部门职责，加强协调对接，落实支持措施，促进我省粮食产业高质量发展。（省粮食局、省发展改革委、省财政厅、省农牧厅、省商务厅、省科技厅、省人社厅等负责）

（二十九）加强组织领导。各市州政府要高度重视粮食产业经济发展，因地制宜制定推进本地区粮食产业经济发展的实施方案，加强统筹协调，明确职责分工。要结合精准扶贫、精准脱贫要求，大力开展粮食产业扶贫。粮食部门负责协调推进粮食产业发展有关工作，推动粮食产业园区建设，加强粮食产业经济运行监测。发展改革、财政部门要强化对重大政策、重大工程和重大项目的支持，发挥财政投入的引导作用，撬动更多社会资本投入粮食产业。各相关部门要根据职责分工抓紧完善配套措施和部门协作机制，并发挥好粮食等相关行业协会商会在标准、信息、人才、机制等方面的作用，合力推进粮食产业经济发展。（各市州政府、省发展改革委、省粮食局、省财政厅、省农牧厅、省扶贫办等负责）

甘肃省人民政府办公厅

2018 年 8 月 25 日

青海省人民政府办公厅关于贯彻落实国家加快推进农业供给侧结构性改革大力发展粮食产业经济的实施意见

青政办〔2018〕68号

各市、自治州人民政府，省政府各委、办、厅、局：

为认真贯彻落实《国务院办公厅关于加快推进农业供给侧结构性改革大力发展粮食产业经济的意见》（国办发〔2017〕78号），加快我省农业供给侧结构性改革，扎实推进全省粮食产业经济发展，促进农业提质增效、农牧民持续增收和经济社会发展，经省政府同意，现提出如下实施意见。

一、总体要求

（一）指导思想。以党的十九大精神和习近平新时代中国特色社会主义思想为指导，围绕全面建成小康社会的总体目标，牢固树立新发展理念，认真贯彻党中央、国务院决策部署，全面落实国家粮食安全战略，以加快全省农业供给侧结构性改革为主线，以增加绿色优质粮油产品供给为目标，有效解决市场化形势下农民卖粮问题，抓好“优质粮食工程”，培育壮大粮食产业主体，加强粮食科技人才支撑，推动粮食产业转型升级和提质增效；以提高发展质量和效益为中心，促进粮油产业结构调整，保障粮食质量安全，积极探索具有青海特色的粮食产业经济发展新路子，满足人民群众对粮油产品的多样化需求，为构建高标准、高质量粮食安全保障体系提供有力保障。

（二）基本原则。

——坚持市场主导，政府引导。以市场需求为导向，突出市场主体地位，激发市场活力和企业创新动力，发挥市场在资源配置中的决定性作用。针对粮食产业发展的薄弱环节和制约瓶颈，强化政府规划引导、政策扶持、监管服务等作用，着力营造产业发展良好环境。

——坚持产业融合，协调发展。树立“大粮食”“大产业”“大市场”“大流通”理念，充分发挥粮食加工转化的引擎作用，推动粮食生产、加工、仓储、物流、销售等粮食流通各环节有机衔接，以相关利益联结机制为纽带，培育全产业链经营模式，覆盖一二三产业，保持粮食经济持续发展。

——坚持创新驱动，提质增效。围绕市场需求，发挥科技创新的支撑引领作用，加快体制机制管理，创新经营方式和商业模式，积极培育新产业、新业态等新动能，提升粮食产业发展质量和效益，激发全省粮食产业发展活力。

——坚持质量标准，保障供给。坚守产品质量安全底线，积极引导农牧民种植适销对路的优质粮油品种，提供品种丰富、质量可靠、营养健康的粮油产品，满足城乡居民个性化多元化的消费需求。

（三）主要目标。到2020年，初步建成适应我省省情和粮情的现代粮食产业体系，促进粮油产业发展质量和效益明显提升，使全省粮油生产大县的粮油优质品率提高30%以上，更好地保障全省粮食安全和农牧民增收，绿色优质健康粮油产品有效供给不断增加。增强粮油企业集团综合发展实力，培育粮油产业化龙头企业集群1~2家；主食工业化率提高30%以上；推动油菜、青稞、藜麦等杂粮特色农产品从种植、基地、订单、精深加工到市场供给绿色有机健康的优质产品实现翻一番的目标。

二、主要任务

（四）科学规划合理布局。建设粮食产业经济体系，充分发挥青海生态优势和特色粮油资源，加大产业链建设，补短板、增活力。重点建设一批优质粮油生产基地，加快以油菜、青稞、藜麦、豆类等集优良育种、绿色收购、精深加工、生态循环为一体的特色优势产业发展。以西宁市为中心，带动海东市、海南州、海北州、海西州等粮食生产功能区发展，形成产业特色突出、区域布局合理、生产能力强、辐射范围广、生态循环链条长的粮食产业经济体系，支持推广优质粮油规模化种植，提高优质粮油产品率。（省粮食局、省发展改革委）

（五）培育壮大粮食产业主体。增强粮食企业发展活力，培育粮油转化龙头企业，打造青海粮食集团、青稞全产业链集团以及青海军粮集团，形成以青海特色农产品为主的粮油产业集群。利用高新技术培育高附加值优质粮油产品，促进高原特色优质粮食产品的营养升级，使省内特色粮油精深加工集约化、粮食产业生态化、循环发展绿色化。深化国有粮食企业改革，发展混合所有制经济，加快转换经营机制，以资本为纽带，构建跨区域、跨行业的“产购储加销”合作协调机制，提高国有资本运营效率，有效发挥筹粮源、稳市场、保供给、促发展的重要载体作用。各市（州）政府要鼓励辖区内国有粮食企业依托现有购销网点，主动与新型农业经营主体等开展合作，全力促进粮食企业向“收储运销加”多位一体集约化、产业化经营模式转变，优化国有粮食资本流动，全面加强企业综合发展实力。（省发展改革委、省粮食局、省财政厅，各市州政府）

（六）促进粮油精深加工。依托我省油菜、青稞、藜麦、豆类等种植优势，坚持粮食消费需求导向，重点扶持精深加工产业。鼓励支持省内粮油精深加工企业与科研院所、农户等合作，探索多途径实现粮油副产物循环、全值和梯次利用，提高粮油综合利用率和产品附加值。通过技术革新，引导企业科学适度加工、绿色生态加工，从绿色农业、生态粮食、健康主食等多方面推动粮食产业化，提升粮油产品优质品率，实现特色产品的规模化、优质化、精深化和可持续化发展。（省发展改革委、省农牧厅、省商务厅、省粮食局、省经济和信息化委）

（七）推动主食产业化加快发展。通过快捷的冷链配送，实现工业化生产、社会化供应及市场消费转化升级，按照“安全、优质、营养、方便”的原则，加快发展绿色、环保健康的保鲜速冻食品生产体系。各地要积极开展主食产业化示范工程项目建设，推出一批放心粮油、主食厨房示范单位，推广主食体验店、“生产基地 + 中央厨房 + 餐饮门店”“生产基地 + 加工企业 + 商超销售”“作坊置换 + 联合发展”等新模式，保护并挖掘传统主食产品，增加花色品种。加强主食产品与其他食品的融合创新，鼓励和支持开发具有青海特色的青稞、藜麦、豆类等个性化功能性主食产品。通过主食工业化生产提高供应能力，为区域部队学校供给、全省应急保障提供有效支撑。（省发展改革委、省粮食局、省财政厅、省农牧厅、省商务厅、省食品药品监管局）

（八）加快粮油产品交易市场建设。优化顶层设计，抓好省外粮源引入，做好省内粮油供应保障。以粮食储备企业为核心，以应急加工企业为抓手，以批发交易市场为枢纽，以应急供应网点为终端，以网络化监测监管为手段，建立运转高效、保障有力的“纵向到底、横向到边”的粮食应急调控供应网络体系，实现粮食应急网络全覆盖。整合现有市场资源，以青海省西宁粮食储备库批发交易市场建设为切入点，利用现有铁路专用线和粮油省级物流节点优势，采取国有控股、引入社会资本等方式，对现有设施进行改造，建设形成集粮食批发、集散、仓储、加工、应急配送、电子交易等功能齐全的现代粮食批发交易市场。鼓励粮油企业通过搭建电子商务平台或借助现有电商平台，大力发展“网上粮店”，促进线上线下融合发展。（省发展改革委、省粮食局、省金融办、省交通运输厅、省商务厅）

（九）加快推动粮食科技创新突破。支持创新要素向企业集聚，加快培育一批具有市场竞争力的创新型粮油领军企业，引导企业加大研发投入和开展创新活动。鼓励粮油企业引进科研机构、高校开展科研创新，加速科技创新成果推广应用。探索设立研发基金有效途径，引导龙头企业构建区域型和专业型粮食科技创新联盟。加大对营养健康、质量安全、节粮减损、加工转化、现代物流、“智慧粮食”等领域相关基础研究和急需关键技术研发的支持力度，加大粮食高效节能技术、成套粮油加工装备、粮油质量安全检测设备成果的推广力度，提高粮食品质及质量安全

快检能力。（省科技厅、省财政厅、省粮食局）

（十）增加绿色优质“好粮油”产品供给。大力实施优质粮食工程，推进我省“中国好粮油行动”。着力提高粮食的质量品质、扩大绿色优质粮油供给，让广大人民群众由“吃得饱”向“吃得好”转变。按照“把我省好粮油立起来、送出去，把省外好粮油引进来、传下去”的思路，走绿色、有机、高原生态等特色优质粮油产品开发的新路子，发挥示范企业的引领作用，立足本地，面向全国，坚持拒绝“转基因”“假冒伪劣”粮油产品的销售。抓住“一带一路”发展机遇，以推进高原生态旅游，带动优质粮油产品走出去。完善全省粮油仓储设施和加工能力，保障成品粮油品质。建设“好粮油”销售网络体系，支持和帮助粮食企业从批发延伸到零售，与“放心粮油”店结合，在社区做好“中国好粮油”体验店，在商业比较集中的区域、超市可设置“中国好粮油”专柜，支持龙头企业进驻。同时运用“互联网 + 粮食”，支持企业建立网络销售，推介“好粮油”产品。（省粮食局、省发展改革委、省财政厅、省商务厅，各市州政府）

（十一）发展粮油循环经济。以绿色粮源、绿色仓储、绿色工厂为重点，构建绿色粮食产业体系。鼓励粮油加工企业建立种植基地，通过定向投入、专项服务、良种培育、订单收购、代储加工等方式，实现“建链、补链、强链”，带动我省粮油生产从田间到餐桌的全产业链发展。以油菜、青稞、藜麦为主体，加快绿色、低碳、环保的粮油循环经济创新发展。以科技创新为动力，实现特色粮源基地化、产品优质化、服务多样化，着力打造绿色有机的优质粮油供应链。（省发展改革委、省粮食局、省财政厅、省农牧厅、省经济和信息化委，各市州政府）

（十二）发挥品牌引领作用。加强粮食品牌建设顶层设计，强化品牌建设，创建一批特色鲜明、质量过硬、知名度高、信誉良好的区域品牌、企业品牌和产品品牌。大力宣传名优产品和国家驰名商标，提高市场知名度和市场份额，提升中高端粮油产品市场占有率。支持粮食企业开展“三品一标”认证，发挥企业在品牌创建、品牌营销中的主体作用，挖掘地方特色优势，加大绿色、有机、无公害粮油产品的推广，提升品牌价值，实现从产品经营向品牌经营转变。支持粮食企业在一二线城市开展品牌宣传推介、展示展销活动以及建设营销网络，提升品牌影响力。加大粮食产品专利权、商标权等知识产权保护力度，严厉打击制售假冒伪劣产品行为。加强行业信用体系建设，规范市场秩序。（省粮食局、省财政厅、省农牧厅、省发展改革委、省工商局、省质监局、省食品药品监管局）

（十三）建设粮食产后服务体系。通过政府引导、企业主导，加大设施维修改造、设备配置提升和工艺改进提高力度。各地区要统筹布局，选好主体，统一标准，在全省产粮油大县建设必要的产后服务中心，形成布局合理、相互竞争、功能完善、能力充分、协作配合的产后服务体系。按照代清理、代烘干、代储存、代加工、代销售的“五代”服务的需求配置，通过优品优存、优质优价引导种粮农民调整种植结构，提高质量和品质，全面提升粮食仓储、烘干、加工、流通等各环节的现代化水平。（省财政厅、省发展改革委、省粮食局，各市州政府）

（十四）加强粮油检验监测能力建设。全省在已建成 1 个省级中心、7 个市（州）分中心的省市两级粮食质量安全检测体系的基础上，继续完善和提升能力建设，构建“机构成网络、监测全覆盖、监管无盲区”的粮食质量安全质检体系。省级粮食检验监测中心要全面检验监测粮油质量，守住质量安全底线，同时要适应消费升级需要，具备营养品质监测鉴定功能，包括品质、营养成分、微量元素等，并开展全省收获粮食质量调查、品质测报和安全风险监测，加强进口粮食质量安全监管，建立进口粮食疫情监测和联防联控机制。市（州）级粮食质量检验监测站要进一步完善功能，满足本辖区粮油质量安全检验监测需要。省、市（州）两级要建立覆盖从产地到餐桌全程的粮食质量安全追溯体系，进一步健全质量安全监管衔接协作机制，加强粮食种植、收购、储存、销售及食品生产经营监管。（省粮食局、省食品药品监管局、省农牧厅、省质监局，各市州政府）

（十五）加强粮食物流体系建设。适应我省粮源多元化的需求特点，依托西宁、海东、格尔木等关键粮食物流安全保障区域，推进粮食物流标准化建设。推广原粮物流“四散化”（散储、散运、散装、散卸）、集装化、标准化，带动全省县级粮食物流设施及包装标准化水平提升。加强专用线等粮食物流基础设施资源配套使用，推进青海散粮运输能力提升。加强公路、铁路不同运输工具间的有效连接，为粮油进出口和调运建立流通的快速通道，保障粮食运输和质量安全，减少粮食损耗和物流成本，不断提高粮食输入能力。同时加快粮食物流与信息化融合发展，促进粮食物流信息共享。（省粮食局、省发展改革委、省财政厅、省经济和信息化委、省交通运输厅，中国铁路青藏公司）

（十六）加强行业监管服务。强化库存粮食质量检查，加强粮食收购市场监管。各地粮食行政管理部门要落实属地监管的主体责任，及时组织落实常态化监管措施。强化各级粮食库存监管，以库存检查为切入点，开展对储粮安全、安全生产、政策性粮食质量安全的全面检查。继续完善和创新库存检查方式，全面推行跨地区交叉执法检查，采用“四不两直”和暗查暗访等形式，按“双随机一公开”要求组织开展各类随机抽查、专项检查和突击检查。加强政策性粮食出库监管，督促企业严格落实国家和地方粮食销售出库政策，坚决打击违规转手倒卖、定向销售粮食、擅自改变用途、人为设置障碍阻挠出库和挂牌标的质量与实际情况不符等违法违规行为，规范粮食市场销售行为。（省粮食局、省发展改革委、省工商局，各市州政府）

三、保障措施

（十七）加大财税扶持力度。充分利用好现有资金渠道，支持粮食仓储物流设施、现代粮食产业发展基地建设和粮食产业转型升级。各级政府要统筹利用产粮油大县奖励资金、粮食风险基金等支持粮食产业发展，充分发挥财政资金引导作用，积极引导金融资本、社会资本加大对粮食产业的投入。争取国家层面对我省粮食安全调控载体和应急保障体系、粮食产业新旧动能转换示范工程等建设项目给予支持，推进优质粮食工程和军民融合创新示范工作顺利实施。新型农业经营主体购置仓储、烘干设备，可按规定享受农机具购置补贴。落实国有粮食购销企业销售粮食免征增值税，粮食加工企业从事农产品初加工所得按规定免征企业所得税和国家简并增值税税率等有关政策。（省财政厅、省发展改革委、省国税局、省地税局、省粮食局）

（十八）完善健全金融保险支持服务。拓宽企业融资渠道，鼓励各金融机构根据粮油企业资金需求特点，加大金融产品创新力度，为粮油收购、加工、仓储、物流等各环节提供多元化金融服务。金融机构要结合职能定位和业务范围，在风险可控的前提下，加大对粮食产业发展和农业产业化重点龙头企业的信贷支持。建立健全粮食收购贷款信用保证基金融资担保机制，降低银行信贷风险。支持粮食企业通过发行短期融资券等非金融企业债务融资工具筹集资金，支持符合条件的粮食企业上市融资或在新三板挂牌，以及发行公司债券、企业债券和并购重组等。引导粮食企业合理利用农产品期货市场管理价格风险。在做好风险防范的前提下，积极开展企业厂房抵押和存单、订单、应收账款质押等融资业务，创新“信贷+保险”、产业链金融等多种服务模式。鼓励和支持保险机构为粮食企业开展对外贸易和“走出去”提供保险服务。（人行西宁中心支行、农发行青海分行、青海银监局、青海保监局、省金融办、省财政厅）

（十九）创新地方储备粮管理机制。整合储备资源，实行“统一储存规范、统一轮换销售、统一质量标准”的运行机制，科学储粮、绿色储粮。在储备规模总量保持不变的前提下，以战略储备为主体，适当调整部分储备结构和布局，建立调节性库存储备和周转储备，解决粮食市场供需矛盾。逐步推进网上公开交易，鼓励储备企业按照市场需求开展经营，在实现社会效益最大化的同时，通过储备吞吐轮换、提升企业效益，实现精准调控市场与促进企业稳定发展双赢目标。（省发展改革委、省财政厅、省粮食局、农发行青海分行）

（二十）健全人才保障机制。实施“人才兴粮工程”，深化人才发展体制改革，激发人才创新创造活力。支持企业加强与科研机构、高校合作，创新人才引进机制，按市场机制引进高层管理人员、职业经理人等。依托青海省“高端创新人才千人计划”，遴选和培养一批粮食产业领域优秀人才，凝聚一批粮食产业高水平领军人才和创新团队为粮食产业服务。完善政产学研用相结合的协同育人机制，加快培养粮食行业短缺的实用型技能人才，加强职业技能培训，举办职业技能竞赛活动，培育“粮工巧匠”，提升粮食行业职工技能水平。（省粮食局、省人力资源社会保障厅）

（二十一）落实用地用电等优惠政策。各地在土地利用年度计划中，对粮食产业发展重点项目用地予以统筹安排和重点支持。支持和加快现有国有粮食企业依法依规将划拨用地转变为出让用地，增强企业融资功能。改制重组后的粮食企业，可依法处置土地资产，用于粮食企业改革发展和解决历史遗留问题。落实粮食初加工用电执行农业生产用电价格政策。（省国土资源厅、省发展改革委、省粮食局，各市州政府）

（二十二）加强组织领导。各地要深刻认识粮食行业供给侧结构性改革的重要意义，高度重视粮食产业经济发展，研究制定推进本地区粮食产业经济发展的具体有效措施，加强统筹协调，明确责任分工，强化粮食产业经济发展业绩在粮食安全省长责任制考核中的内容。要结合精准扶贫、精准脱贫要求，大力开展粮食产业扶贫。各级粮食部门负责协调推进粮食产业经济发展有关工作，加强粮食产业经济运行监测。发改、财政等部门要强化对重大政策、重大工程和重大项目的支持，发挥财政投入的引导作用，撬动更多社会资本投入粮食产业。各部门根据职责分工，以第一顺位为牵头部门，其他部门做好配合工作，抓紧完善配套措施和部门协作机制，并发挥好粮食等相关行业协会在标准、信息、人才、机制等方面的作用，合力推进粮食产业经济发展。（省发展改革委、省财政厅、省粮食局，各市州政府）

青海省人民政府办公厅

2018 年 5 月 19 日

宁夏回族自治区人民政府办公厅关于加快推进农业供给侧结构性改革大力发展粮食产业经济的意见

宁政办发〔2018〕5号

各市、县（区）人民政府，自治区政府各部门、各直属机构：

为贯彻落实《中共中央国务院关于实施乡村振兴战略的意见》（中发〔2018〕1号）和《国务院办公厅关于加快推进农业供给侧结构性改革大力发展粮食产业经济的意见》（国办发〔2017〕78号）精神，加快推进我区农业供给侧结构性改革，大力发展粮食产业经济，促进农业提质增效、农民持续增收和经济社会发展，经自治区人民政府同意，提出以下意见。

一、总体要求

（一）指导思想。以党的十九大精神和习近平新时代中国特色社会主义思想为指导，以供给侧结构性改革为主线，加快推进农业由增产导向转向提质导向，以优质粮食保供增收为目标，以提高发展质量和效益为中心，全面落实国家粮食安全战略和粮食安全省长责任制，抓好“优质粮食工程”，培育壮大粮食产业主体，加强粮食科技人才支撑，推动粮食产业创新发展、转型升级和提质增效，为构建更高标准、更高质量的区域粮食安全保障体系提供坚实保障。

（二）基本原则。

——市场主导，政府引导。发挥市场在资源配置中的决定性作用，突出企业市场主体地位。强化政府规划引导、宏观调控、政策扶持、监管服务等作用，营造产业发展良好环境。

——产业融合，协调发展。树立“大粮食”“大产业”“大市场”“大流通”理念，充分发挥粮食加工转化的引擎作用，推动仓储、物流、加工等粮食流通各环节有机衔接，培育全产业链经营模式，促进一二三产业融合发展。

——创新驱动，提质增效。发挥科技创新的支撑引领作用，积极培育新产业、新业态等新动能，提升粮食产业发展质量和效益，激发粮食产业经济发展新活力。

——因地制宜，分类指导。针对不同区域、不同主体的实际情况，选择适合自身特点的粮食产业发展模式。加强统筹协调和政策引导，及时总结推广典型经验，注重整体效能和可持续性。

——坚守底线，安全发展。坚持发展粮食产业经济和保障区域粮食安全两手抓，把粮食安全意识贯穿于粮食产业经济发展全过程，在发展中保安全，在保安全中促发展。

（三）主要目标。到2020年，初步建成适应我区现代粮食产业体系，产业发展的质量和效益明显提升，全区产粮大县的粮食优质品率提高30%以上。培育10个年加工量超过15万吨、销售收入超过10亿元的龙头企业，粮油加工业年产值突破200亿元，粮食产业增加值年均增长7%左右，粮食加工转化率达到88%，主食品工业化率提高到25%以上。电商平台稳定发展，粮食社会化服务体系进一步完善，建设一批粮食产后服务中心。粮食科技创新能力进一步提高，行业实用型、专家型人才短缺状况显著改善。

二、主要任务

（四）提高优质粮食生产能力。加强永久基本农田保护，选择水土资源条件较好、集中连片、农业基础设施完善和粮食种植优势的区域，建设一批优质粮食生产基地。深入落实耕地保护与质量提升行动，加大盐碱地改良力度，大力推广机械深耕深松、秸秆还田培肥、增施有机肥等技术，提高耕地综合生产能力。支持龙头企业采取土地流转、股份合作、订单生产等方式，联农带农创建“品种优、技术优、管理优、品质优、价格优”的“五优”生产基地，提升全产业链发展水平，让农民分享产业链增值收益。支持新型农业经营主体粮食晒场建设。加强粮食作物新品种选育与种质资源创新，支持种子企业建设规模化、标准化、专业化良种繁育基地，培育和引进一批优质高产、适应市场需求的新品种，淘汰落后品种。支持推广优质小麦、水稻、杂粮、亚麻籽等品种规模化种植，提高优质粮油商品率。（自治区农牧厅、粮食局、国土资源厅、水利厅、财政厅、发展改革委等单位负责）

（五）促进粮食精深加工。依托粮食资源优势，完善粮食精深加工产业体系，着力开发主粮精深加工产品，增加专用米、专用粉、专用油、功能性淀粉糖、功能性蛋白等食品以及保健、化工、医药等方面的有效供给。支持玉米加工转化企业拓展延伸产业链条，在保护环境的前提下，在食品、医药、化工等方面开发高附加值产品，促进经济发展和农民增收。（自治区粮食局、经济和信息化委、财政厅、农牧厅、质监局、食品药监局等单位负责）

（六）增加“好粮油”产品供给。实施“优质粮食工程”，推进宁夏“好粮油”行动计划，建设一批集收购、储存、烘干、加工、销售、质量检测、信息服务等功能于一体的粮食产后服务中心，为农户提供优质服务。完善自治区、市、县（区）三级粮食质量安全检验检测体系，开展收获粮食质量调查、品质测报和安全风险监测，加强区外调入粮食质量安全监管，逐步建立覆盖从产地到餐桌全过程的粮食质量安全追溯体系和平台。（自治区粮食局、财政厅、农牧厅、工商局、质监局等单位负责）

（七）深化国有粮食企业改革。坚持市场化改革方向，构建跨区域、跨行业协作机制，提高国有资本运行效率，提升服从服务于政府宏观调控、维护粮食安全的能力和水平。积极探索国有粮食企业以多种形式入股非国有粮食企业和非国有资本参与国有粮食企业的混合所有制改革。鼓励国有粮食企业依托现有收储网点，主动与新型粮食经营主体开展合

作，增强国有资产活力，提高盈利能力。（自治区粮食局、国资委等单位负责）

（八）培育壮大粮食产业化龙头企业。认定和扶持一批具有核心竞争力和行业带动力的粮食产业化重点龙头企业，促进资产、资源向优势企业集中。支持粮食龙头企业通过产权置换、股权转让、品牌整合、兼并重组等方式，发展跨所有制、跨行业、跨区域的大型粮食企业集团，打造成为粮食产业经济发展的“领军者”。鼓励粮食龙头企业与各类市场主体成立粮食产业联盟，建立合作关系，实现粮食产业资源优化配置、优势互补。创新粮食龙头企业参与地方粮食储备，探索地方粮食储备实行动态轮换管理机制。（自治区农牧厅、粮食局、财政厅、商务厅、工商局、质监局等单位负责）

（九）发展粮食全产业链模式。实施“建链、补链、强链”工程，支持粮食企业发展“产购储加销”一体化模式，向上游与新型农业经营主体开展产销对接和协作，向下游延伸建设物流营销和服务网络，实现粮源基地化、加工规模化、产品优质化、服务多样化，着力打造绿色优质粮食供应链，建立贯穿全产业链配套服务体系。（自治区粮食局、农牧厅等单位负责）

（十）发展粮食循环经济。按照“吃干榨尽、循环发展”的原则，推行绿色生产方式，鼓励粮食企业对粮食及其资源进行高效循环利用，注重上下游产品配套衔接，促进粮食产业大循环、可持续发展，实现生态效益、经济效益双赢。支持大型粮食加工企业以绿色粮源、绿色仓储、绿色工厂为重点，发展集良种繁育、种植、收储、精深加工、食品加工、快餐连锁经营、便利店连锁经营、畜牧养殖、有机肥生产、废弃物综合利用于一体的粮食循环经济模式，实现原料、副产品、水、废弃物、能源循环利用，提高粮食综合利用率和产品附加值。（自治区粮食局、农牧厅、质监局、发展改革委、经济和信息化委等单位负责）

（十一）发挥品牌带动作用。加强粮食品牌创建顶层设计，以“宁夏大米”等区域品牌为抓手，创建一批特色鲜明、质量过硬、知名度高、信誉良好的区域品牌、企业品牌和产品品牌。支持粮食企业开展“三品一标”认证，发挥企业在品牌创建、品牌营销中的主体作用，挖掘地方特色优势，加大绿色、有机、无公害粮油产品的推广，提升品牌价值，实现从产品经营向品牌经营转变。支持粮食企业在一二线城市开展品牌宣传推介、展示展销活动以及建设营销网络，提升品牌影响力。加大粮食产品专利权、商标权等知识产权保护力度，严厉打击制售假冒伪劣产品行为。加强行业信用体系建设，充分利用信用中国、信用宁夏、自治区信用信息共享平台，开展守信联合激励和失信联合惩戒，规范市场秩序。（自治区粮食局、财政厅、农牧厅、发展改革委、工商局、质监局、食品药监局等单位负责）

（十二）推进粮食一二三产业融合。支持粮食企业以产品为依托，发展订单粮食，提高“好粮油”生产能力，提升农业适度规模经营水平；以产业为依托，带动农民合作社、家庭农场、种粮大户、农户创建优质粮食生产基地，形成优质粮食种植、粮食加工、农产品流通、农村电商、休闲农业等相互融合、相互促进的一二三产业融合发展模式，实现粮食提质增效；以产权为依托，推动农民以土地经营权入股企业，通过“保底＋分红”等形式，健全利益联结机制，增加种粮农民收入。支持“爱粮节粮”宣传教育基地和粮食文化展示基地建设，鼓励发展粮食产业观光、研学旅游、体验式消费等新业态。（自治区粮食局、财政厅、农牧厅、商务厅、工商局、旅游发展委等单位负责）

（十三）推进主食产业化。开展主食产业化示范工程建设，推广“生产基地＋中央厨房＋餐饮门店”和“生产基地＋加工企业＋商超销售”等新模式，支持主食加工企业推进米面、玉米、杂粮及薯类主食制品的工业化生产、社会化供应，大力发展方便食品、速冻食品，保护并挖掘传统主食产品，加强与其他食品的融合创新。（自治区粮食局、财政厅、经济和信息化委、工商局、质监局等单位负责）

（十四）提升粮食仓储设施功能。扎实推进“粮安工程”建设，提高仓储设施机械化、自动化水平。支持国有粮食企业多渠道开发仓储设施用途，为种粮农民提供粮食产后服务，为加工企业提供仓储保管服务，为城乡居民提供粮食配送服务。结合成品粮油应急保供体系建设需要，采用改造、租赁等方式，在大中城市建立具有公益属性、满足优质粮油产品保鲜储存要求、便于优质粮油产品配送的低温成品粮“公共库”，为优质粮油产品销售提供有偿公共服务。支持粮食企业改造提升现有粮食仓储设施，逐步提高优质粮食分等定级、分类储存、低温储存能力。（自治区粮食局、发展改革委、财政厅、农牧厅等单位负责）

（十五）健全现代粮食物流体系。优化粮食物流节点布局，支持建设以银川、吴忠、中卫、石嘴山、固原等城市为支撑，惠农、青铜峡、彭阳、盐池为支点的粮食物流网络。支持完善银川粮食物流中心项目。加快粮食物流与信息化融合发展，促进粮食物流信息共享，提高粮食流通效率。（自治区粮食局、经济和信息化委、交通运输厅、发展改革委等单位负责）

（十六）推动粮食企业“走出去”。加强顶层设计与互联互通，鼓励和支持有条件的粮食企业跨省域开展粮食生产、加工、仓储、物流等经营与合作，逐步建立省外“产加销储运”基地。鼓励粮食企业在“一带一路”沿线国家建立境外粮食合作项目，拓展粮食产业经济发展空间。（自治区商务厅、粮食局等单位负责）

（十七）推进“互联网＋粮食”。健全自治区级粮食物流信息和电子商务服务平台，积极推广应用绿色生态智能储粮技术，推进智能烘干、智能仓储物流体系建设，提升粮食物流信息化、智能化水平。鼓励粮食企业通过自建电子商务平台或借助现有电子商务平台，大力发展“网上粮店”，促进线上线下融合发展。（自治区粮食局、发展改革委、经济和信息化委、财政厅、农牧厅等单位负责）

（十八）推动粮食科技创新。支持粮食龙头企业建设技术研发中心，鼓励企业加大研发投入，引导创新要素向企业集聚，增强企业创新动力、创新活力、创新能力。鼓励科研机构、高校与粮食企业共同设立研发基金、实验室、成果推广工作站，聚焦企业科技创新需求。实施“科技兴粮工程”，建立粮食产业科技成果转化信息服务平台，定期发布粮食科技成果，推动科技成果产业化。（自治区科技厅、粮食局等单位负责）

三、保障措施

（十九）加大财税扶持力度。认真贯彻落实《自治区人民政府关于创新财政支农方式加快发展农业特色优势产业的意见》（宁政发〔2016〕27 号）等有关扶持粮食产业发展的政策文件，充分利用好现有资金渠道，通过项目支撑、连续投入的方式，支持绿色优质粮食生产、现代粮食仓储物流设施、粮食产业发展示范基地建设和粮食产业转型升级。统筹利用产粮大县奖励资金、粮食风险基金等支持粮食产业发展，发挥财政资金引导功能，积极引导金融资本、社会资本加大对粮食产业的投入。粮食产业主体购置仓储、烘干设备，可按规定享受农机具购置补贴。国有粮食企业改制重组可按规定享受改制重组相关税收优惠政策。粮食储备企业和军粮供应企业按现行税法及自治区有关税收优惠享受税收减免政策。农业综合开发资金支持粮食产业化经营企业发展优质粮食生产、新品种推广。（自治区财政厅、地税局、发展改革委、粮食局、农牧厅、国资委等单位负责）

（二十）完善金融保险支持政策。政策性银行要发挥支持粮食产业发展的主渠道作用，进一步降低信贷门槛，加大对粮食收购、优质粮食生产基地、现代粮食物流项目、粮食产业发展示范基地建设、仓储基础设施和技术改造项目等贷款支持力度，对资信状况好、抗风险能力强的优质粮食企业，提供差别化的优质服务，开辟办贷绿色通道，给予优惠利率。鼓励商业性金融机构对市场前景和经济效益好的粮食企业，加大信贷支持。支持符合条件的粮食企业上市融资或在新三板挂牌，以及发行公司债券、企业债券等。在做好风险防范的前提下，积极开展企业资产抵押和存单、订单、应收账款质押等融资业务，创新“信贷 + 保险”、产业链金融等多种服务模式。鼓励和支持保险机构为粮食企业开展对外贸易和“走出去”提供保险服务。（自治区金融工作局、人行银川中心支行、

宁夏银监局、宁夏证监局、宁夏保监局、发展改革委、粮食局、财政厅、商务厅、农发行宁夏分行等单位负责）

（二十一）落实用地用电等优惠政策。在土地利用年度计划中，对粮食产业发展重点项目用地予以统筹安排和重点支持。支持和加快国有粮食企业依法依规将划拨用地转变为出让用地，增强企业融资功能。改制重组后的国有粮食企业，可依法处置土地资产，用于企业改革发展和解决历史遗留问题。落实粮食初加工用电执行农业生产用电价格政策。降低区内粮油产品进商超门槛费。（自治区国土资源厅、物价局、粮食局、商务厅等单位负责）

（二十二）加强组织领导。各市、县（区）人民政府要高度重视粮食产业经济发展，研究本地区贯彻落实的具体举措，加强统筹协调，加大绿色优质粮食产品有效供给及粮食产业经济发展实绩在粮食安全省长责任制考核中的权重。要结合精准扶贫、精准脱贫要求，大力开展粮食产业扶贫。粮食部门负责协调推进粮食产业发展有关工作。发展改革、财政部门要强化对重大政策、重大工程和重大项目的支持，发挥财政投入的引导作用，撬动更多社会资本投入粮食产业。各相关部门要根据职责分工抓紧制定和完善配套措施，合力推进粮食产业经济发展。（各市、县〔区〕人民政府、自治区粮食局、发展改革委、财政厅、农牧厅、扶贫办等单位负责）

宁夏回族自治区人民政府办公厅

2018 年 1 月 15 日

新疆维吾尔自治区人民政府办公厅关于加快推进农业供给侧结构性改革大力发展粮食产业经济的实施意见

新政办发〔2018〕17号

伊犁哈萨克自治州，各州、市、县（市）人民政府，各行政公署，自治区人民政府各部门、各直属机构：

近年来，我区粮食连年丰收，为保障粮食安全、促进农民增收，实现社会稳定和长治久安总目标奠定了坚实基础。当前，粮食供给由总量不足转为结构性矛盾，优质粮食供给不足、粮食库存高企、销售不畅、初级加工能力总量过剩、精深加工转化能力不足、产业链条衔接不紧、科技支撑能力弱、市场体系不健全、粮食资源优势未能转化为经济优势等问题十分突出。为贯彻国务院办公厅《关于加快推进农业供给侧结构性改革大力发展粮食产业经济的意见》（国办发〔2017〕78号）精神，现结合我区实际，提出以下实施意见。

一、总体要求

（一）指导思想。全面贯彻落实党的十九大精神，以习近平新时代中国特色社会主义思想为指导，深入贯彻习近平总书记系列重要讲话和关于新疆工作的重要讲话和重要指示精神，认真落实中央经济工作会议、农村工作会议精神，贯彻落实自治区第九次党代会和自治区经济工作会议精神，统筹推进“五位一体”总体布局、协调推进“四个全面”战略布局，牢固树立创新、协调、绿色、开放、共享的发展理念，紧紧围绕社会稳定和长治久安总目标，落实粮食安全专员、州（市）长责任制，以加快推进农业供给侧结构性改革为核心，以推动粮食产业经济发展为主线，以增加绿色优质粮食产品供给、有效解决市场化形势下农民卖粮问题、促进农民持续增收和保障粮食质量安全为重点，以市场需求为导向，以科技创新发展为动力，以创建粮食产业经济发展示范县、加快建设粮油产业园区、培育壮大粮油骨干企业为突破口，推动一二三产业融合协调发展，为我区粮食安全保障体系夯实产业基础。

（二）基本原则。

坚持市场主导，政府引导。以市场需求为导向，突出市场主体地位，激发市场活力和企业创新动力，使市场在资源配置中起决定性作用。针对粮食产业发展的薄弱环节和制约瓶颈，强化政府规划引导、政策扶持、监管服务等作用，着力营造产业发展良好环境。

坚持产业融合，协调发展。树立"大粮食""大产业""大市场""大流通"理念，通过政策引导，激活国有粮食购销企业内在动力，推进粮食产业链、创新链、价值链协同发展，促进一二三产业融合发展。

坚持创新驱动，提质增效。围绕市场需求，发挥科技服务和创新的支撑引领作用，推动组织创新、经营创新、服务创新、管理创新，提升粮食产业发展质量和效益。

坚持因地制宜，分类指导。按照不同区域和各地粮食产业经济发展现状，规划不同类型、各具特色的粮食产业经济发展模式。加强政策引导和统筹协调，推进产业发展方式转变，及时总结推广典型经验，注重整体效能和可持续性。

（三）主要目标。到 2020 年，初步建成适应区情粮情，粮食生产、收购、储存、运输、加工、销售等环节相互融合，政府调控、监管、支持、引导、服务等功能明显提升的现代粮食产业体系。产业发展的质量和效益明显提升，绿色优质粮食产品的总体数量快速增加，加快淘汰落后产能，粮油加工业产能利用率达到 50% 以上；粮食产业增加值年均增长 8% 左右，主食产业化和粮油精深加工快速发展；主营业务收入过十亿的粮食企业数量达到10个以上，粮食产业化龙头企业辐射带动能力持续增强，粮食产业集群基本形成，产业园区建设初见成效。

（四）区域布局。沿天山北坡经济带、塔额盆地、伊犁河谷等地要借鉴昌粮集团“产购储加销”一体化集团企业发展模式，提高粮食就地加工转化比例，着力打造一批一二三产业融合发展的粮食龙头企业，积极推进集“仓储、物流、加工、科技创新”为一体的粮食产业园区建设，发挥产业集聚和企业集聚效应；乌鲁木齐市、昌吉州、克拉玛依市、哈密市、吐鲁番市、巴州、阿克苏地区等地，要适应消费需求升级趋势，重点提升主食产业化和精深加工水平，健全物流配送供应体系，积极发展新业态，创新营销服务模式，积极推进主食产业、食品加工产业园区建设；喀什、阿克苏地区要加快国有粮食购销企业改革进度，积极发展混合所有制经济，推进粮食物流通道建设，提升装备和技术水平，加速淘汰落后产能，提高产能利用率；和田地区、博州、克州、阿勒泰地区要进一步优化产业布局和企业布局，保持适度原粮和成品粮储备，确保区域粮食安全。

二、推进粮食流通体制改革

（五）深化国有粮食企业改革。指导国有粮食企业深化改革，建立健全现代企业制度，完善法人治理结构。粮食储备企业保持国有独资或控股，做强做优做大一批具有竞争力、影响力、控制力的骨干国有粮食企业，积极发挥市场化粮食调控的重要载体作用。采取措施减轻国有粮食企业包袱，加快解决目前仍由国有粮食企业承担的历史遗留政策性亏损挂账，推动国有粮食企业兼并重组，加快培育区域性集团化粮食企业。鼓励国有粮食企业与加工企业通过相互参股进行合作，延伸产业链条，发展混合所有制产业经济，提高企业经营水平。各级政府要做好国有粮食购销企业改革过程中职工的转岗安置、再就业培训、劳动关系处理、社会保险关系接续和职工买断入股、债务清偿等工作，妥善处理好有关政策衔接。（自治区粮食局、国资委等负责）

（六）积极稳妥推进小麦收储制度改革。坚持“区内平衡、略有结余”的粮食工作方针，建立“政府引导、市场定价、多元主体收购、生产者补贴、优质优价、优质优补”的小麦收储新机制。发挥加工企业引领作用、粮食储备企业调控作用、国有粮食购销企业保障作用，充分体现市场对资源配置的决定性作用，促进粮食有序流通。（自治区粮食局、发展改革委、农业厅、财政厅、中储粮新疆分公司等负责）

三、加快推动“四大载体”建设

（七）开展粮食产业经济示范市县创建活动。按照国家粮食局粮食产业经济示范市县创建标准，积极争取国家政策，支持乌鲁木齐市、昌吉市、奇台县、库尔勒市、沙湾县、阿克苏市、库车县等市县参与全国粮食产业经济发展示范市县创建，发挥典型引领带动作用。各地要结合实际开展多种形式的试点示范工作，重点发展一批粮食产业经济特色区县、特色小镇，引导有条件的地方整体推进粮食产业发展。（自治区粮食局、发展改革委、农业厅、经信委）

（八）推动粮食产业园区建设。各地要利用新疆向西开放桥头堡和丝绸之路经济带核心区建设及对口援疆的契机，充分发挥粮食主产区、重要物流节点、主销区、特色粮油产区和综合保税区优势，依托现有工业、产业园区和经济技术开发区等，引导粮食企业入住园区，推动我区粮油产业园区建设。各级政府要加强统一规划，做好园区基础设施建设，落实园区各项优惠政策，吸引优势企业、先进技术、高端人才和资金不断涌入，按照市场运作模式，建设切合当地实际、具有产业特色的粮食产业园区，充分发挥产业集聚、企业集群的辐射和带动效应。支持伊犁州在新疆伊犁国家粮食储备库现有设施的基础上进一步建成集粮食仓储、加工、物流为一体的粮食产业园；支持昌吉州奇台县整合县域内小麦粉加工企业，建设小麦粉加工产业园；支持乌鲁木齐、克拉玛依等销区城市建设集粮食精深加工、主食产业、成品粮储备、物流配送为一体的粮食产业园区；支持霍尔果斯、阿拉山口、乌鲁木齐陆港等口岸充分利用保税区优惠政策优势，建设集进口、交割、加工、仓储、物流、销售于一体的粮油产业园区，加快粮油进出口口岸设施建设和防疫能力建设，提升粮油转运功能，防止疫情流入，确保进口粮油安全。加强对口岸粮油走私的预防和打击工作。（自治区粮食局、发展改革委、经信委、财政厅、商务厅、交通厅、乌鲁木齐海关、检验检疫局等负责）

（九）培育壮大粮食产业化龙头企业。在农业产业化国家和自治区重点龙头企业认定工作中，认定和扶持一批具有核心竞争力和行业带动力的粮食产业化重点龙头企业，推广“龙头企业＋合作社＋家庭农场＋农户”“龙头企业＋合作社＋种子企业＋基地”模式，重点支持龙头企业通过订单收购、二次返利、土地流转入股等方式，与新型农业经营主体和农户构建稳固的利益联结机制，加强企业和农民订单合作诚信体系建设，支持优质粮食品种种植，带动农民增收致富。支持符合条件的龙头企业参与承担成品粮动态储备业务。（自治区粮食局、发展改革委、农业厅、财政厅、工商局、质监局、中储粮新疆分公司等负责）

（十）大力实施“优质粮食工程”。

加强产后服务体系建设。适应粮食收储制度改革和农业规模经营发展趋势的需要，支持购销企业、加工转化企业和新型农业经营主体，通过整合粮食流通领域的现有资源，在我区粮食主产县建设一批集收储、烘干、加工、配送、销售等于一体的粮食产后服务中心，力争在“十三五”末实现我区产粮大县全覆盖，形成布局合理、能力充分、设施先进、功能完善、满足粮食产后处理需要的粮食产后服务体系，为种粮农民提供“代清理、代干燥、代储存、代加工、代销售”等“五代”服务，推进农户科学储粮行动，促进粮食提质减损和农民增收。（自治区粮食局、财政厅、发展改革委等负责）

实施“新疆好粮油”行动。制定“新疆好粮油”标准，建立产品遴选、发布机制，加大对粮食龙头企业在收购、仓储物流建设、加工等方面的政策支持，引导企业参与绿色、有机小麦生产基地建设。研发、推广小麦、玉米优质良种，鼓励企业按品种分类收储，建立优质优价的交易机制，建成一批“新疆好粮油”示范市县和示范加工企业。支持企业调优产品结构，开发绿色优质、营养健康的粮油新产品，增加多元化、定制化、个性化产品供给，促进优质粮食产品的营养升级扩版。推广大米、小麦粉和食用植物油适度加工，大力发展新型营养健康食品。（自治区粮食局、财政厅、发展改革委、经信委、农业厅、工商局、质监局、林业厅等负责）

完善粮油质检体系。按照“机构成网络、监测全覆盖、监管无盲区”的目标要求，进一步提升新疆国家粮食质量监测中心功能，支持各地州市和产粮大县（年产粮 10 万吨以上）、人口大县粮食质检机构建设，形成以自治区级为骨干、以地州市级为支撑、以县市级为基础的公益性粮食质量检验监测体系，并做好与全国粮食质量安全管理电子信息平台联动的准备工作。各地州市、县（市）政府要严格履行粮食质量安全主体责任，进一步强化粮食行政监管，落实地县两级粮食质检机构编制、人员、经费、场地，支持粮食质检机构开展粮食质量安全风险监测。建立健全覆盖从田间到餐桌全过程的粮食质量安全追溯体系和平台，进一步健全质量安全监管衔接协作机制，加强粮食种植、收购、储存、销售及食品生产经营监管，严防不符合食品安全标准的粮食流入口粮市场或用于食品加工。（自治区粮食局、食品药品监管局、编办、人力资源和社会保障厅、农业厅、乌鲁木齐海关、质监局等负责）

四、促进一二三产业融合发展

（十一）支持多元主体协同发展。发挥骨干企业的示范带动作用，鼓励多元主体开展多种形式的合作与融合，大力培育和发展粮食产业化联合体。完善政策措施，鼓励和引导非公有制经济发展，支持国有粮食购销企业和粮油加工企业、农业合作组织等多元主体共同参与粮食仓储物流设施建设、粮食产后服务体系建设、“新疆好粮油”行动。鼓励龙头企业与产业链上下游各类市场主体成立粮食产业联盟，共同制订标准、创建品牌、开发市场、攻关技术、扩大融资等，实现优势互补。鼓励通过产权置换、股权转让、品牌整合、兼并重组等方式，实现粮食产业资源优化配置，建立健全统一、开放、竞争、有序的粮食市场体系。（自治区发展改革委、粮食局、经信委、财政厅、农业厅、工商局等负责）

（十二）促进全产业链发展。支持国有粮食购销企业、粮油加工企业、农业合作组织参与粮食生产功能区建设，发展“产购储加销”一体化模式，构建从原粮到成品、田间到餐桌的全产业链。推动粮食企业向上游与新型农业经营主体开展产销对接和协作，通过定向投入、专项服务、良种培育、订单收购、代储加工等方式，建设加工原料基地，探索开展绿色优质特色粮油种植、收购、储存、专用化加工试点；向下游延伸建设物流营销和服务网络，实现粮源基地化、加工规模化、产品优质化、服务多样化，着力打造绿色、有机的优质粮食供应链。开展粮食全产业链信息监测和分析预警，加大供需信息发布力度，引导粮食产销平衡。（自治区发展改革委、粮食局、农业厅、质监局等负责）

（十三）发展粮食循环经济。鼓励支持粮食企业探索多途径实现粮油副产物循环、全值和梯次利用，提高粮食综合利用率和产品附加值。以绿色粮源、绿色仓储、绿色工厂、绿色园区为重点，构建绿色粮食产业体系。鼓励粮食企业建立绿色、低碳、环保的循环经济系统，降低单位产品能耗和物耗水平。大力开展麦麸、麦胚、玉米芯、米糠、碎米、饼粕等副产物综合利用示范，促进产业节能减排、提质增效。适应养殖业发展新趋势，发展安全环保饲料产品。（自治区发展改革委、粮食局、经信委、农业厅、畜牧厅、能源局等负责）

五、推动粮食产业转型升级

（十四）加快发展粮食精深加工与转化。支持粮食企业积极发展粮食精深加工，带动经济发展和农民增收。依托我区小麦品质优势，着力开发各种优质面粉、专用面粉、有机面粉、营养强化面粉和小麦胚芽食品、小麦胚芽油、麸皮膳食纤维、麸皮制品等综合利用产品；依托我区玉米质优量多的优势积极发展玉米淀粉、食用酒精和玉米淀粉糖等产品；依托我区不同区域特色，积极发展有机大米、胚芽米、糙米等绿色优质产品供给；依托我区油料品种丰富的特点，在稳步发展棉籽油、菜籽油、葵花油的基础上，加强综合利用，发展磷脂、植物蛋白深加工项目，推进油脂产品精深加工，加快发展核桃油、红花籽油、胡麻油、葡萄籽油、番茄籽油、玉米胚芽油、杏仁油等特色小品种食用油，满足高端市场需求。制定和完善促进粮食精深加工转化的相关政策，推进粮食深加工业持续健康发展。加强食品质量安全、环保、能耗、安全生产等方面的监管，促进粮食企业技术升级改造，逐步淘汰落后产能。（自治区发展改革委、粮食局、经信委、财政厅、质监局、食品药品监管局、能源局等负责）

（十五）大力促进主食产业化。支持推进大米、小麦粉、玉米、杂粮及薯类主食制品的工业化生产、社会化供应和产业化经营，大力发展方便食品、速冻食品。支持各类企业按照《新疆维吾尔自治区主食加工业指导意见》，积极发展主食产业。乌鲁木齐、克拉玛依、昌吉、阿克苏等城市要积极开展主食产业化示范工程建设，培育一批主食加工示范企业，认定一批放心主食示范单位，推广“生产基地＋中央厨房＋餐饮门店”“生产基地＋加工企业＋商超销售”“作坊置换＋联合发展”等新模式。开展主食加工“老字号”品牌推介，推进新疆特色主食加工产业化提升建设项目。保护并挖掘传统主食产品，增加花色品种，突出地方特色，大力推进馕、拉条子、抓饭等新疆特色主食加工。加强主食产品与其他食品的融合创新，鼓励和支持开发个性化功能性主食产品。（自治区经信委、粮食局、财政厅、农业厅、商务厅、工商局、食品药品监管局等负责）

（十六）发挥品牌引领作用。实施农产品加工业品牌提升行动，通过质量提升、自主创新、品牌创建、特色产品认定等，打造“新疆面粉”“新疆玉米”“新疆油脂”“新疆杂粮”等区域性品牌，积极培育具有自主知识产权和较强市场竞争力的全国性粮食名牌产品。对获得“驰名商标”“著名商标”的粮油加工企业给予奖励。鼓励企业推行更高质量标准，建立粮食产业企业标准领跑者激励机制，提高品牌产品质量水平，大力发展“三品一标”粮食产品，规范农业产品绿色、有机认证监管机制，做好产销对接推介宣传活动，挖掘区域性粮食文化元素，提升品牌美誉度和社会影响力。加大粮食产品的专利权、商标权等知识产权保护力度，加强行业信用体系建设。树立和表彰一批成功运用地理标志和农产品商标开拓市场的粮油企业典型，发挥示范带动作用，扩大社会影响力，深入开展“红盾护农”行动，严厉打击制售假冒伪劣商品行为，规范农资市场秩序。（自治区粮食局、发展改革委、经信委、农业厅、工商局、质监局、知识产权局等负责）

（十七）积极发展新业态。进一步完善城乡配送供应网络，促进大型超市、大卖场、连锁店等多种业态发展。推进“互联网＋粮食”行动，积极发展粮食电子商务，推广网上粮店、主食厨房、农商直供等新型粮食零售业态，促进线上线下融合。提升完善乌鲁木齐国家粮食交易中心功能，充分利用国家粮食电子交易平台，搭建线上交易、信息发布和融资平台，拓展物流运输、金融服务等功能，发挥其服务种粮农民、购粮企业的重要作用。积极打造“新疆好粮油”电子商务综合服务平台，将优质粮油产品推向国内外市场。加大粮食文化资源的保护和开发利用力度，支持爱粮节粮宣传教育基地和粮食文化展示基地建设，鼓励以“旅游＋农业”引导发展粮食产业观光、体验式消费等新业态。（自治区粮食局、发展改革委、经信委、财政厅、农业厅、商务厅、旅发委等负责）

（十八）完善现代粮食仓储物流体系。按照《新疆商贸物流业发展规划》（2015—2020年）要求，依托“国际物流枢纽”、“向西开放战略平台”和“丝绸之路经济带互联互通重要节点”，打造我区粮食物流升级版。根据区位交通、粮食生产、消费需求、产业布局、粮食流量和流向等要素，重点建设“一中心、五支点和多节点”，即：以乌鲁木齐为中心，以伊霍（伊宁市—霍尔果斯市城市组团）、塔额（塔城市—额敏县城市组团）、昌吉州东四县、喀什地区、阿克苏地区为重要支点，以粮食储备库、规模粮食加工企业和各县市粮食中心库为基础节点。打通粮食物流北、中、南三大通道，培育天山北坡、天山南坡、南疆地区三大粮食物流功能区域，形成“点线面网”交织、布局合理的新疆粮食物流体系。

鼓励产销区企业通过合资、重组等方式组成联合体，提高粮食物流组织化水平。加快粮食行业信息化建设，促进粮食物流信息共享，提高物流效率和管理水平。推动粮食物流标准化建设，推广原粮物流“四散化”（散储、散运、散装、散卸）、集装化、标准化，推动成品粮物流托盘等标准化装载单元器具的循环共用，带动粮食物流上下游设施设备及包装标准化水平提升。（自治区发展改革委、粮食局、交通运输厅、商务厅、质监局等负责）

（十九）统筹利用粮食仓储设施资源。引导国有粮食购销企业通过参股、控股、融资等多种形式，发展混合所有制经济，放大国有资本功能，扩展粮食仓储业服务范围。充分发挥现有国有粮食企业仓储设施和网点遍布城乡的优势，为新型农业经营主体和农户提供粮食产后服务，为加工企业提供仓储保管服务，为“互联网 + 粮食”经营模式提供交割仓服务，为城乡居民提供粮食配送服务，为其他农产品收购提供仓储服务。在新疆建立小麦期货交割仓库，为期货市场提供交割服务，降低粮价波动对市场的影响。（自治区粮食局、发展改革委、证监局等负责）

六、强化粮食科技创新和人才支撑

（二十）加快推动粮食科技创新突破。充分调动我区涉粮类科研院所的积极性，逐步建立完善体制机制，壮大粮食科技力量，支持创新要素向企业集聚，加快培育一批具有市场竞争力的创新型粮食领军企业，将粮油科研项目纳入自治区重大科技研发专项，引导企业加大研发投入和开展创新活动。鼓励科研机构、高校与企业通过共同设立研发基金、实验室、成果推广工作站等方式，聚焦企业科技创新需求，加大对营养健康、质量安全、节粮减损、加工转化、现代物流、“智慧粮食”等领域相关基础研究和急需关键技术研发、引进、推广的支持力度，推进信息、生物、新材料等高新技术在粮食产业中的应用。（自治区科技厅、质监局、粮食局等负责）

（二十一）加快科技成果转化推广。深入实施“科技兴粮工程”，建立粮食产业科技成果转化信息服务平台，定期发布区内外粮食科技成果，支持粮食科技成果、科技人才、科研机构等与企业有效对接，推广新技术、新产品、新设备，推动科技成果产业化。粮食企业要以需求为导向，主动推进科技成果转化应用，发挥国家和自治区涉粮类农业产业化重点龙头企业示范带头作用，加强与科研院所、高校联合研发和转化，在行业内树立一批粮食科技成果转化的先进典型。健全粮食科技成果转化收益分配激励机制。强化创新成果转化的知识产权保护，健全行业知识产权保护预警防范机制，加大知识产权侵权行为惩处力度。（自治区粮食局、科技厅等负责）

（二十二）提升粮食产业装备水平。支持粮食企业提升粮油机械、工艺技术水平，支持粮食质检机构提升粮食品质及质量安全快速检测设备的技术水平。鼓励粮食企业引入智能机器人和物联网技术，开展粮食智能工厂、智能仓储、智能烘干等应用示范，推动粮食产业技术装备水平整体提升。（自治区经信委、粮食局、发展改革委、科技厅、农业厅等负责）

（二十三）健全人才保障机制。实施“人才兴粮工程”，深化人才发展体制改革，激发人才创新创造活力。紧紧围绕“一带一路”“走出去”发展战略，加强粮食产业经济发展政策研究、规划设计等方面的人才培养力度，支持企业加强与区内外科研机构、高校、职业院校合作，搭建专业技术人才创新创业平台。协调对口援疆省市和国家相关部门，实施科技人才援疆，鼓励粮食企业重点引进一批优秀粮食科技、经营管理等方面的人才。加快培育一批粮食科技人才，提升我区粮食科技整体实力。支持高等院校和职业学校开设涉粮专业“精品课程”，完善政产学研用相结合的协同育人模式，加快培养行业短缺的实用型人才。加强职业技能培训，落实技能人才职业技能等级认定和提高待遇政策，大力弘扬“工匠精神”，支持和鼓励举办涉粮职业技能竞赛，培育“粮工巧匠”，促进粮食行业职工技能水平整体提高。（自治区粮食局、人力资源和社会保障厅、教育厅等负责）

七、完善保障措施

（二十四）加大财税扶持力度。我区粮食产业经济发展基础薄弱，财政要给予大力支持，重点支持“产购储加销”为一体的全产业链涉粮企业开展粮食仓储物流设施、现代粮食产业发展产业园区（基地）建设和主食产业化发展。统筹利用粮食风险基金、产粮产油大县奖励资金等支持粮食产业发展。农业综合开发资金和自治区农业产业化贷款贴息财政资金要支持粮食产业化经营企业发展优质粮食品种选育、推广和粮油精深加工。各地州市、县（市）要安排专项资金支持应急加工、主食产业化、粮食仓储物流等建设。充分发挥财政资金引导功能，积极引导金融资本、社会资本加大对粮食产业的投入。新型农业经营主体购置仓储、烘干等设备，可按规定享受农机具购置补贴。落实粮食加工企业从事农产品初加工所得按规定免征企业所得税政策和国家简并增值税税率有关政策。（自治区财政厅、发展改革委、地方税务局、国家税务局、粮食局、农业厅、农机局等负责）

（二十五）健全金融保险支持政策。拓宽企业融资渠道，为粮食收购、加工、仓储、物流等各环节提供多元化金融服务。农业发展银行要发挥政策性银行作用，加大对粮食产业经营的信贷支持力度。在风险可控的前提下，鼓励商业性金融机构加大对粮食产业发展和农业产业化重点龙头企业的信贷支持。支持自治区农业信贷融资担保公司拓展服务范围，为粮食企业提供贷款担保服务。加快建立完善“政保银”模式运行机制，加强政府、银行、保险公司对粮食企业的资信联合审查机制，健全贷款逾期和保险超赔多层次风险共担机制，完善以政府粮食产业政策为导向，以金融机构信贷支持为基础，以保险公司提供保证保险增信为保障的金融信贷模式，缓解粮食企业融资难、融资贵的问题。支持保险机构为粮食企业开展对外贸易和“走出去”提供保险服务。支持我区粮食企业通过发行短期融资券、中期票据、定向工具等债务融资工具，拓宽融资渠道，降低融资成本。将有挂牌、上市意愿的粮食企业纳入“自治区重点培育企业后备资源库”进行重点培育，对符合上市条件的企业协调中国证监会给予上市“绿色通道”政策；对符合补助条件的粮食企业在股份制改造、首发上市、新三板挂牌以及新疆股交中心挂牌、融资等环节给予补贴，降低粮食企业上市财务成本。在做好风险防范的前提下，积极引导辖区银行业金融机构开展企业厂房、机器设备抵押和仓单、存单、订单、应收账款质押等融资业务，通过“银税互动”等新型模式，提高粮食生产、收购、加工、仓储、物流等各环节企业申贷获得率。（自治区金融办、中国人民银行乌鲁木齐中心支行、银监局、证监局、保监局、财政厅、商务厅、粮食局、农业发展银行新疆分行等负责）

（二十六）落实用地用电等优惠政策。各地在土地利用年度计划中，对粮食产业发展重点项目用地要予以统筹安排和重点支持。支持和加快国有粮食企业依法依规将划拨用地转变为出让用地（以地转股方式增加国有资本金），增强企业融资能力。国有企业改制后，对国有独资和国有控股粮食企业，免征生产经营性用房和土地应缴纳的房产税和城镇土地使用税。改制重组后的粮食企业，可依法处置土地资产，用于企业改革发展和解决历史遗留问题。落实粮食初加工用电执行农业生产用电价格政策。（自治区国土资源厅、发展改革委、地方税务局、粮食局等负责）

（二十七）加快粮食行业信息化建设。借助大数据、云计算等现代信息化手段，建设集数据管理、业务支持、社会服务于一体的新疆粮食信息化综合管理平台，打造新疆粮食“数据管理中心、应用创新中心、决策指挥中心、监测预警中心、信息服务中心”，全面提升粮食行业管理水平。加快推进以智能粮库、交易中心、物流中心和应急加工、配送企业为重点的粮食信息化建设，为发展粮食产业经济，增强粮食安全保障水平提供有力支撑。（自治区粮食局、发展改革委、财政厅、经信委等负责）

（二十八）加强组织领导。各地要高度重视粮食产业经济发展，因地制宜制定推进本地区粮食产业经济发展的具体方案，加强统筹协调，明确职责分工。加大粮食产业经济发展实绩在粮食安全专员、州（市）长责任制考核中的权重。要结合精准扶贫、精准脱贫要求，大力开展粮食产业扶贫。粮食行政管理部门负责粮食宏观调控、政府储备监管、粮食流通监管、行业标准规范、国有粮食企业改革、产业指导服务等职能，协调推进粮食产业发展有关工作，推动产业园区建设，加强粮食产业经济运行监测。发展改革、财政部门要强化对重大政策、重大工程和重大项目的支持，发挥财政投入的引导作用，撬动更多社会资本投入粮食产业。各相关部门要根据职责分工抓紧完善配套措施和部门协作机制，并发挥好粮食等相关行业协会商会在标准、信息、人才、机制等方面的作用，合力推进粮食产业经济发展。（各地政府，自治区发展改革委、粮食局、财政厅、农业厅、扶贫办等负责）

新疆维吾尔自治区人民政府办公厅

2018 年 2 月 22 日